全国电力行业"十四五"规划教材

高等教育电气与自动化类专业系列

U0643008

# 电力物联网网络与通信技术

主 编 秦 鹏 赵雄文

参 编 樊 冰 延肖何

中国电力出版社

CHINA ELECTRIC POWER PRESS

## 内 容 提 要

　　本教材系统地介绍了电力物联网的发展背景、总体架构、信息通信技术、智能服务技术、安全技术以及新型技术与工程实例等内容。首先分析了电力物联网的发展需求、业务场景和挑战，然后详细探讨了其总体架构、信息通信技术、智能服务技术和安全技术等核心内容。通过对新型技术与工程实例的介绍，读者可以了解到电力物联网在实际应用中的具体案例和效果。

　　本教材适合智能电网工程、通信工程、电气工程等专业本科生、研究生，以及相关从业人员阅读，尤其适合希望深入了解电力物联网技术及其应用的读者。

**图书在版编目（CIP）数据**

电力物联网网络与通信技术/秦鹏，赵雄文主编 . —北京：中国电力出版社，2024.6
ISBN 978-7-5198-8872-5

Ⅰ. ①电…　Ⅱ. ①秦…　②赵…　Ⅲ. ①电力工业－物联网－通信技术　Ⅳ. ①F407.61②TP393.4③TP18

中国国家版本馆 CIP 数据核字（2024）第 086795 号

出版发行：中国电力出版社
地　　　址：北京市东城区北京站西街 19 号（邮政编码 100005）
网　　　址：http://www.cepp.sgcc.com.cn
责任编辑：张　旻（010-63412536）
责任校对：黄　培　王小鹏
装帧设计：郝晓燕
责任印制：吴　迪

印　　　刷：廊坊市文峰档案印务有限公司
版　　　次：2024 年 6 月第一版
印　　　次：2024 年 6 月北京第一次印刷
开　　　本：787 毫米×1092 毫米　16 开本
印　　　张：12.75
字　　　数：316 千字
定　　　价：45.00 元

# 前　言

物联网是融合传感技术、通信技术与互联网技术而形成的万物互联网络，旨在实现人、机、物在时间和空间上的互联互通，以及对现实物理空间的智能化识别、定位、跟踪、监控和管理，被称为又一次信息产业革命。电力物联网作为物联网在电力领域的具体实践，通过构建连接各环节设备、全社会用户的智慧物联体系，实现对电网、设备、用户状态信息的动态采集、实时感知和智能分析，在电力领域有着广阔的发展前景。电力物联网的建设核心在于充分利用先进的网络与通信技术，促进电网信息物理系统深度融合，进而实现能量流、信息流、业务流和价值流的有机统一。

智能电网信息工程专业是在 2010 年，由教育部依据国家发展战略性新兴产业，紧密结合智能电网建设之需开设的。旨在培养具有良好的科学素质和文化修养，扎实的专业理论和专业技能，掌握智能电网相关的理论知识，在新能源发电与智能接入技术、电网智能调度与控制技术、计算机与网络技术等方面有专长，可以在网络化、信息化、智能化电气系统领域从事研究、开发、设计、运行维护与管理等工作的高级工程技术人才。

本教材按照智能电网信息工程专业培养要求，以强电、弱电交叉融合为主要抓手，力求与生产实际相结合，既要保证学生掌握电力物联网网络与通信技术的基本知识，又要为学生学习后续课程乃至将来的科研和工作奠定基础。

在内容上，本教材立足新能源接入背景下的新型电力系统，涵盖电力物联网总体架构、信息通信技术、智能服务技术、信息物理系统安全技术、新型电力物联网技术与工程实例等内容，提供了电力物联网系统整体解决方案。

第 1 章主要介绍了电力物联网的发展需求、业务场景、面临挑战，以及天空地一体化网络赋能电力物联网。

第 2 章主要介绍了电力物联网总体架构，包括传感控制、通信网络、平台架构和应用服务等方面。

第 3 章为电力物联网信息通信技术。电力物联网对通信网系统的接入容量、广域可靠及实时数据传输能力提出了更高要求。信息物理融合系统旨在实现电力系统与网络系统的有机融合，奠定了电力物联网的基础。SDN/NFV、网络切片通过网络的虚拟化赋能电力物联网的可编程、可扩展和灵活配置。多天线、接入控制是推动电力物联网通信、安全性能提升的关键技术。以天空地信息网络为代表的新兴通信范式将为电力物联网的发展注入活力。

第 4 章为电力物联网智能服务技术。随着电力物联网数据量的爆发式增长，如何有效处理数据并从中挖掘新规律、新价值是迫在眉睫的问题。云计算提供了强大的集中式数据处理与存储能力，边缘计算通过将计算能力下沉到距离数据源更近的边缘设备，满足实时的信息处理需求。人工智能与机器学习是推动电力物联网智能化演进的重要引擎，为解决电力系统面临的难题创造了新机遇。区块链为能源交易市场从中心化向分布式的过渡提供了新契机。

第 5 章为电力物联网安全技术。在电力物联网中，日益增加的终端数量以及越发频繁的数据交互引发了严峻的安全性挑战，因而需要采用更为先进的安全技术实现安全保障。可靠性保障技术从数据、信息、系统等角度保证电力物联网的安全稳定运行。安全监测旨在对电力物联网的电力设备、外部环境及网络态势进行全方位感知，实现防患于未然。安全访问与控制通过加密、鉴权等手段对接入请求进行授权和监管。

第 6 章为新型电力物联网技术与工程实例。介绍了天空地新型电力物联网网络架构、关键技术、演进路线、面向碳达峰碳中和背景下的新型电力物联网典型应用与工程实例等。

第 7 章展望了电力物联网的未来发展，介绍了数字孪生、万物智联、算网一体、内生安全等新兴技术在电力物联网的应用。

本教材编写团队包括 4 名华北电力大学的一线教师，教学经验丰富，知识结构互补。本书第 1 章～第 4 章由秦鹏编写，第 5 章由赵雄文编写，第 6 章由樊冰编写，第 7 章由延肖何编写，全书由秦鹏统稿，由华南理工大学陈皓勇审稿。本教材在编写过程中，得到了付民、伏阳、武雪、王淼、和昊婷等研究生的支持。他们协助收集并整理了大量素材与资料，没有他们的帮助，本教材很难在约定时间内完成。在此，感谢他们对本教材的写作所做出的各种贡献。

本教材内容全面，脉络清晰，文字通俗易懂，配套有各章节 PPT 等数字化资源，方便读者自学。本教材适用于智能电网信息工程、通信工程、电气工程及其自动化等专业的本科生与研究生课程教学，也可供从事电力物联网相关领域的技术人员参考。

由于近年来电力物联网技术发展迅速，以及编者的水平有限，书中难免有不足或有待改进之处，敬请读者批评指正。

编　者

2024 年 3 月

# 目　　录

《电力物联网网络与通信技术》教学课件

# 第1章 电力物联网概述

电力物联网（Power Internet of Things，PIoT）是物联网在电力行业中的重要应用，它为建设、运行和管理智能电网提供了关键的技术支撑。我国高度重视电力物联网产业发展，工信部出台了具体推动互联网、大数据、人工智能与制造业深度融合的相关文件。为服务国家战略需求，各电力公司相继提出数字化转型战略。通过电力网络与通信网络的深度耦合，构建万物互联、人机交互的电力物联网，可实现电力系统运行状况的完整监测和对数据信息的迅速传输，建立标准化、智能化、规范化的电力系统，为电力企业创造新的经济增长点。可以预见，未来我国电力物联网产业将得到快速发展。

本章重点介绍电力物联网的发展需求、电力物联网的典型业务场景、电力物联网建设面临的挑战，以及天空地一体化网络赋能电力物联网。

## 1.1 电力物联网发展需求

本节将从社会发展的需求、技术发展的需求、电力企业经营的需求三个角度来分析电力物联网发展的必要性。

### 1.1.1 社会发展的需求

我国的电力系统发展目前处于世界前列，对于智能电网的建设更是属于世界领先水平，尤其在特高压技术领域成绩斐然，为世界特高压技术的发展提供了宝贵的借鉴经验。为顺应社会发展需求，推进能源互联网建设已成为必要之举。根据《关于推进"互联网+"智慧能源发展的指导意见》所述，能源互联网融合了互联网技术与能源的生成、输送、储存、利用以及市场营销，在推动设备自动化、能源种类间协作、信息共享、供需优化分布、系统结构简化和交易自由化等方面形成了一种创新的能源产业运作方式。智能电网和电力物联网是构建这一网络的关键部分。鉴于智能电网建设已有显著进展，积极推进电力物联网的发展势在必行。

综合能源生态体系，呈现出"网络协同+数据智能"的双轮驱动模式。然而，实现类似互联网的商业生态，能源互联网需要突破数字化这个巨大的壁垒。该壁垒在综合能源方向上体现在配用电（能）领域中，能源数字化极低的水平，大量的配用电、用能设备处于人工操控状态。能源结构的转型是一项系统性强的社会工程项目，电力系统的能源供应对社区的持续发展至关重要。当前，能源革命与数字革命融合发展，清洁能源高质量、高效率、经济化生产与利用势在必行，居民和一般工商业用电与电网互动需求迫切。

电力物联网的核心宗旨，在于构建一个与社会发展需求相匹配的互联网。在我国目前电力系统运营的各个环节中，都还存在着信息数据传送不畅、壁垒隔阂大、数据分析深度不够等方面的缺陷，借助物联网技术，建立海量数据处理的一体化数据平台，通过对海量数据的有效处理，从而挖掘出深层的信息，可以有效地解决各个环节中存在的问题。目前在物联网平台的实践上，处于信息行业上端的企业都已经开始了相关方面的试验，这些试验对于电力物联网的建设，有着重要的借鉴意义。

2009 年，我国正式提出推进物联网产业发展的构想，激励性财政政策、重大科技项目相继出台。同年，国家电网公司制定了智能电网的发展战略，并随之规划了具体的时间表和路线。随着智能电网的推进，对物联网技术的应用需求也相应增长，从而加速了物联网领域的发展进程。物联网技术中心成功申报国家级科技项目，开启了电网大规模应用物联网技术的序幕。

到 2015 年，电力物联网传感器相关市场规模已经达到 40 多亿元。物联网技术在短短几年内，从最初级的简单使用，发展到在电力传输、变压、配电及消费等各个环节都取得了丰硕成果。这显示出物联网技术发展的勃勃生机，更预示着物联网技术应用能为智能电网建设带来无穷益处。

2019 年，我国电力企业对建设电力物联网做出全面部署安排，加快推进"三型两网、世界一流"战略落地实施。我国电力企业创新性提出全面推进"三型两网"世界一流能源互联网企业的战略部署，标志着电力企业在推进智能电网建设运营模式的同时，逐步向电力物联网建设运营模式转化。电力物联网和智能电网互相促进，互相融合，共同构成世界一流能源互联网的基础，将进一步推动中国能源革命和世界经济转型。通过共享共建持续增强电网产业和关联企业活力，将有效提升效率和降低成本，促进智慧能源系统和电力领域数字经济跨越式发展，极大拓宽电网生态圈内各方的发展空间，推动资源要素重组重构。电力物联网将把电网相关的人和物连接起来，畅通资源端、生产端和消费端，成为国家新型基础设施的重要一环。以用户需求和业务痛点为导向，发挥市场决定性作用，优化配置能源、数据、设备、技术、资本、人才等要素，服务实体经济特别是电力装备制造业高质量发展。

在未来数年内，我国将致力于进一步优化以超高压输电为核心、各层级电网协调发展的智能电网系统，持续增强能源资源优化配置的能力和网络智能化程度。此外，要广泛整合"大、云、物、移、智"等先进信息技术，构建一个能全面监测状态、高效管理信息、使用简便灵活的电力物联网平台。

### 1.1.2　技术发展的需求

当前来看，电网企业正面临电网形态复杂化、电力市场化、数字化经济打造多边市场等三重挑战。通过两网融合建设，可以确保电能与数据在能源的生产、输送及消费各个环节中自由流动，而电力物联网充当了连接电网业务与社会各界的重要纽带。这样的平台化建设，为提升电力公司的核心竞争力发挥了关键作用。本节从电力物联网的技术体系架构、关键技术和技术建设难点三个方面进行阐述。

1. 电力物联网的技术体系架构

从技术角度来看，电力物联网的技术架构包括感知层、网络层、平台层和应用层。感知层利用各种智能传感器和智能电表等设备对电力的发、输、变、配、用全过程进行数据采集，并执行相应的命令。网络层则采用高通量卫星和 5G 等先进的无线通信技术，以确保数据的高速、实时和安全传递。平台层则利用数据平台和物联网管理等技术，对数据信息进行统一处理，并借助云平台进行数据存储和共享。应用层是电力物联网的关键目标，它利用平台层处理后的数据信息，为电网调度与检修、售电企业、用户等提供决策支持，并结合相关电力技术，促进可再生能源的使用，确保电网运营的稳定性。

电力物联网代表了能源与信息科技结合的一次革命性进展，它把物联网技术运用于电力行业，充分应用了"大云物移智链"等新技术。它实现了电力系统各个环节万物互联，人机交互并连接所有与电网相关的人、事和设备。它内部实现了"数据一个源、电网一张图、业务一条线"，同时它还拓展了连接，整合了内外部的服务资源与需求，构建了一个互联的能源网络生态系统，并打造了新的利润增长点。

电力物联网与智能电网不可分割、深度融合，共同构成能源互联网，这一网络不仅承载着传统的电网业务，也涵盖了各类新兴服务。采用互联网的理念，推进新服务、新业态和新模式的发展，这为构建数字化的国家电网以及支持数字中国的战略目标提供了坚实基础。

**2. 电力物联网的关键技术**

（1）5G通信技术。随着5G与电网业务的深度融合，将从万物互联、精准控制、海量量测等方面加快电力物联网的建设步伐。例如，5G网络切片技术在电力系统的发电、输电、变电、配电、用电，以及应急通信各个环节均有不同程度的应用。其中，高可靠低延时通信（ultra-Reliable and Low Latency Communications，uRLLC）片，适用于电网中智能配电的精确性控制操作等业务；大规模机器通信（massive Machine-Type Communications，mMTC）切片，可解决用电信息或者智能汽车所产生的海量数据采集问题；增强型移动宽带（enhanced Mobile Broad band，eMBB）切片，可用于涉及高清视频回传的业务，例如输电线路监控、无人机巡检等业务。

（2）测量技术。为了实现电力物联网的运行，需要采集和分析电力设备的参数。参数测量技术是电力物联网的核心，它可以监测、分析和转换电力系统设备的数据，并从中获取有关设备健康状况和在线状态的信息。通过测量技术的良好运作，电力物联网能够实现智能配电和智能补偿等多种功能，为电力系统的各个环节提供帮助。因此，精确的参数测量技术成为确保电力物联网高效、稳定运作的基础要素。

（3）设备技术。在电力物联网的架构中，各种设备构成了系统运行的核心。系统性能的优劣直接与设备的技术水平挂钩。因此，构建有效的电力物联网需重视高端设备的应用，确保电力系统的高效运作。同时，根据最新的研究动态，开发电力物联网相关技术装备时可以考虑向微电子技术和超导技术等领域发展，这将有助于提升系统在传输容量和通信技术上的性能，进而增强其整体的稳定性。通过持续的技术创新和设备升级，电力物联网系统将能够更好地满足未来电力需求的要求，为能源领域的可持续发展做出更大的贡献。

**3. 电力物联网的技术难点**

目前，电力物联网仍面临一系列建设难点，主要体现在业务壁垒、信息安全、商业模式和数据分析四个方面。

（1）业务壁垒。在我国电力企业中，每个部门都有自己独立的系统和业务，如何建立高效的数据分析及信息共享机制，减少冗余信息的传输，打破业务壁垒，实现运营、调度、计量和财务等不同部门间业务的贯通是电力物联网建设的难点之一。

（2）信息安全。建设电力物联网的重点是海量数据的有效利用，这些数据必须传输至物联网平台上进行挖掘、分析和处理。物联网平台的安全是非常重要的。一方面，需要确保从设备中收集到的数据能够以安全、可靠、高效的方式传输到平台；另一方面，还需要预防数据泄露和网络攻击的风险。因此，如何设计数据平台保护机制，实现各主体之间数据的安全传输和信息的互联互通是电力物联网建设的难点之一。

（3）商业模式。当前电力系统正在向数字化转型，电力物联网的建设进入新阶段。大量感知设备和智能终端接入电力物联网，在电力系统内部和外部产生并积累了海量数据，可以辐射互联网或者金融行业，拓展新的业务。为了推动商业模式的转变，需要进行数字化转型，从企业单独运营转变为平台模式运营。在此基础上，以数据的采集、传输、处理、分析、应用为核心，以数据驱动为特色，将数据视为重要的资产，实现从传统资产为核心到以数据为核心的转变。这种以电力物联网数据驱动的商业模式应当聚焦于如何最大限度地挖掘和利用电力物联网所带来的海量数据，以推动电力行业的数字化转型，推动电力物联网发展。

（4）数据分析。电力系统数据的来源广泛，类型多样，时间尺度差异大，这使得现有的数据分析技术难以直接应用于电力物联网中。在电力物联网建设中，海量实时监测数据和计量数据将被保存到数据平台上，但由于用电侧设备的类型、生产厂家和生产批次的不同，其数据格式和逻辑规则也存在差异，这导致了多源异构数据的出现。因此，如何深度挖掘和高效利用这些数据，是电力物联网建设中的一个难点。此外，电力系统的建设和数据采集具有阶段性和时效性，也需要考虑这些因素对数据分析的影响。

### 1.1.3　电力企业经营的需求

现阶段，以绿色经济、低碳环保经济为前提的新经济是我国发展的目标之一。因此，电力企业的战略定位和发展显得尤为重要。应致力于供应安全、高效、环保的电力，以支撑社会进步和提高民众生活水平。此外，新型经济也讲究开放合作。所以电网企业紧跟时代的潮流，树立开放包容、合作共赢的发展理念，促进市场开放吸引更多社会资本，推动产业链的共同发展，打造共建共治的能源生态圈。在各企业的共赢合作中为新经济的发展提供源源不竭的动力。

智能电网对新能源的消纳也在逐年提高。电力物联网，也成为众多能源企业新的期待和可能性。我国电力企业拥有众多客户，数量庞大，且作为自然垄断性企业，要想做好实实在在的综合能源服务则需要以市场为导向来拓宽业务。一是在市场营销方面要树立牢固的以客户为中心式服务导向，因为该行业的特性在于集服务和销售于一体。当前的主要矛盾是人民日益增长的美好生活与不平衡不充分的供电服务发展之间的矛盾，所以加快构建现代综合能源系统的任务迫在眉睫。二是关注客户的体验，持续为他们创造价值，高度关注和倾心培养公司经营效益"第二市场"的综合能源服务，要依托企业这个平台将综合能源服务做实、做优、做强。三是大力推进能源革命，大力发展清洁电力，推广多种替代技术，重点实施新能源汽车、超级充电站、储能、绿色物流生态链。优质的综合能源服务将传统的售电业务逐步向以电为中心、多元发展的综合能源服务拓展，促进社会能源利用率不断提高，大幅提升电力客户的供电可靠性。四是坚持以市场为导向，加强电力市场研究与分析，开展基于宏观经济形势、微观经济动态、大客户生产状况、电网延伸投资、业扩报装水平和天气因素等多维度的综合能源服务分析研究，为经营决策提供翔实的数据支撑。五是在电能替代上求实效，坚持实体化、属地化运作工作思路，会同集体企业积极开拓综合能源服务市场。

建设电力物联网对于电力企业的优势体现在以下几个方面：

（1）建设电力物联网可以提高电网安全经济运行水平。在传统的电力系统建设过程中，由于我国自然资源分布不平衡，各种因素造成的架构不合理，科技水平限制的电网调节不完善等方面因素的影响，电网在运行过程中存在极大的浪费现象。推动电力物联网的建设，可以有效地解决这方面的问题。首先可以利用信息传输和大数据平台的作用，对不同能源发电方式进行监测和调控，改变现在以火电机组为主的发电模式。其次可以结合智能设备的使用，提高在电力输送和使用环节中的稳定性和安全性，提高电力供应的可靠程度。再次可以建立智能电力管理系统，实现整个电力系统的实时检测和故障智能排除，减轻电力工作人员的工作力度，提高电力故障的响应速度，提高整体工作效率。

（2）建设电力物联网可以促进清洁能源消纳。电力物联网建设是指通过智能电网技术和互联网思维，将电力系统与清洁能源系统有机融合，实现清洁能源的大规模消纳。清洁能源包括太阳能、风能、水能等可再生能源，这些能源的分布式产生和大规模消纳是目前电力系统发展的重要方向。通过电力物联网的建设，可以将分散的清洁能源系统和传统电力系统有机连接起来，实现清洁能源的高效利用和无损输送，进一步促进清洁能源的消纳。同时，电力物联网的建设还可以推动电力系统的数字化和智能化升级，提高电力系统的能源利用效率，减少能源浪费和污染排放，实现可持续能源的发展和利用。

（3）建设电力物联网有助于打造智慧能源服务平台。随着电力系统的数字化和物联网技术的不断发展，建设电力物联网可以实现能源供应链的全链条连接，构建智慧能源服务平台，从而实现供需双方的智能化、信息化、互动化。通过整合供应链上的各种资源和数据，实现供需匹配和优化配置，提高能源利用效率。同时，电力物联网还能实现电力市场化，促进市场竞争，提高市场透明度和效率，降低能源成本，从而推动清洁能源的消纳和发展。此外，电力物联网还可以实现电力设备的自动化控制和智能化管理，提高供电可靠性和安全性，降低运维成本。因此，建设电力物联网是促进能源转型升级、推动智能化能源服务的必然选择，是建设智慧城市、实现可持续发展的重要手段之一。

（4）建设电力物联网有利于实现电力市场的开放和自由竞争，为用户提供更多选择权，同时也为电力企业带来更多的商业机会。电力物联网基于先进的物联网、大数据、云计算等技术，通过连接不同的市场主体和资源，实现信息、能源、服务的高效流通和精准匹配。这样的电力市场开放模式将有助于打破原有的垄断体制，提升市场竞争力，促进行业创新和进步，同时还将促进电力企业间的协同发展和资源共享，提高整个行业的效率和效益。总的来说，建设电力物联网可以推动电力市场的变革和发展，为电力行业的可持续发展和社会经济的发展注入新的动力。

（5）建设电力物联网有利于提升电网资产管理水平。建设电力物联网可以帮助电网企业更加有效地管理电力资产，实现资产数字化和网络化。电力物联网平台可以通过数据共享和分析来优化资产配置、提高运维效率和降低成本。首先，通过数字化建设，可以实现电网资产管理的可视化、可控化、可预测化，以及自动化程度的提高。电力企业可以采用智能传感器、物联网技术等手段对电力设备进行实时监测和运行状态诊断，从而提高电网资产的利用率和运行效率。其次，电力物联网平台还可以利用大数据分析技术，对电网资产进行更加精细化的管理和调度。例如，可以通过预测模型分析未来电力需求和电力供应情况，优化电力配置方案，提高供电可靠性和灵活性。此外，电力物联网平台还可以对电网资产进行全生命周期的管理和维护，从而延长电力设备的使用寿命和降低维护成本。综上所述，建设电力物联网可以提高电网资产管理水平，降低电力企业的经营成本，提高电力服务质量和效率，为电力行业的可持续发展提供有力支撑。

电力市场的开放对于促进电力物联网的发展起着关键作用。以 2018 年第一季度大型发电集团各类电源交易情况为例，总交易电量为 2428 亿 kWh，火电核电交易电量占比为 82%，而相对灵活的风力、光伏电源交易电量仅占 8.2%。这种不平衡的现象限制了我国清洁能源的快速发展。构建电力物联网有望重塑电力市场的现状，并推动电力市场的全面开放。借助物联网技术能够实时监测风力、光伏、负荷功率预测信息，并将区域分布式新能源和负荷聚合成一个整体，作为电力交易现货。通过完善电力现货市场，可以实现多种交易模式，如虚拟电厂参与现货和辅助服务交易，最终形成网络化的能源生态体系。这是电力物联网建设的终极战略目标。

## 1.2　电力物联网的典型业务场景

电力物联网的应用场景主要分为四个方面，包括控制类业务、采集类业务、移动类业务以及电网新型业务。在控制类业务方面，利用 5G 等先进的通信技术可以实现能源资源的高效分配，防止停电事件对用户造成影响，并确保配电网络的实时监测与动态数据分析能够在线进行。在采集类业务中，通过整合网络和通信技术可以有效搜集并提供整个系统的原始用电信息。在移动应用类业务中，通过网络与通信技术的应用，可以预防安全事故和环境污染，减少人工巡检的工作量，并且未来还可以实现简单的带电操作。在多站融合业务中，网络与通信的技术将促进以平台为核心的企业构建，提升数据分享和协作效率，增强不同企业间的合作交流，从而推动业务协同进步。总之，电力物联网的应用场景涵盖多个方面，将为电力系统的高效运营和全面升级提供有力的支持。

### 1.2.1　控制类业务

控制类业务是电力物联网的主要应用场景之一，其中包括配网差动保护业务、电力负荷控制、智能分布式配电自动化以及分布式能源调控等。这些业务都与电网的安全稳定运行息息相关，需要具备低延时和高可靠性的特征。随着分布式架构的广泛应用，为满足主网控制联动的需求，未来通信的连接模式将主要采取点对点连接方式，本地就近控制将逐步代替主站系统控制，延时可达到毫秒级。图 1-1 为智能分布式配电自动化终端，图 1-2 为电力负荷控制装置，图 1-3 为分布式能源调控。

图 1-1　智能分布式配电自动化终端

**1. 智能分布式配电自动化**

智能分布式配电自动化以智能化网络发展为目标，基于信息通信技术与计算机网络技术实现低压条件下智能配电网的自动控制与自动运行。配电自动化技术的发展，有效解决了配电网中的供电质量问题，显著提升了故障处理效率，增强了智能配电网系统的控制能力，使其信息化水平进入高层次阶段。

（1）业务现状及发展趋势。目前，我国的配电自动化水平覆盖率远低于发达国家的平均水平。然而，随着信息化规模的不断扩大，分布式能源的快速发展以及深化电力体制改革的

图 1-2 电力负荷控制装置

图 1-3 分布式能源调控

需要，中国的配电网络建设前景广阔。在未来，我国的配电自动化覆盖率有望达到 90% 以上，其中东部地区的配电自动化覆盖率应不低于 95%，而中西部地区的配电自动化覆盖率也不应低于 90%。这样的提升将有效促进电网的安全稳定运行，实现更加高效的能源配置，推动我国电力事业的快速发展。

（2）未来通信需求。带宽大于或等于 2Mbit/s，延时小于或等于 10ms，可靠性要求为 99.999%，隔离要求在安全生产 I 区，连接数量为 X×10 个/km$^2$。

2. 分布式能源调控

随着我国推进能源领域的供给侧结构性改革，能源发展方式正逐渐从粗放式向提高质量和效率的转变，而分布式能源越发受到社会各界的广泛关注。分布式能源涵盖了天然气、光伏发电、风力发电、生物质能等多种形式，其高效、环保、多样的特点已经成为能源技术中不可或缺的一部分。分布式能源调控系统由分布式电源监控终端、分布式电源监控主站、分布式电源监控子站以及通信系统等多个组成部分构成，其功能包括数据采集与监控、调度与协调控制、孤岛检测等。

（1）业务现状及发展趋势。目前，分布式可再生能源由于高效、环保、可靠性高等优点，得到了较大的开发和利用。然而，我国的分布式能源起步较晚，并且面临着间歇性高、波动性大、不适合远距离传输等挑战。如何实现有效利用分布式能源仍有待探索。

未来，分布式能源可以依靠更为智能的数字化能源系统管理技术，如虚拟发电厂和智微电网等，摆脱传统的集中式能源交易方式，推动区域层级能源交易发展，满足不同层次客户的个性化业务需求。

（2）未来的通信需求。带宽大于或等于 2Mbit/s，延时小于或等于 1s，可靠性要求为 99.999%。隔离要求根据具体应用场景同时覆盖 I、II、III 区。连接数量将达到百万～千万级。

### 1.2.2 采集类业务

电网采集类业务的典型特征是点多面广，有线通信方式覆盖难度大，通信延时要求不高。目前，电力物联网中的采集类业务包括高级计量、低压集抄、配电变压器监测、配电房环境监测（见图 1-4）及视频监控、配电设备运行状态监测（见图 1-5）、储能站监测以及站内外场景的智能电网视频应用等。现行的通信手段主要包括无线网络和光纤连接，而各种用户终端则普遍采用集中式的数据传输模式。随着业务需求的提升以及终端数量的激增，通信网络需要实现广覆盖和大连接，以实现终端采集信息数据的实时上报。

图1-4　配电房环境监测

图1-5　配电设备运行状态监测

1. 低压集抄

低压集抄是一种取代传统人工式抄表的核算系统，主站通过远程通信对多个电能表电能量记录值的信息进行集中抄读。低压集抄系统可以自动对区域内部的用电信息进行统计，避免人工抄表中出现漏抄、错抄的情况，并解决其中存在的用电管理和用电故障等问题，保障电能的平稳输送。

（1）业务现状及发展趋势。目前，两大电网已基本实现供电服务区域内低压集抄的全覆盖，电网智能化水平进一步提升。当前，低压集抄主要是通过低压电力线载波的方式实现数据传输，一般以天、小时为频次采集上报用户的基本用电数据，具有上行流量大、下行流量小的特点。由于各地区电力发展水平不同，系统适应性差，无法达到百分之百的抄表率。

在未来，采集的对象将更加多样化，涵盖多媒体内容，并且采集的内容将更加全面。采集的频率也将趋近于准实时，并且从单向采集向双向互动演进，以实现电力信息数据的实时上报。同时，低压集抄系统将做到多种通信技术的互联互通，充分发挥各种技术的优势，获取所有用电终端的负荷信息，从而实现合理错峰用电，达到供需平衡的状态。

（2）未来通信需求。上行带宽 2Mbit/s，下行带宽不小于 1Mbit/s，延时小于或等于 3s，可靠性要求达到 99.9%，集抄模式下的连接数量为 $X\times 100$ 个/km$^2$，下沉到用户后翻 50～100 倍。

2. 配电房视频综合监控

视频综合监控在电能管理系统中占据重要位置。通过现代监控手段实时采集监控人员的图像信息和操作痕迹，及时发现异常状态并发出警报，有效判别故障并生成故障处理预案，协助调控员确保电网的安全运行。

（1）业务现状及发展趋势当前，由于我国供电负荷密度的不断加大，配电房具有数量大、分布广的特点，其自动化程度还比较低，运行状态及各开关闭合状态仍需人工勘查巡检，无法及时解决实际问题。未来，配电房内可配备智能的视频监控系统，利用边缘计算、人工智能等技术，实现配电房环境、安防、电气设备状态等信息的全方位智能管理。除了监控中心现场，维护人员还可通过手机 App 控制摄像头和接收消息。

（2）未来通信需求。单节点带宽需在 4～10Mbit/s，延时要求小于 200ms，可靠性要求达到 99.9%，连接数量集中在局部区域 1～2 个，隔离要求在管理信息Ⅲ区。

### 1.2.3　移动类业务

移动类业务是指电力生产管理中的中低速率移动场景下所需的大流量移动宽带业务，其主要包括智能巡检、移动式现场施工作业管控以及应急现场自组网综合应用三大类。在这些场景下，移动类业务主要通过对配电柜、开关柜等设备进行图片和视频的采集和识别，提取设备的运行状态以及开关资源状态等信息，同时监控机房的整体环境，以预防安全事故和环境污染。采用移动类业务可以减少人工巡检工作量，消除现场作业可能引发的不可控因素，缩减劳动力开支，并显著提升运维工作的效率。未来，移动类业务可进行简单的带电操作，以更好地满足电力生产管理中的各种需求。

图 1-6 与图 1-7 分别为变电站巡检机器人与输电线路巡检无人机，通过视频回传可实现远程可视化巡检。图 1-8 为智能安全帽，在现场施工作业时，指挥中心可利用它实时回传的视频信息为现场提供实施决策。图 1-9 为电力应急通信车，通过现场信息采集实现现场调度指挥等本地应用。

图 1-6　变电站巡检机器人

图 1-7　输电线路巡检无人机

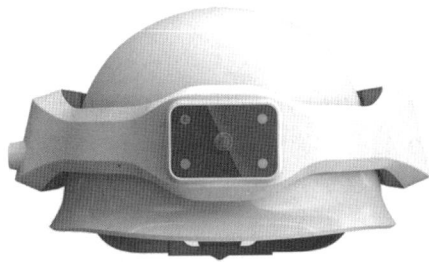

图 1-8　智能安全帽

图 1-9　电力应急通信车

**1. 变电站巡检机器人**

变电站巡检机器人携带有红外热像仪、高清视频摄像头等电站监测设备，可实现对设备运行状态的监测与高清视频的实时回传。该系统与人工巡检相比，具有监测方法智能、多样和巡检工作规范、客观的优点，可以提高变电站运行维护管理的实际效果，降低人力成本，保证电网安全稳定运行。

（1）业务现状及发展趋势。目前，巡检机器人主要采用 4G 或 Wi-Fi 的传输模式。但 4G 和 Wi-Fi 传输具有上行带宽不足和延时大等缺点，巡视期间拍摄到的视频信息仅能在站内本地保存，未能实现到远程控制中心的实时传输。

5G 能够助力变电站巡检机器人实现信息的快速接收和远程的精准同步操控。高达

280Mbit/s 的用户上行体验速率可助力机器人实现多路高清视频回传。同时，5G 网络切片技术的数据隔离能力将提升机器人的安全等级。5G 智能巡检机器人依托传感器技术、导航技术等实现自主导航、避障等功能，可根据远程控制中心的命令，做出简单的带电操作。

（2）未来通信需求。在智能巡检中，带宽需持续地稳定在 4～10Mbit/s，其延时均应小于或等于 200 ms，可靠性要求则应达到 99.9%。智能巡检类业务基本处于电网Ⅰ区业务，但也有部分业务安全性要求处于Ⅰ、Ⅱ区，如巡检机器人。连接数量集中在局部区域 1～2 个。

2. 应急通信车

在地震、雨雪、洪水等灾害突发情况下，原有通信设施可能会受到破坏，应急通信车将提供临时通信保障，助力抢险救灾，及时上报灾情，减少人员伤亡和经济损失，降低灾害带来的影响。

（1）业务现状及发展趋势。目前，应急通信车主要通过卫星链路与指挥中心建立通信。远程指挥中心可接收通信车回传的语音、图像、视频等信息，进而对现场进行统一调度与指挥决策。

未来，具备自组网能力的应急通信车将成为灾害现场信息的集中点，应急车通过搭载 5G 基站，为现场部署的集群通信设备、无人机等终端提供 5G 网络。5G 网络可为现场的 360° 高清视频摄像头等设备提供大带宽回传能力，实现多路 4K 高清视频直播，同时可借助人工智能（Artifieial Inteligence，AI）技术对画面中的物体进行智能判别，为指挥中心提供更可靠的信息。

（2）未来通信需求。应急现场自组网综合应用类业务要求带宽持续地稳定在 20～100Mbit/s，延时小于或等于 200ms，可靠性要求达到 99.9%，连接数量集中在局部区域 5～10 个。

### 1.2.4　电网新型业务

随着智慧电网和电力物联网技术的持续发展，一系列创新的电网服务相应涌现。这些新服务对个性化的通信需求较高，但由于在早期阶段缺少必要的通信基础设施，传统的通信模式往往达不到它们的要求。5G 技术的引入有效地解决了这一难题，为电网服务的特殊通信需求提供了强有力的支持。典型的电网新型业务包括多站融合等。

（1）业务现状及发展趋势。多站融合业务是在变电站、新能源场站、储能站、电动汽车充电站、供电营业厅等场地环境中建设数据中心站，以满足不同等级和应用场景的需求。通过整合多个站点资源，该业务不仅构建并维护数据中心、5G 网络基站、北斗系统地面增强站、电动汽车充电站和能源储存设施等，来满足智能电网运营的需求，还扩展了能源服务的途径，促进了电力物联网技术的进步。通过构建共享平台，能够更有效地向社会提供价值服务。

（2）未来通信需求。基于多站融合和边缘计算技术，未来可以开展多种相关业务，包括车联网、高清视频、AR/VR、智慧安防等业务，这些业务对通信需求的要求如下：

- 车联网和高清视频类业务：传输带宽 100Mbit/s 以上，延时顺低于 10ms。
- AR/VR 类业务：传输带宽 100 Mbit/s～1Gbit/s，延时须低于 5ms 以下。
- 智慧安防类业务：传输带宽 20Mbit/s 以上，延时需低于 20ms 以下。
- 连接数量：集中在局部区域 10～1000 个不等。

### 1.2.5 小结

针对电力物联网控制类、采集类、移动类和电网新型四种典型业务，具体业务场景的关键通信需求指标汇总见表 1-1。

表 1-1 　　　　　　　　电力物联网典型业务场景关键通信需求指标汇总

| 业务类型 | 业务名称 | 通信需求 | | | | |
|---|---|---|---|---|---|---|
| | | 时延 | 带宽 | 可靠性（%） | 安全隔离 | 连接数 |
| 控制类 | 智能分布式配电自动化 | ≤10ms | ≥2Mbit/s | 99.999 | 安全生产Ⅰ区 | X×10 个/km² |
| | 精准负控 | ≤50ms | 10kbit/s～2Mbit/s | 99.999 | 安全生产Ⅰ区 | |
| | 分布式能源调控 | 采集类≤3s 控制类≤1s | ≥2Mbit/s | 99.999 | 综合包含Ⅰ、Ⅱ、Ⅲ区 | 百万～千万级 |
| 采集类 | 高级计量 | ≤3s | 1～2Mbit/s | 99.9 | 管理信息Ⅲ区 | 集抄模式 X×100 个/km² |
| 移动类 | 配电房视频综合监控 | ≤200ms | 4～10Mbit/s | 99.9 | 管理信息Ⅲ区 | 集中在局部区域 1～2 个 |
| | 智能巡检机器人 | | | | | |
| | 移动式现场施工作业管控 | | 20～100Mbit/s | | | 集中在局部区域 5～10 个 |
| | 应急现场自组网综合应用 | | | | | |
| 电网新型 | 多站融合 | ≤20ms | 20Mbit/s 1Gbit/s | — | 集中在局部区域 10～1000 个 |

## 1.3　电力物联网建设面临的挑战

我国电力物联网发展存在的问题、电力物联网面临的挑战、电力物联网的产生意义是本节主要内容。

### 1.3.1 电力物联网发展存在的问题

我国电力物联网产业已拥有一定规模，设备制造、网络和应用服务具备较高水平，技术研发和标准制定取得突破，物联网与行业融合发展成效显著。但仍要看到我国电力物联网产业发展面临的瓶颈和深层次问题依然突出。

（1）产业生态竞争力不强，芯片、传感器、操作系统等核心基础能力依然薄弱，高端产品研发能力不强，原始创新能力与发达国家差距较大。

（2）产业链协同性不强，缺少整合产业链上下游资源、引领产业协调发展的龙头企业。

（3）标准化体系尚未健全，关键标准的开发进展缓慢，而且跨领域应用的标准制定面临较大挑战。

（4）物联网与行业融合发展有待进一步深化，成熟的商业模式仍然缺乏，部分行业存在管理分散、推动力度不够的问题，发展新技术新业态面临跨行业体制机制障碍。

（5）网络与信息安全形势依然严峻，设施安全、数据安全、个人信息安全等问题亟待解决。

### 1.3.2 电力物联网建设面临的挑战

电力物联网通过将物联网技术融入电力体系，构成了一个智能网络，它能够对各种设备和能源数据进行感知、搜集、传递、处理和利用，它具有快速响应、实时监控、高效安全、灵活可控等特点，将为电力行业带来新的技术和商业模式，同时也面临着一系列的挑战。

（1）网络覆盖范围有限。电力物联网网络覆盖范围有限，这是因为电力系统中存在一些复杂的环境和地理条件，如山区、沙漠等区域，网络覆盖不足会导致设备无法接入，信息无法传输，影响监测数据的准确性和实时性。因此，需要在技术上加强网络覆盖范围的扩展能力，提升传输效率和可靠性，优化网络拓扑结构和接入技术，推广新型通信技术，如 5G、NB-IoT 等，以实现电力物联网网络覆盖范围的全面扩展。

（2）海量接入能力差。电力物联网面临海量接入控制能力差的挑战。随着智能电表、智能电器等设备的普及和新型应用的涌现，电力物联网需要支持海量设备接入，数据传输和控制，这就对物联网平台的数据处理、存储和计算能力提出了更高的要求。同时，电力物联网还需要解决设备接入时的诸多问题，如设备认证、网络配置、安全接入等，需要提供统一的管理平台，实现对设备的快速接入和管理。

（3）差异化服务质量（Quality of Service，QoS）保障能力不足。QoS 保障能力不足也是电力物联网面临的挑战之一。在电力物联网应用中，各类设备、应用的数据传输需求不同，有的需要高速传输，有的需要低延迟传输，有的需要高可靠传输。因此，电力物联网需要支持 QoS 保障能力，提供灵活的传输策略和控制机制，以满足不同应用的传输需求。

（4）安全性不足。电力物联网安全性不足也是一个值得关注的挑战。电力物联网中涉及各类敏感信息，如用户用电信息、设备信息等，这些信息一旦泄露或被攻击，会对电力系统的安全造成威胁。因此，电力物联网需要加强安全保障，从物理层、传输层、应用层多层面加强安全机制，提高网络的安全性和可信度。在技术层面上，可以采用身份认证、访问控制、加密传输等手段来保护数据的安全性，建立安全漏洞监测和修补机制，以及加强对网络攻击和恶意软件的监控和防范，从而确保电力物联网的安全性。

总之，电力物联网在实现电力系统智能化和信息化方面具有重要的意义和巨大的潜力，但同时也面临着诸多挑战，需要不断加强技术研发和应用推广，提高网络覆盖范围、控制能力、QoS 保障能力和安全保障能力，才能更好地实现电力物联网的应用与发展。

## 1.4 天空地一体化网络赋能电力物联网

### 1.4.1 天空地电力物联网概述

分布式能源高比例接入背景下，面对日益增长的电力传感设备的海量接入需求，需要创新发展电力物联网以解决业务接入问题。电力物联网终端通常会定期采集业务数据与环境数据，具有数量多、分布广的特点。由于很多电力设备部署在位置偏远、环境复杂的地区，这些区域受限于地理环境，终端往往很难通过地面设施接入网络，成为电力数据采集与传输的现实痛点。同时，由于电力物联网中传感终端的电池容量有限，一旦忽视数据传输中的能量效率，将使得终端节点由于能量枯竭而停止工作，导致信息无法有效送达，严重影响了网络服务质量和电网安全稳定运行。随着电力业务及其应用的快速发展，不同类型业务（控制、信息采集和移动类）在网络功能、系统性能、安全等级、QoS 等方面需求各异。满足业务的差异化需求，使得基于同一物理网络下的资源管理和网络运维变得灵活性差、成本升高且十分复杂。此外，传统电力物联网基于云平台的集中式资源调度方式，在服务于分布式能源高比例接入背景下的海量终端接入场景时，将导致业务响应延时过大。为应对上述挑战，需要建立一个面向差异化业务、无缝覆盖、支持超海量物联终端低功耗接入、资源高效分配的新型智能电力物联网，以有效满足未来电力场景下业务灵活接入与承载的需求。

结合卫星平台和空中飞行器优势的天空地一体电力物联网是解决上述问题的重要甚至唯一途径。卫星系统具有覆盖高远广的特点，且不受地面灾害影响。但是卫星通信通常使用较高频率，在城市密集区域通信效果较差；与地面距离较远，天然存在着不可突破的传输延时；单颗卫星成本过高，达数亿甚至数十亿元，系统部署不够灵活。与卫星相比，地面网络传输延时小、服务质量好，但是覆盖范围有限，且抗灾害能力差。与此同时，高空平台/无人机构成的空基网络具有部署灵活、成本效益较高的优点。因此，构建天空地一体的网络，充分发挥各自优势，符合信息技术的发展趋势，具有十分重大意义。

作为 6G 网络的重要研究方向，当前天空地一体化网络和卫星互联网已经上升为国家战略。《"新基建"之中国卫星互联网产业发展研究白皮书》阐述了致力于构建天空地一体化网络安全保障体系的发展趋势。天空地一体化网络被明确列入"科技创新 2030—重大项目"，其对于拓展国家利益、保障国家安全、维护社会民生、促进经济发展具有重大意义。构建基于天空地一体化网络的电力物联网符合网络强国战略思想，符合我国"面向世界科技前沿、面向经济主战场、面向国家重大需求、面向人民生命健康"的科技创新方向，是实现电力业务无缝覆盖、随遇接入、按需服务的必由之路。

### 1.4.2 天空地电力物联网网络架构

天空地电力物联网按照"天基组网、天地一体"的思路构建，核心是通过天地联合组网、资源共享，实现韧性服务、按需响应。如图 1-10 所示，采用"天空地电力物联网"网络架构，由天基段网络、空基段网络、地基段网络与业务终端互联形成，有效满足电力物联网灵活、高效、可靠、差异化的业务需求。

天基段网络由地球同步轨道 GEO 卫星网络、中轨道 MEO 卫星网络和低轨道 LEO 卫星网络组成，能够实现电力物联网服务的无缝连续覆盖；空基段网络由高浮空平台和低浮空平台组成，部署灵活，覆盖不受地形限制，支持国土及周边、近远海，乃至全球范围内陆、海、空各类电力终端与网络节点的海量接入；地基段网络由陆地、海洋等布设在国土及周边的各类电力终端及传感网络组成，以现有设施为基础，在城市、偏远地区、海上等部署若干电力终端与传感节点，

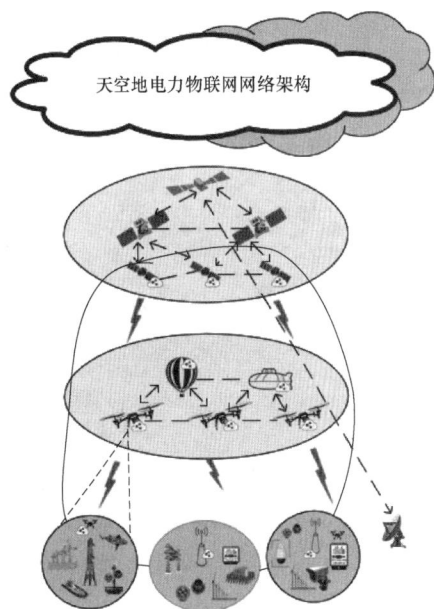

图 1-10 天空地电力物联网网络架构

实现天空地互联互通，满足电力业务多样性和差异化服务需求。

其中涵盖的关键技术有以下几点。

- 大容量骨干光传输网技术。
- 支撑电力物联网的高可靠 IPv6 网络技术。
- 广覆盖、大连接通信接入技术。
- 网络资源动态调配技术。
- 面向电力物联网的集成通信协议。
- 电力应急通信技术。
- 北斗电力物联网应用技术。

### 1.4.3　天空地电力物联网典型应用

天空地电力物联网面向陆地、海上分布式清洁能源高比例接入下的各类电力业务应用，提供"无缝覆盖、海量接入、按需服务"的信息网络，有效满足未来电力物联网灵活、高效、可靠、泛在的差异化业务需求。

1.　海上风电输变配电运行监视

如图 1-11 所示，基于天空地电力物联网高速、大连接和空天边缘计算资源，开展海上风电输变配无人机巡检、实时数据监测与控制等，推动微气象区域监测与辅助决策、输电线路灾害监测预警与智能决策、全天候远程通道可视化等业务深度应用。

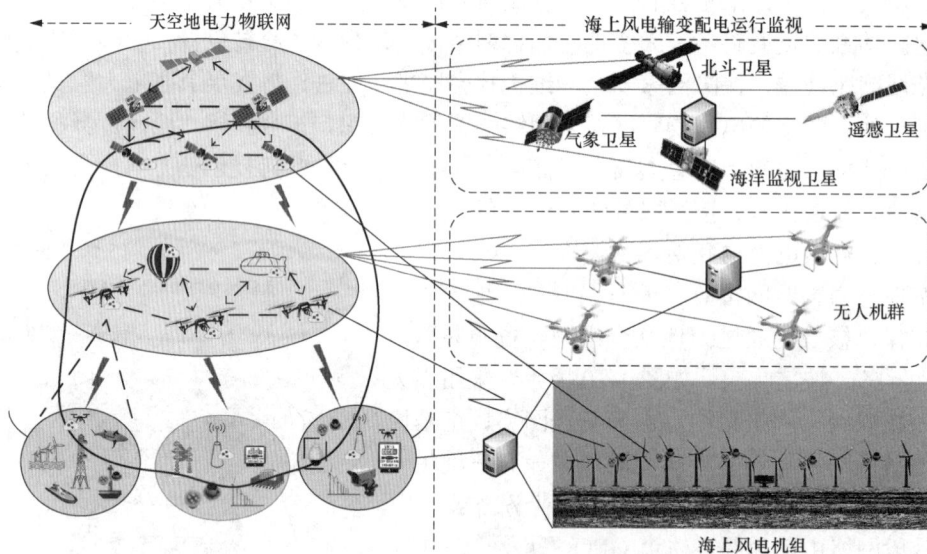

图 1-11　海上风电输变配电运行监视

2.　天地一体清洁能源泛在接入

整合清洁能源至现行的配电网络体系，代表着未来清洁能源发展的主导方向。如图 1-12 所示，基于天空地电力物联网全域覆盖特性与边缘服务能力，有力支撑海上风电、陆地风电、光伏等各类清洁能源电力终端的随遇接入，实现天地一体的电力物联网络泛在服务能力，并通过发电全息感知、智能分析、精准预测等方式提升清洁能源消纳水平。

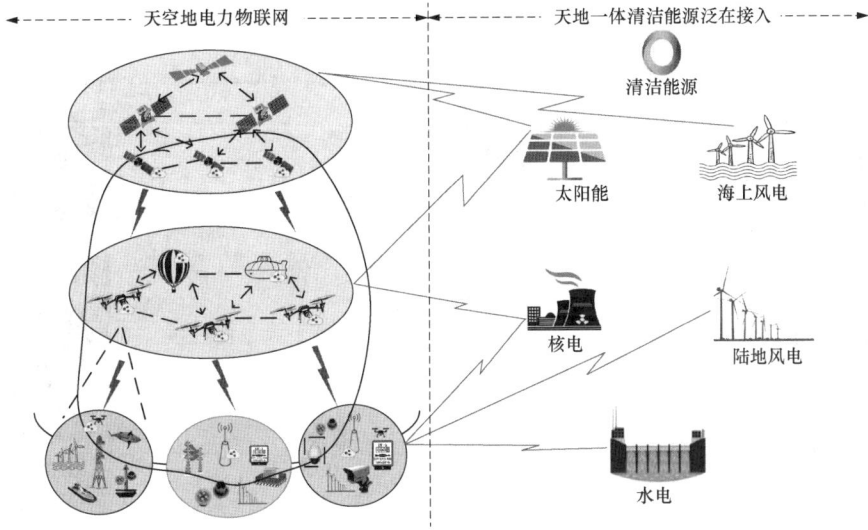

图 1-12　天地一体清洁能源泛在接入

**3. 天地协同配网保护与控制**

天地协同配网保护与控制如图 1-13 所示，基于天空地电力物联网低轨星座、空基网络、地面网络低延时、高可靠、高精度授时，以及面向 QoS 要求的网络切片技术，以天为主、天地协同，通过配网差动保护、配网 PMU 等方式实现对配电网运行状态的智能分析、远程控制、故障定位、故障隔离以及非故障区域供电恢复等操作，减少故障停电时间和范围，提升配电网供电可靠性。

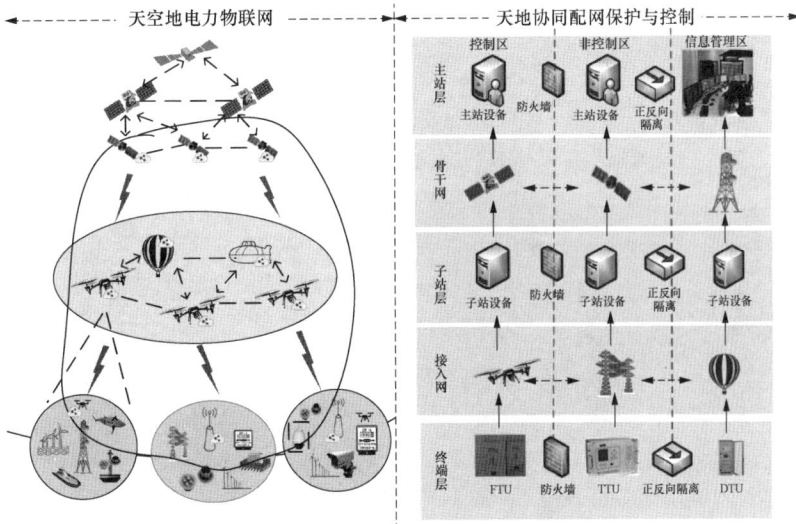

图 1-13　天地协同配网保护与控制

**4. 天空地应急组网综合应用**

天空地应急组网综合应用如图 1-14 所示，基于天空地电力物联网高速率特性和边缘计算等技术，可以实现陆地海上灾害应急通信现场多种多媒体装备自组网及回传、高清视频集群通信和指挥决策。

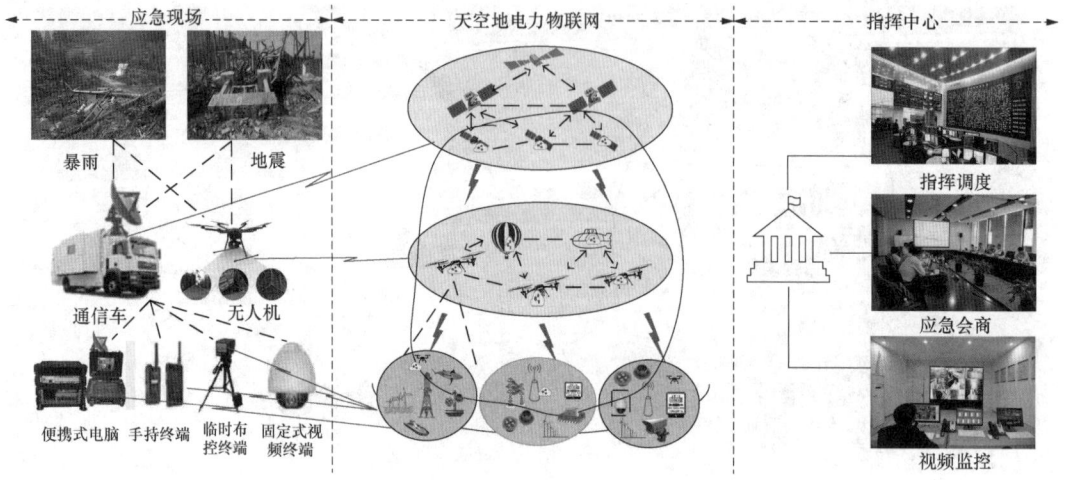

图 1-14　天空地应急组网综合应用

# 第2章 电力物联网平台架构

电力物联网是以电力系统各个环节为核心，利用移动互联、人工智能等现代信息技术和先进通信技术，实现电力系统各环节之间全面连接与交互的服务系统。它具备全方位状态感知、高效信息处理、便捷灵活应用等特点。简单来说，电力物联网利用新一代信息技术将电力用户、设备、电网企业、发电企业以及电工装备企业等连接在一起。通过广泛的信息交流和共享，实现数字化管理，显著提升能源生产、消费以及相关装备制造的安全、质量、先进程度和效益效率水平。

电力物联网是一个开放的体系架构，需要多种技术的支撑。从技术角度来看，电力物联网可以划分为感知层、网络层、平台层和应用层，如图2-1所示，这种结构划分呈现自下而上的方式。感知层利用传感器等智能设备，负责对电力系统各环节的业务对象进行实时感知和数据信息采集；网络层利用先进通信技术传递和共享感知层采集的信息数据；平台层负责对网络层传输的信息进行存储、筛选、数据挖掘等处理，为应用层提供数据基础支持；应用层承载电力物联网的各类应用业务，能源服务商可实现应用开发，用户可便捷获取服务。其关键技术主要涵盖数据采集、智能监测、大数据分析与挖掘、数据交换与共享等方面，以及平台管理和移动App开发应用。

图2-1 电力物联网架构

## 2.1 感 知 层

电力物联网的感知层属于系统的末端核心，它是由众多类型的传感器组成的，进而实现对系统的全面感知。感知层主要利用各种传感识别设备实现信息的采集、识别和汇集，其主要组成部分有一次系统电压互感器与电流互感器以及二次系统的电能表终端或集中器终端等，同时使用的用户也会适当地添加多样性的智能电器。其重点是实现统一的信息模式，如统一标识、统一的数据表达方式等，以此形成相关的标准。由于广泛的感知能够全面获取大量的数据促使控制单元能够以全新的形式发展运行，同时能够高效地感知电网每个环节的运行情况，进而使电网能够实现集群效应，将系统运行状态实时监控，出现故障或隐患能够及时发现，对其进行风险评估，采取相应的解决措施。与此同时，相关工作人员应根据实际情况合理地对电网拓扑进行调整，全面优化用户的用能情况，控制电源的出力状态，促使新型负荷的接纳能力得到有效的改善与提高，高效地处理突发故障。

### 2.1.1 数据采集

数据采集（Data Acquisition，DAQ），指自动获取模拟和数字测试单元（如传感器和其他测试设备）中的信号，并将其传送至主机进行进一步分析和处理。数据收集系统基于计算机或其他测试平台，用于对软件、硬件产品测量，从而实现灵活的、免费的测量系统。

数据收集旨在通过模块化硬件、应用软件和测量计算机的组合来测量物理现象，例如电压、电流、温度、压力或声音等。分析和显示的目的对所有系统都是一样的。数据采集系统整合了信号、传感器、激励器、信号处理、数据采集设备和应用软件。从电力系统中收集的数据应包括电量，如电压、电流、电磁场和电场，以及非电量，如温度、湿度、压力、位移、角度、振动加速度、质量和微气象。

电力物联网体系中的数据采集主要是由射频识别技术、二维码、全球定位系统、摄像头、传感器网络等感知、捕获、测量技术手段组成。广泛存在的各种类型采集和控制模块，构成了感知层，主要任务是完成电力物联网应用的信息感知、数据采集，是电力物联网的基础。通过电力物联网部署的巨大终端传感器和其他采集设备，运营和维护人员可以从发—输—变—配—用的各个环节的不同类型的设备收集所需的数据。感知层的设备在发—输—变—配—用的过程中生成的数据种类繁多，类型各异，长度不一，对数据的统一和利用造成了障碍。因此，制定一个统一的数据平台规范，可以提高数据的质量，推动数据的实时共享。

传感器是一个智能的装置，它可以感知热，力、光电、声音、位移等信号，并可以将信号转换为电信号或其他形式信号进行数据传输、处理、存储、显示、输出、记录和控制。传感器是机器的"感知器官"，用于感知和探测物质世界。传感器有各种不同类型，可以根据其用途、材料、输出信号类型和制造过程等进行分类。纳米科技的运用为传感器提供了高效的敏感材料，同时还能改进传感器的制造方法，显著提升传感器的制造水平。这一技术的应用拓展了传感器的应用领域，推动了传感器行业的发展。

传感器被视为电力物联网服务和应用程序的基础组成部分，扮演着神经末梢网络的角色，因而智能传感是电力物联网感知层的关键技术，同时，传感器在电力物联网中被认为是至关重要的元件，有时被称为"电力三次设备"。当物联网应用于电力系统，各种智能仪表和检测的特殊性质，计算和性能将在电力生产、输送、消费、管理的各个方面，以促进整个发电和电网的运行和观察全息感知、数据集成和智能决策和管理过程的管理。传感器在电网安全稳定运行中起着基础性和广泛的作用，是电网物理信息连接的基础。

电力物联网中的传感器能够很好地根据电力业务场景的具体应用需求，部署在系统的各角或安装在设备内，从而实现无处不在的全面感知。

（1）液位传感器：原理是通过流体力学测量液位。

（2）红外传感器：基于红外线的特性工作，可用于测量温度和气体等参数。

（3）速度传感器：可以将一些非电的物理量转化为电类物理量，用于速度监测。

（4）加速度传感器：即测量加速度，适用电力环境的监视。

（5）视觉传感器：可以检测图像中的光线像素，多用于计量、瑕疵检测和定向。

（6）湿度传感器：有电阻式和电容式两种类型。其基本形态均为在基材上涂布感湿物质而构成感湿膜。当空气中的水蒸气被感湿材料吸附后，元件的阻抗和介电常数发生显著变化，因此可以监测电力设备环境的湿度变化。

（7）气敏传感器：用于检测某一特定气体，可以监测变压器等一氧化碳气体。

电网规模大，结构复杂，这就要求传感器具有简单化、低成本、低功耗和高度集成等特点，并且增加无线通信和资源封装，以减少部署的网络基础设施，最大限度地降低成本和构建电力物联网的成本，并实现电力终端和电力系统的集成。考虑到部分传感器置于终端内部，因而有必要实现传感器的微型化并考虑电磁兼容技术对传感器的影响。当前，新型传感器如仿生、纳米材料、生物传感器等的研究将为电力物联网的发展提供有益借鉴。

通常情况下物联网的应用是以具体事件、任务和目标为驱动的，即传感设备根据具体的应用需求进行信息的感知和获取。因此，物联网应用于电力系统中，也必然要针对特定的应用环境设计具有特定功能的新型传感设备。例如已初步应用于智能家居中的智能家居空间占用传感器、泄漏和水传感器等。利用智能家居空间占用传感器，户主可以实时监控房屋内和周围的所有活动，从而使房屋免受入侵和破坏。而泄漏和水传感器则会在一旦发现泄漏的情况下立即向房主发出警报以便及时采取措施。

作为电力物联网发展的基础和最为关键的一环，高精度、含多维特征参量的智能感知技术及状态信息全局智能化终端及其布局技术是发展电力物联网不可或缺的一环。

在电力设备层智能化传感装置检测过程中，首要任务就是保证电力终端在工作过程中多维特征参量数据的有效性，同时需要保证采集数据的精度和可靠性。为了提高系统数据处理分析的效率，智能化传感装置应具备设备状态可靠性评估的能力，将智能传感器件与电气设备本体一体化融合。对于系统层面的智能化感知技术，不仅需要研究基于电力线的电网状态传感技术，而且需要研究电力设备状态参量建模、数据聚合与故障诊断定位技术，并制定适应不同电气设备需求的智能传感器标准，发展适用于各种工况下的能源电力智能传感器群。

### 2.1.2　智能业务终端

智能业务终端是平台化、智能化、APP 化的新型业务终端。

新一代智能电表采用多芯模组化设计理念，确保在电力系统中能精确可靠计量的前提下为未来业务拓展留下空间。新一代智能电能表目前已经实现的扩展模块有居民用电负荷识别模块、电动汽车有序充电模块以及"多表集抄"模块。

能源控制器主要用于电动汽车有序充电、居民家庭智慧用能、商业楼宇等场景，基于边缘计算与云计算协同运行。能源控制器硬件上采用模块化的设计，软件上设计统一操作系统，实现操作系统与底层硬件和应用层软件的双向解耦。研发了高频数据采集、家庭居民智慧用能、电动汽车有序充电、停电故障主动上报等 17 个大类、38 种功能设计。

电能计量锁具与智能、物联、安全属性与电力物联网内涵高度契合，物理设备层采用加密通信保障锁具通信及操作安全；系统平台层充分依托用电信息采集现有平台系统及硬件资源，实现智能锁具的智能操作和物联监测。电能计量锁具及其应用系统可为现场人员提供创新、便捷、智能服务，全面支撑客户侧电力物联网现场各项业务的有序开展。

1. 智能监测技术定义

智能监控技术采用基于计算机的图像可视化分析技术，该方法通过将视频中的物体从背景中分割出来，实现对被拍摄物体的跟踪和分析。根据分析模块，用户可以初步计划不同的相机镜头的违法规则，预定义的场景看起来违反规则时，系统自动报警，监控指挥平台自动打开一个报警信息并发出警告，并启动相关设备。用户只需点一下报警提示，就能对报警现场进行重新安排，并进行相应的报警，并采取适当的预警措施。

2. 电气设备在线监测技术的原理

电气设备在线监测技术的投入生产使用是顺应计算机信息技术发展而产生的，其原理就是通过对电网运行状态下的电气设备信号进行采集、整理和传输，达到对电气设备带电且运行的状态下在线监测的目的。简而言之就是通过传感系统对设备的各种信号进行接收和整合，然后将信号转化为能被处理的信息模式，转发到处理中心进行处理。信息中心对数据进行分析处理，得到更加直观的数据后传送给相关人员进行后续处理。

3. 电气设备在线监测技术的优点

在线监测技术的全程监控能让检修人员从设备所处的状态出发，有的放矢地选用有效的检修方案。这样一来检修工作就更加高效，能最大限度地避免无效维修或者过度维修的情况。电网设备的维修工作到位，确保电器设备的运行状态处于优良，有利于设备被发挥和利用到极限。

人们对电力的需求也越来越高，在一定程度上给电力企业带来了新的挑战。将监测技术运用在电力系统的内部，可以实现对电力系统运行过程的实时监控，一旦出现任何问题，都可以及时、有效地解决，从而提高电力系统的工作效率。从当前电力系统自动化中智能监控技术的应用现状来看，它主要有以下几个方面的优点。

（1）在电力系统运行的过程中，智能监控系统呈现出图形化的用户界面结构，将电力系统具体的位图动画、运动趋势、表盘数据等都使用图形直观地表现出来，使有关人员能够对电力系统运行中发生的故障进行及时的处理，从而为电力系统的安全稳定运行提供充足的保证。

（2）从当前我国智能监控系统的运用现状来看，智能监控系统不仅可以实现对电力系统运行全过程的实时监控，随着现代科学技术的进步，智能监控技术也得到了快速的发展。

（3）随着现代科学技术的不断发展，智能监控技术也在不断地更新和升级。尤其是在具体的监控中，可以将电网实际运行状况作为基本依据。

重新建构电力系统的结构，以满足电力系统的监控需求。例如，在对低压进线、高压进线、回路和电源切换等部分进行监控时，智能监控技术可以采用分层分布式的结构对系统内部结构进行优化，从而达到优化电力系统监控的目的。

（4）在电力系统运行的过程中，智能监控系统不仅可以对变压器、主控层和控制层等多个方面的温度变化进行全面监测，还可以对各种各样的信号进行监测，比如非电量信号、开关量、报警信号等。总之，将智能监控系统运用在电力系统中，不但能有效地增强电网的安全可靠度，在一定程度上还能提高电力系统内部的管理效率。

4. 智能监测技术在电力系统中的应用

随着超高压和特高压输电工程的建设和发展，电力物联网的覆盖区域不断扩展，输电和变电站设备的可靠性将日益影响电网的安全稳定运行。通过对输变电设备进行故障诊断、全寿命周期及状态监测管理，能够提高它们的运行可靠性，从而实现电力终端的优化管理。

在设备状态监测方面，电力物联网的发展对电力终端的运行与管理提出了新的需求，以状态可视化、管控虚拟化、平台集约化、信息互动化为目标，建立智能化信息系统，使设备运行状态可视化、生产全过程可监控，并实现风险的预警。

功能需求包括：监控实时电网状态、基于态势的最优化灵活运行方式、及时可靠的预警、电网终端全寿命周期状态检修、电网装备持续改进等。

输电线路状态在线监测是电力物联网中的重要应用之一。感知物联网技术的使用可以提高输电线路的运行情况监测，包括：气候、覆冰、导线温度与弧垂、铁塔倾斜、污秽度等。设备监控不仅包括电力终端的状态数据信息，还包括电网运行的实时信息。在试验区内500kV，220kV 高压输电路上部署导线舞动、微气象、微风振动、覆冰、风偏、导线温度、视频等感知设备，实现输电线路的实时在线监控及动态增容，并解决传感器网络带状网络部署、远距离传输、系统长寿命等关键问题。

在变电设备巡检方面，主要指借助电力设备、杆塔上安装的射频识别标签，记录设备的数据信息，包括设备编号、建造日期、日常维护记录、修理历史及次数等。此外，也可记录杆塔的地理位置和经纬度坐标，以支持建立基于地理信息系统的电力网分布图。在电力巡视管理中，利用射频识别技术、GPS 定位系统、地理信息系统、无线通信系统等技术手段，对设备的工作环境进行监测，获得其工作状态信息。根据识别标签辅助设备定位，实现人员的准确到位监督，引导巡检员工根据规范的作业程序，完成辅助设备的状态维修、标准化作业等。

配电网设备数量多，种类繁多，成本低廉，但可靠性较低，运行维护较为困难，因此导致配电网设备的故障率较高。用户感受到的停电事件几乎都是由配电网故障引起的。作为电网"最后一公里"的配电网与用户之间存在紧密的联系，需要保证电力的供应和服务质量。配电物联网建设的核心是提高用户体验。由于配电业务种类众多且类别广泛，同时城市和山区配电网的运行环境和需求也存在一定区别，因此配电物联网接入数据种类、网络复杂度和应用多样性都比输变电网要复杂很多。

我国将馈线终端设备（Feeder Terminal Unit，FTU）、配电终端设备（Distribution Terminal Unit，DTU）、配电变压器终端设备（Transformer Terminal Unit，TTU）和智能运维监测终端（Maintenance Terminal Unit，MTU）作为配网的边缘计算终端设备。FTU 主要收集故障和环境数据，可以通过 LTE 和 LoRa 等方式进行通信。TTU 主要用于采集电力系统中的电力变压器及低压电力用户的数据，并支持各种通信方式，包括 485 总线、以太网、电力载波、微功率无线和 LoRa 等。DTU 的功能是采集各种电力线路中的各种自动参数，并对各个电气回路中的开关装置进行控制。MTU 主要是用来收集中压配电机房内部的环境数据，通信方式包括485 总线、以太网、LoRa 等。在电力物联网中，边缘计算终端和云端的通信模式会随着环境的改变而改变。在城市环境下，配电网优先采用光纤、无线专网和 5G 公网等通信方式；在山区，则主要使用电力 NB-IoT 或无线公网。

配电物联网的高级应用可以划分为三个层次：故障预警、故障处理和用户服务。故障预警主要表现如下。

（1）根据电网设备的状态监测数据，结合运行环境和运行工况对设备故障进行预警；同时还可对异常设备进行定位和故障预警。

（2）根据配电站房内各种传感器信息，辅助控制系统自动进行启停操作，并对站房各项运行情况进行分析。系统能够提前预警可能出现的异常情况，以确保及时处理故障，降低停电事故的发生概率。

此外，考虑到中、低压配电网络不同的特点，需要提出不一样的故障处理方法。区别主要有：FTU 与站内选线设备相结合，采取多种接地方法，能迅速地将故障区段隔离开来，并能准确地定位出故障点。

在用户服务方面的高级应用主要表现为提升供电质量，如利用广域同步量测装置结合 TTU、采集数据对中低压配网线损精益化管理，同时根据不同时段线损的变化识别出窃电、漏电等异常工况，并及时处理。根据收集到的电压、电力波形对用户电能质量进行监测和预警。其他还有用户用电行为分析、光伏、充电站管理等功能。

5. 电力物联网状态监测技术应用

对电力系统发—输—变—配—用各环节设备进行状态监测，是确保设备安全可靠运行的关键所在。设备状态监测系统需制定统一的接口标准，与信息采集设备互联，获取在线监测数据，通过行波定位法双端定位法、支持向量机分类识别、红外图像识别等算法，能够实现通过多维度数据监测信息的综合诊断功能，有效管理电网设备的状态监测和停电检修。

基于大数据的智能状态监测技术，可以有效将各个设备通过互联网进行数据共享，进而进行专业化数据分析和诊断，便于实时监测电网设备，实现电网和电力设备无缝对接。尤其是对存在安全隐患的设备，可以进行预测并进行预防控制，建立故障诊断数据库，有效避免传感器故障引起的保护误动作，从而可以有效地防止由于设备故障造成的严重事故，最大限度地保证了配电系统的安全运行，提高了供电质量，使电力企业的设备维修费用降到最低。

自电力物联网技术提出以来，国内外主要设备生产厂商、各大研究院所和各高校均对如何发展电力物联网技术做了大量而又深入的研究。在这些研究中，高压设备的在线监控与故障诊断是未来电网发展的重要基础。在线监控与故障诊断是实现设备状态可视化、自动化的重要手段，是构建电网物联网最基本的功能支持。

### 2.1.3　本地通信接入

本地通信接入是指安全、可靠地实现传感器通信模块与边缘物联代理之间的通信。现有技术体制包括 LoRa、NB-IoT 等低功耗长距离无线通信技术，BLE、Zigbee 等短距离无线通信技术，以及电力线载波、微功率无线等针对营销数据采集设计的本地通信技术等。

### 2.1.4　边缘物联代理

边缘物联代理具备终端协议解析、数据采集、监控、数据存储、边缘计算、数据统计分析等功能，就近处理物联网设备生成的数据，从而减轻了网络带宽的负荷，用于满足电力物联网大规模接入和快速响应的需求。边缘物联代理能很好地满足电力物联网对终端接入能力、多样化业务承载能力、可实现功能和性能的灵活配置的需求，具有集成度高、接口丰富、计算能力强、成本低廉等优势，是电力物联网的核心设备之一。

## 2.2　网　络　层

网络层的功能在于为电力物联网的各类型业务提供确定的通信服务质量，确保数据信息的可靠传输以及安全的信息交互通道。根据安全级别、数据类型的不同，将网络层分为内部专网和互联外网。根据实际工作条件、传输距离及经济费用，可灵活地选取通信模式，包括移动空中网、传统互联网、近距离无线传输和近距离有线传输，如图 2-2 所示。其中电力线载波与 230MHz 无线通信为电力通信系统特有通信方式，而 5G 技术则是电力物联网新兴应用的通信方式。

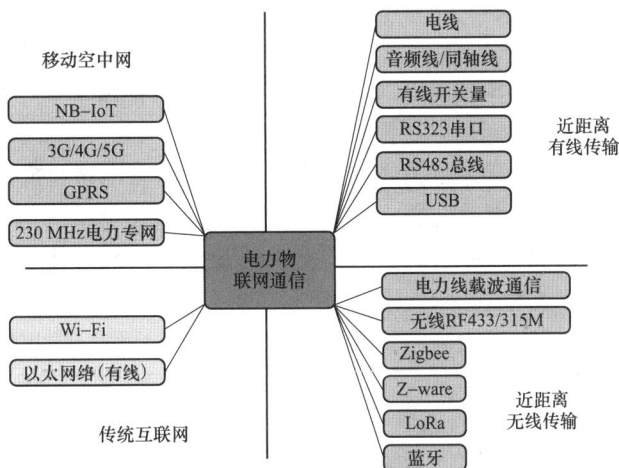

图 2-2　电力物联网可选通信方式

### 2.2.1　接入网

接入网是骨干网向配电与用电业务站点延伸的一部分，旨在实现站点与电力系统之间的信息流通。它的主要作用是承载服务，传输信息。在此基础上，提出了一种基于 10kV 的电信接入网络，并对其进行了分析。

（1）10kV 通信接入网。主要覆盖 10kV（或 20kV/6kV）配电网的开关站及相关设备和 10 kV 配电线路等的通信网络。本系统主要应用于电力系统中的配电自动化、配电变监控等。10 kV 通信接入网应用了工业以太网、电力线载波、无线专用网络和公用网络等多种通信方式。

（2）0.4kV 通信接入网。是指覆盖 10kV 变压器的 0.4kV 输出至低压用户等的通信网络。它的主要作用是提供电力用户的信息收集，用户的双向交互，供电企业的供电服务。本文研究的是一种新型的无线通信网络，它包括低电压载波、微功率无线和 RS-485/RS-232 串行通信等多种通信方式。

### 2.2.2　骨干网

骨干网以光纤通信为主，辅以卫星、载波、微博等通信手段。骨干网分为省际、省级和地三个层次。在一些骨干网不能覆盖和延伸的区域，通过租用运营商资源或与运营商资源置换对其覆盖进行补足。

（1）省际骨干网光缆以 OPGW 光缆（也称光纤复合架空地线）为主，主要 500kV 及以上电网线路架设。通常采用同步数字体系（SDH）和光传送网（OTN）技术双平面结构，SDH 主要承载电力调度及生产实时控制业务，OTN 主要承载管理信息化、调度自动化等高带宽业务。

（2）省级骨干网光缆网架以 220kV 及以上电网为基础，以环形结构为主，部分地区逐步发展为网状网。省级骨干网以 SDH 技术为主，部分地区初步建成 SDH 和 OTN 技术双平面结构。

（3）地市骨干网光缆网架以 220kV、110（66）kV 及 35kV 电网为基础，以形结构为主。以 SDH 网络为主，重点覆盖地市公司本部、县公司、地调直调厂站及地市公司直属单位。

### 2.2.3 业务网

业务网包括承载话音、视频、数据等各种业务的综合通信网、调度交换网、行政交换网及电视电话会议系统。

（1）综合数据网用来支撑 SG-ERP、OA 等信息系统业务，由总部、省级、地市综合数据网构成，对网络带宽需求大。

（2）调度交换网主要为人工调度员之间提供语音服务，以电路交换为主，覆盖五级调度管理机构、220 kV 及以上变电站和电站。

（3）行政交换网主要为行政办公人员之间提供语音服务，原有技术体制为电脑交换，现已逐步推广应用 IMS 交换技术。

（4）电视电话会议系统主要由硬视频系统、网络硬视频系统、软视频系统分组成，承载语音、视频等业务。

### 2.2.4 支撑网

支撑网的主要作用是满足电力通信系统安全稳定运行、资源调度、管理后的要求，保证数字网络传输及交换信号时钟同步，支撑运行监视和通信调度。包括同步网、网管网、通信应急等。

（1）同步网为全网设备时钟提供同步控制信号。以国家电网有限公司为例，同步网采用骨干同步网和省内同步网两层架构，其中骨干同步网按省划分为 27 个同步区，同步区内采用全同步方式，同步区之间采用准同步方式。

（2）网管网用于实现对骨干网、省级及以上业务网和支撑网、重点城市接入网的管理，按照总（分）部、省公司两级部署。

（3）通信应急是指加强应急通信物资储备，为地震等自然灾害救灾抢修、重大社会活动保电指挥、特高压工程现场管理等提供通信应急保障。

# 2.3 平 台 层

平台层的主要任务是将大量的电网运行数据和用户侧用能数据等电力系统数据传输到统一的存储和管理平台中，避免产生数据混乱。它的作用是解决传统电力生产和运营方式中数据存储碎片化的问题，打破信息孤岛的现状，实现数据互联和共享。平台层主要采用包括异构网络融合技术、资源和存储管理、云计算、模糊识别、数据挖掘、语义分析、电信网增强和远程控制等技术。通过搭建数据中心、云平台的方式，平台层对下完成网络层传输数据的实时收集与更新，对上则基于大数据存储与分析技术为各种特定的高级应用提供跨域共享数据资源，实现电力系统向电力和数据并重的发展方向转型。

### 2.3.1 企业中台

企业中台是一种实现公司核心资源共享化、服务化的理念和模式，从管理视角上破除系统建设的部门级壁垒，将资源、系统和数据上升为企业级，建立公司信息系统建设企业级统筹建设机制；从技术视角上强调服务化，将企业共性的业务和数据进行服务化处理，沉淀至企业中台，形成灵活、强大的共享服务能力，以微服务技术为基础，供前端业务应用构建或数据分析直接调用。企业中台包括业务中台和数据中台，其架构如图 2-3 所示，业务中台主要是沉淀和聚合业务共性资源，实现业务资源的共享和复用；数据中台主要是汇聚企业全局数据资源，为前端应用提供统一的数据共享分析服务。

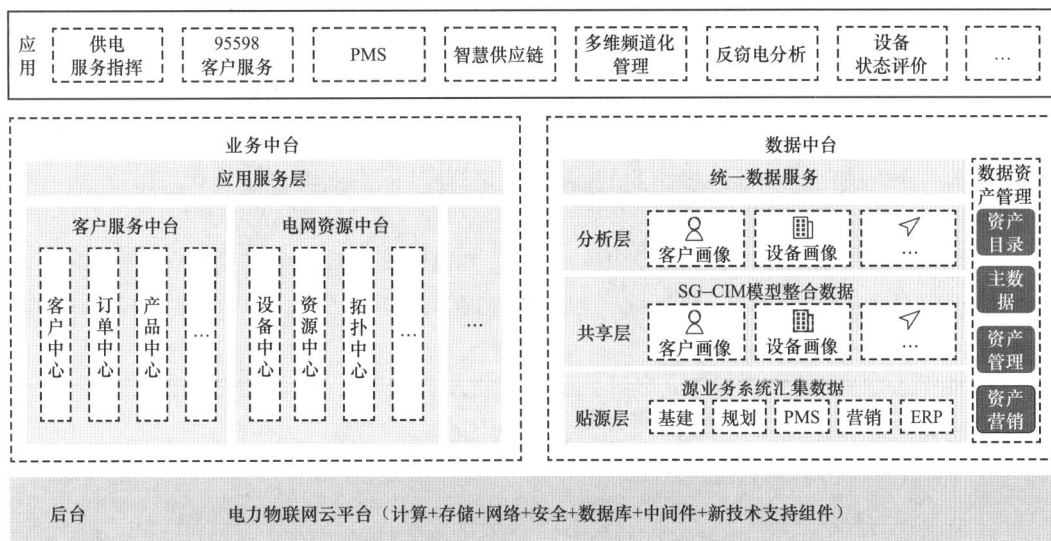

图 2-3　企业中台总体架构

1. 业务中台

业务中台是指将一些具有共同特性的业务进行沉淀，从而构成一个企业的共享服务中心，它既包含了客服中台，也包含了电网资源业务。有了业务中台，各业务系统不再单独建设共性应用服务、直接调用业务中台服务，实现各业务前端应用快速构建和迭代。业务中台建设是一个逐渐积累、不断丰富的过程，需要持续迭代开展。从管理上看，是跳出单业务条线并站在企业全局开展公司信息系统"企业级"统筹建设，沉淀共性业务能力，实现以客户为中心的快速迭代与创新。从技术和数据角度看，是站在企业整体视角对跨多业务领域、核心、共性、标准、稳态的可共享业务对象、业务数据和业务活动沉淀形成的一系列业务处理服务，是在处理域实现的企业级共享服务中心。

（1）客户服务业务中台是公司企业级中台的重要组成，旨在聚合公司客户侧资源，实现营销、交易、产业、金融等多业务板块间资源共享、交叉赋能，牵引各板块业务快速发展；融合跨专业流程，将共性业务沉淀形成客户中心、订单中心、服务中心等共享服务，支撑营销客户服务、综合能源服务、产业金融等前端业务的快速响应、灵活构建，面向客户打造具有互联网生态特征的业务群。

（2）电网资源业务中台主要是整合分散在各专业的电网设备、拓扑等数据，对输、变、配、用进行数字建模，构建基于 SG-CIM 电网统一信息模型，融合数据中台，将共性业务沉淀形成电网设备资源管理、资产（实物）管理、拓扑分析等共享服务，形成以电网拓扑为核心的一站式共享服务，支撑调度、运检、营销等业务，实现规划、建设、运行多态电网同源维护与应用。

2. 数据中台

数据中台是聚合跨域数据，对数据进行清洗、转换、整合，沉淀共性数据服务能力，以快速响应业务需求，支撑数据融通共享、分析挖掘、数据资产运营。数据中台是在全业务统一数据中心管理域和分析域的基础上，为进一步提升数据接入整合、共享分析、资源管理等能力而构建的，主要包括贴源层、共享层、分析层、统一数据服务、数据资产管理、数据安全管理等。通过数据中台实现数据接存管用全过程管理，形成数据业务化、业务数据化的动态反馈闭环，创造业务价值。

数据中台旨在为不同业务提供数据共享和分析服务，是基于单个数据中心所有业务数据的服务。根据核心应用程序和数据分析需求，以数据服务为基础，实现各专业、各层级之间的数据共享、分析挖掘与协同，为企业的前端应用与业务提供支撑。

### 2.3.2　电力物联管理平台

电力物联管理平台主要负责对各种电网边缘服务器和电力采集终端的整体管理和远程运维，包括连接管理、设备管理、数据处理和应用管理等功能。电力物联管理平台部署架构如图 2-4 所示。

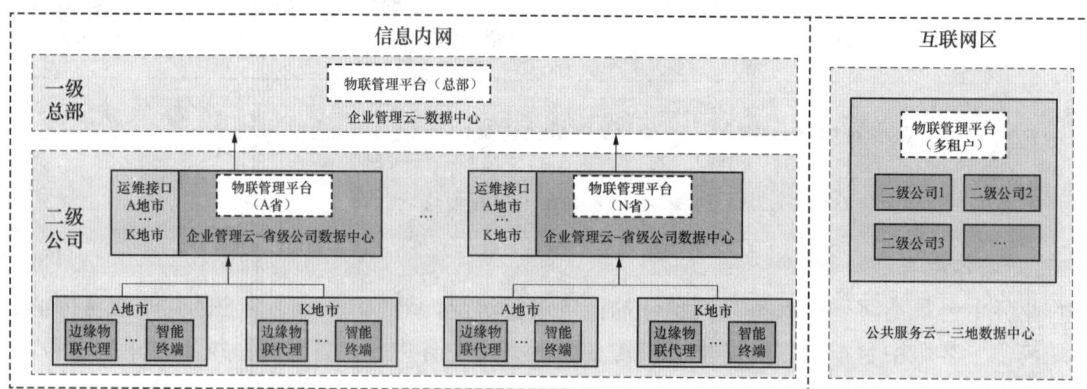

图 2-4　物联管理平台部署架构

电力物联管理平台基于成熟、可靠的产品和组件，结合电力行业特性开展定制化开发。

互联网企业物联管理平台功能相对完整、可靠性相对较高，但需结合电力行业特性与超大规模体量、复杂网络管理与运维要求，在边缘计算框架、设备管理、应用管理、模型管理、安全管理、兼容验证、协议适配、系统集成等方面进行定制化与适配性开发。

### 2.3.3　云平台

电力物联网作为连接电力系统生产运行、对外客户和服务经营管理的融合平台，在建设的过程中需要考虑发—输—变—配—用电业务和经营管理等多维业务需求，以支撑电力系统常规业务的运行及新兴业务的发展。因此，可将电力物联网云平台细分为系统运行控制、综合能源服务、电力市场交易与企业经营管理等子平台进行建设。系统运行控制云平台可实现电力系统状态监测、优化调度与智能运维，主要支撑发、输、变、配四大业务场景；综合能源服务平台可通过用电信息采集与分析，实现智能用电管理，与提供交易辅助决策服务的电力市场交易平台共同支撑用电业务场景；企业经营管理云平台则基于设备信息采集、支撑企业物资管理、财务管理、工程管理等经营管理业务场景。

1. 系统控制运行云平台

在能源革命推动下，出力具有随机性、波动性的风电、光伏等间歇性可再生能源的高比例接入，为电力系统的安全稳定运行带来了挑战，是当前发、输、变、配四大业务场景亟须解决的问题。电力物联网建设应通过广泛布置风速仪风向标、照度采集器等传感器装置实时获取气象环境数据，并应用机器学习大数据分析等技术实现可再生能源出力的精准预测。同时基于源、网、荷、储运行状态的全面监测，结合超实时计算对全网信息的实时分析，在线动态计算潮流，实现系统安全态势量化评估与广域智能协同控制，提升高比例可再生能源电力系统运行的安全性和经济性。

此外，发电机组、输电线路、变电站及配电网的智能运维业务也是电力物联网在系统运行控制领域的建设重点之一。电力物联网可基于系统全面感知与监测数据，及时发出故障预警，并应用模糊理论智能诊断故障来源，在快速隔离故障，实现自我恢复的同时，结合网络拓扑信息，考虑人员技能约束、物料可用约束，通过智能的优化算法，制定抢修计划。

2. 综合能源服务云平台

综合能源服务平台为电网和用户提供了一个连接平台。通过让用户参与电网调峰调频对用户进行电价补偿，通过智慧能源服务平台，将各类企业纳入服务范围，并为用户提供除基础供电服务外的大数据运营、互联网金融等新型能源服务，从而建立一个包含发电运营、电网、政府、金融机构、第三方投资用户和装置制造等各方的能源生态体系。

在应对需求响应方面，可以基于大规模数据分析用户的电力消耗水平与用电习惯，通过电力价格的敏感性分析和特征的电力消耗、设备能耗优化等策略性地制定用能优化方案，并依托智能终端实现自动需求响应，有效节约用户用能成本。

在电动汽车及充电设施的管理上，通过在车辆、电池及充电装置内加装无线射频识别装置，实现对车辆运行状态、电池状态及充电装置状态的监测。电网云平台可以为用户提供各种相关的信息，如电价、充电站的使用等。同时，该系统还能根据用户的充电时间、地点等信息，为用户提供最佳的充电方案。

在区域能源综合管理方面，针对具备分布式电源和储能设施的用户侧综合能源系统，采用物联网技术，个性化地定制组网方式。同时，基于用户的能源使用情况等数据，提出一种基于分布式电源的多能互补、与外部电网协同工作的新方法。

3. 电力市场交易云平台

电力市场交易云平台主要支撑发电企业、电网企业、售电公司、用户等主体的市场交易业务，提供购电管理、售电管理、电价套餐及费用管理等功能实现购、售一体化的交易管理。随着分布式能源的迅速发展，能源电力交易方式也逐渐由集中式转为分布式。通过将物联网和区块链等技术融合，构建分布式能源柔性交易平台，促进能源柔性、自治的微观均衡交易。交易数据采用分布式、不对称加密的方式保存在区块链上，不可篡改、实时共享，保证交易透明可信，可有效解决电力市场的交易信任问题。同时应用智能合约将烦琐、耗时、繁杂的业务清算以数字形式保存在区块链上，通过计算机系统自动执行，也可使结算过程变得更加简单与结构化，从而实现分布式能源、储能主体与工业大用户与个人、家庭级微小用能主体间的点对点实时自主交易。此外，碳交易、可再生能源配额交易、绿色证书交易、绿色货币交易等支撑平台，也是电力物联网在市场交易领域的建设重点。

4. 企业经营管理云平台

电力物联网在企业经营管理业务领域的建设，以通过 RFID 技术对设备进行自动识别记录，实现物资流、信息流、价值流合一的资产全过程、集约化、精益化管理为基础。在仓库管理环节，通过 RFID 进行设备批量登记、仓储监管库存盘点等操作，可有效提高仓库管理的工作效率；在配送管理环节，通过部署 GPS 终端实现配送物资的实时追踪，可提高物资配送过程中的透明度和安全性；在闲置设备管理和报废设备处置环节，通过物联网技术开展环境监测与处置监测，可确保闲置设备有效封存及有害物资的妥善处理。电力物联网可进一步打破资产管理、物资采购、财务管理等业务之间的业务壁垒，共享海量资产设备数据，实现账、物数据更新的唯一性、完整性、准确性和及时性，提高采购管理、合同管理、财务管理等业务管理水平。

此外，电力物联网还可基于系统运行控制云平台与综合能源服务云平台中的系统运行数据及用户用能数据，应用大数据分析技术开展电网运行薄弱环节诊断及中长期负荷预测，以此为基础生成电源及电网规划方案建议。同时，可综合考虑规划项目的重要性与紧迫性，针对已入库的规划项目进行筛选，合理安排建设时序，并与资产管理、物资采购等互联互通，实现建设项目的全过程管理。

# 2.4　应　用　层

应用层包含了各种应用软件，提供了诸如计算，信息处理，资源调用界面，以及基本的服务功能。它是电力系统向枢纽型、平台型和共享型变革的外在表现。其功能在于，基于海量电网运行数据与用户侧用能大数据，并针对电网运营业务（如智能运维、电能结算、配电自动化）、用户用能业务（如个性化用能推荐、电动汽车智能充电、需求侧响应）及综合能源系统运营业务（如协调规划、储能市场）等，搭建各类针对性应用平台，实现电网与用户及其他能源系统的感知互动。

## 2.4.1　综合能源服务

综合能源服务整合智慧车联网、新能源云网、电商平台、企业能效服务共享平台等平台资源，形成综合能源服务业务统一入口，助力构建电力物联网综合能源服务生态体系，带动综合能源服务产业快速发展。省级智慧能源服务平台面向楼宇型、园区级及社区级等各类综合能源场景，建设综合能源集群接入云平台，实现楼宇级、社区级和园区级综合能源系统的快速接入，开展用能分析、能效诊断、负荷预测、用能账单、设备代运维、购售电技术支持等特色化服务，提供面向用户的能源综合服务全面托管，促进能源综合服务业务拓展。

## 2.4.2　大数据运营

电力物联网中的数据资源涵盖了能源生产、传输、交易、消费等各个环节，涉及数亿个设备和系统，在其规划和运营过程中会产生海量的数据；与此同时，由于其开放、参与和交互的特点，电力物联网还会受到气象、政策机制、电价、用户心理等外部数据的影响。

电力物联网的数据可分为以下五类：

（1）反映能源生产的数据。

（2）反映能源配送、转换的数据。

（3）反映能源消费、交易和调控的数据。

（4）对能源互联网有影响的社会经济环境数据。

（5）表征能源互联网的参与者——人的特征的数据。

这些数据共同构成了电力物联网中的大数据。大数据在电网建设和运营中发挥着巨大的作用，是保证电网经济正常运转的重要环节。

1）加强整体用能计划。以大数据为基础，运用数据挖掘等方法，更加精确地掌握煤炭、天然气、风电、光伏、储能等各种新能源在时间和空间上的互补分配能力。

2）提升新能源调度能力。利用机器学习、人工智能等多维分析预测技术和控制技术，分析新能源与其他各类电源及电网状态匹配关联，更有效地对新能源发电能力进行调度管理。

3）提升用电行为分析能力。拓展电力消费收集的范围与频率，运用聚类模型等数据挖掘方法，对消费者的消费行为进行深度剖析，制定差异化的客户管理策略，实现对消费者的准确营销，为消费者提供更加方便、智能的集成营销服务。

4）凸显商业价值和社会价值。通过对用户用电数据的搜集、管理、分析和共享，为用户提供用电效能分析及建议、个性化电价、节能方案，甚至可以协助政府相关部门优化交通管理和公共设施使用效率。

### 2.4.3　资源商业化运营

传统电力工业通常在地理基础上建立一个垂直的垄断发电、输电、供电系统。电力公司通常在一个较为广泛的地域内只存在一个，它有一套控制中心以实现运营调度，并能够完成基础的电力运行和供应。电力公司垄断一个或多个地理区域的电力生产、传输、分配和销售，并通过公共电价系统以涵盖所有服务成本的固定价格出售给客户。

现代电力市场是一种以商业化运作为主要特征的新型电力市场，它是一种将商业竞争机制引入到商业竞争机制中来的一种综合。当电力系统商业化时，新的电力市场将与传统电力工业有很大的不同。

电力资源的商业利用将电厂与电网、电网与消费者之间的初始供应和使用关系转变为基于价格的电力买卖关系。它综合了电力价格，电网运行，负荷管理，供电与用电合作，通信和计算机系统。在此基础上，提出了一种新的发电方式，即通过建立新的竞争机制来实现新的发电方式。

### 2.4.4　三站合一，多站融合

"三站合一"是对变电站、充换电站和数据中心站的三站合一，"多站融合"是一种覆盖传统三站体系的新能源电站、5G通信基站、环境监测站、北斗地基增强站等信息通信与能源环境相关的基础设施与系统平台。多站融合坚持将投资回报和是否具备商业模式、盈利能力作为主要衡量标准强化精准投入和精益管理，统筹规划、试点先行、总结推广、规模发展。一是因地因站因需，有序启动第一批试点建设，在建设、运营、运维、商业模式、政策法规等方面制定实施路径并开展试点验证；二是总结试点经验，形成融合标准和典型设计；三是加强合作，构建多站融合生态体系。

### 2.4.5　能源金融

能源金融服务是指以新能源产业链为依托，借助金融手段，为客户提供相应的资源整合、价值增值等服务，包括能源数据增值、第三方碳核查、设备经营性租赁、金融辅助服务等方式。

近年来电力物联网提出新发展模式：一是电力物联网将扩大金融产业的受众，通过连接的作用、生态的作用，使整个金融服务趋于泛众化；二是金融创新是能源互联网和电力物联网中不可或缺的重要支撑，也是能源互联网价值实现的载体、路径和驱动力；三是电力物联网为未来金融产业开展互联网经营提供了一个发展平台。

基于电力物联网人、物、事准状态全面感知，以保险、风险与生产数据、智联数据为内核，智能联网平台、移动应用为媒介，打造面向主业、面向行业的综合风险服务一体化平台，为产业联保需求对接，客户风险量化评估、专属产品定制，损失度量与赔付，综合风险治理全面赋能，更好落实以融促产、价值创造、开发电力物联网资产设备图谱，推进资产风险监测与防控前置，保险精确定价与安排，辅助设备质量评价，搭建国网客户、产业链客户大量网络服务平台及移动端应用场景，提供风险诊断，智能客服，智慧投保、快速理赔等在线服务。在这样的合作模式下，客户在缓解资金压力的同时还能获得更专业的设备运维服务，而电网则可以获得长期的综合能源服务收益，增强客户黏性，提高配售电市场竞争力，实现双方共赢。

### 2.4.6　虚拟电厂

虚拟电厂是一种基于"源网"三要素融合与优化的新型智能控制与交互业务模型。在传统电网的物理架构上，该技术模式将分散到电网的各种资源，如分布式电源、负荷、储能等，通过网络与现代信息通信技术相结合。根据统一的运行控制和市场交易，促成电源侧的多能互补和与荷侧灵活的交互。该技术模式为电网提供调峰、调频、备用等辅助服务，为分布式清洁能源的高效利用提出了切实可行的解决办法。虚拟电厂建设核心在于统筹区域内各类分散主体，将其整合成为具有单一电厂控制特征的发电个体，满足接受电网统一调度、参与电力市场的运营需求。其内部以小型常规发电、新能源发电、储能设备、移动电源、可控负荷及其他可控设备为组合成员，以电网现存海量传感器和数据为基础，以电力物联网、大数据和人工智能为技术依托，以源网荷储优化协调为技术核心，将各类资源聚合为一个整体，实现技术性虚拟电厂功能，为商业性运营创造条件。

## 2.5　层间数据交换与共享技术

### 2.5.1　数据通信技术

数据通信是结合了通信技术和计算机技术形成的一种新型通信方式。传输信道是在两个站点之间传输数据所必需的，基于传输介质的类型可将其划分为有线、无线数据通信。然而，两者都通过传输通道将数据终端设备连接到计算机，并允许位于不同位置的数据终端设备之间交换和共享软件、硬件和数据资源。利用数据通信技术实现数据的交换与共享，有多种通信传输手段，具体如下。

（1）通信电缆由一对以上相互绝缘的导线绞合而成。可以传输电话、电报、传真文件、电视和广播节目等信息。其优势是容量大、保密性好、传输稳定性高。

（2）微波通信以微波为介质，不需要固体介质，在两个点之间的直线距离没有障碍物的情况下，可以实现微波通信。其优点是可传至很远的距离，并普遍适用于各种专用通信网。

（3）卫星通信系统由卫星和地面站两部分组成。卫星通信具有通信范围大、可靠性高的特点，同时可在多个地区接收信号，能够经济地实现广播和多址通信。此外，在电路设置方面也具备一定的灵活性。

（4）光纤通信是通过光导纤维传送信号的。它具有容量大，通信距离长，抗干扰能力强等优点。现已在局域网、长途、干线等领域得到了广泛的应用，并逐步拓展到普通光纤通信网。

（5）移动通信指移动物体之间、移动物体与固定物体之间的通信。移动物体可以是人，也可以是汽车、火车、轮船等。随着移动通信系统带宽和能力的增加，移动网络的速率也飞速提升，从 2G 时代的 10kbit/s，发展到 4G 时代的 1Gbit/s。历代移动通信的发展，都以典型的技术特征为代表，同时诞生出新的业务和应用场景。而 5G 将不同于传统的几代移动通信，5G 不再由某项业务能力或者某个典型技术特征所定义，它具有更大的带宽和速率，而且构成一个多业务多技术融合的网络。

在电力物联网体系构建中，充分应用各通信技术，广泛布置各智能终端可搭建空天地一体化通信网络。其中涵盖大容量骨干光传输网技术，支撑电力物联网的高可靠 IPv6 网络技术，广覆盖、大连接通信接入技术网络资源动态调配技术，面向电力物联网的集成通信协议，电力应急通信技术，北斗系统的电力物联网应用等关键技术。

### 2.5.2　5G 与 B5G 技术在电力物联网中的应用

电力物联网的架构以信息交换和共享为基础，而通信网络则是贯穿于整个电网结构的重要组成部分。在电力物联网中，通信技术是其核心，也是实现"万物互联"的基础。电力物联网可以通过不同类型的通信网络进行互联，而最新发展的 5G 通信又具有独特的优势。

**1. 5G 与 B5G 技术特征**

海量的原始数据在无线网络边缘产生并汇入电力物联网，不仅占用大量的带宽资源，还对快速、可靠的传输和计算提出了巨大的挑战。5G 与后 5G（Beyond 5G，B5G）技术是物联网发展的基础，面向多应用场景的 5G 分层网络化通信是实现"全息感知"和"普适互联"的核心。B5G 是 5G 的进一步演进，其目的在于推动更加聚焦于应用场景的技术发展，将 5G 应用推向更广泛的领域和场景。未来 5G 与 B5G 的通信应具备 5 个主要特点：高速率、大容量、高可靠、低延迟和低能量消耗。

（1）高速率。5G 和 B5G 通信速率包括峰值速率、区域速率和边缘速率三个指标，峰值速率代表在最优条件下可达到的最大速率；区域速率则表示通信系统在同一时间内所能提供的总体速度；而边缘速率则是指系统中最低的 5%用户所能获得的通信速率。电力服务需求广泛，其数据收集任务包括实时系统测量数据、视频监控数据等，因此需要更高的数据速率以确保信息传输的效率。

（2）高容量。5G 通信技术可以将更多的电力终端接入到电网中，使得一平方公里范围内可容纳百万台以上的移动终端，确保家用电器、各类可穿戴设备等均能接入到电网中，为真正意义上的电力体系内的万物信息互联提供支撑。

（3）高可靠性。5G 传输的成功率是非常高的，用 5G 传输 32 字节的第二层协议，成功率必须达到 99.999%，这将有效提升电力系统本身的可靠性。

（4）低能耗。5G 通信通过优化通信硬件协议，可以有效减少传感器与通信设备的能耗，并降低电池的充电频率。

（5）低延时。通信延时是指信息从发射器传输到接收机需要的时间。电力系统中需要多协同控制，5G 技术的低延时特性能够使电力系统及时灵活响应各种变化提供支撑，为其提供强有力的支持。

2. 5G 与 B5G 应用

对于电力物联网，5G 通信将在万物互联、精准控制、海量量测、宽带通信、高效计算五个方面具有广泛的应用。

（1）万物互联。我国几乎实现了电力网络的全覆盖，电力网络末端连接成千上万个用电设备，让绝大多数电力相关实物实现信息互联将给电力系统带来无限想象空间。

将各种的家用电器互联，不仅能实现每个家庭的智能家居，还能够协调不同的家庭，实现楼宇建筑、小区以及小范围的集群智能用电；所有的电动汽车互联能够随时不仅为未来的充电桩的运营提供支撑，还能够打造智慧城市和智能交通；所有配电变压器电装置互联能够实时监测、评估甚至预测电力系统未来的运行健康状态，保障整个配电系统的安全可靠运行。

输电网层面主要由输变电设备构成，并且已经通过同步光纤实现了信息互联；但是配电网层面，在没有 5G 与 B5G 通信的时代，这"最后一公里"的信息互联互通尤其艰难，目前仅仅是电气物理接连，没有信息互联远远不够，而 5G 与 B5G 通信能够真正经济而高效地实现万物互联。

（2）精准控制。5G 与 B5G 通信在未来一个重要的应用领域就是无人汽车：一方面通信速率高，为智能车载系统提供稳定可靠的数据支撑；另一方面通信延时低，对于高速行驶的汽车，做出及时的刹车、转弯等决策关乎人身安全。电力系统中的电力信息以光速传播，需要及时响应电力系统中的各种变化，并实现精准控制。

传统的需求响应主要目的是降低需求侧峰谷差，但由于可再生能源合并进入电网，需要更短时间的动态需求响应。

在储能控制方面，不管在网端还是用户侧的储能安装量不断增加，储能等并网需要考虑不同储能系统之间的协调控制。此外，在像"云储能""共享储能"这样全新的商业模式下，储能的运营还需要考虑海量用户的差异化需求与互动，海量的控制信号交换需要在较短时间内完成。

在配电自动化方面，配电网可能会出现短路、断路等各种故障，这种情况下需要实现快速故障切除；此外，继电保护装置需要对信号进行综合分析，判断故障类型以做出正确动作。以差动保护为例，需要实时计算比较线路两端保护装置的量测值，如果两端量测存在较大时差，就有可能造成很严重的后果。

在电力电子设备控制方面，未来配电网将接入越来越多的电力电子装置以实现可再生能源接入、储能接入、无功补偿、电能质量改善等。电力电子装置对控制精度要求较高，特别是有时候需要两个甚至多个电力电子装置的分布式协调控制。

（3）海量量测。传统电网大多仅能采集关键信息，缺乏精细的信息，严重制约了其应用。此外，5G 通信使得万物互联，可以促进电力系统安装更多传感器，实现更多元化的数据采集。未来的 B5G/6G 的电力物联网越上层的边缘服务器计算能力越强、覆盖范围越大。

在海量用电数据采集方面，尽管我国的智能仪表普及率比较高，但是许多智能仪表并没有对其进行半个小时的电力消耗，只保存了每日的电力消耗，这给电力消费行为研究提出了新的挑战。

5G 和 B5G 通信技术的高速传输，可以及时收集某些家用电器的数据。非侵入性识别技术由于能耗较大一直未被广泛使用，而 5G 与 B5G 技术为用电网大数据分析提供了坚实的数据基础。

在电力系统的运行状况监控中，系统的运行状况一直都是通过电力输送网来进行的，而对配电网的监控却很少。与光纤通信相比，5G 通信成本较低，且具有较高的可靠性、实时性等优点。5G 通信可安装在配电网不同节点上，实时检测配电网运行状态，支持配电网拓扑识别、趋势分析和参数评估。目前已有相关实践，在配电网某些关键区域安装微型同步相角量测单元（Micro-Power Management Unit，MPMU），为配电系统中的各种故障监测提供支撑。这种情况下，海量的 PMU 数据传输也需要 5G 与 B5G 通信的支撑。此外，低延时的 5G 通信数据传输也为微型 PMU 的同步对时提供了新的机遇。

对电力设备进行状态监控时，其正常工作对整个电网的正常运行起着至关重要的作用。传统电力系统主要对高压设备运行状态进行检测，而 5G 与 B5G 通信时代的电力物联网中，在配电网络中，大量的电能设备也会进行数据的互联，从而对电能的各种参数进行实时监控。此外，还可以通过对外部环境的变化进行感应，从而辅助调度人员对其进行全面的分析，并对其工作状况进行评价，从而为电网设备的维修等工作提供依据。

在电动汽车管理方面，随着电动汽车普及率不断提高，交通网和电力网的耦合程度不断提升，如果海量电动汽车的出行规律、电池使用状态，以及充电桩充放电等数据能够实时获取并交换，对于车主和配电网运营商的最优决策也能提供帮助。

（4）宽带通信。目前，大规模测量数据采集多针对电气量等结构化数据，还需对语音、视频等大量非结构化数据进行采集，才能满足用户对配电网络的全面感知与更高质量的个性化服务。

在视频监控领域，无人机巡检是电网中一种有效的监控手段。通过无人机拍摄电力线路或者设备的视频，工作人员以此判断线路或者设备的健康状态。5G 和 B5G 通信可以实现视频数据高速传输，从而优化决策人员的操作经验。除传统变压器、线路等需要巡视机器人或者无人机之外，分布式光伏板、储能等装置有时也需要进行视频监测，获取对光伏板沾灰量、储能外部装置安全程度等信息便于开展清洗、加固等工作。5G 与 B5G 通信在未来物联网中一个典型应用就是远程诊断，配电系统需要通过各方面海量量测及视频监测，配电网运营商等实现配电系统的筛查和故障修复。

一般来说，虚拟现实就是通过视觉、通信、仿真等技术，给使用者提供全新的在电力虚拟现实方面，视觉体验，模拟真实环境，实现更好的服务。虚拟现实对网络环境要求较高，因为需要实时更新高清画质。而在 5G 与 B5G 通信时代，电力物联网也可以打造电力虚拟现实。例如为配电网运营商打造虚拟现实，对量测到的海量数据及视频进行处理，展现配电网络全景图，还能够根据运营商选择不同区域了解其细节，助力打造透明配电网。又如通过虚拟现实，设计不同的仿真培训系统，有针对性地对员工进行巡检、管理等各方面的培训，减少实地考察环节，节约成本。

（5）高效计算。为了保证系统的安全可靠运行，系统需要进行大量运算，例如最优潮流计算、最优控制计算、稳定性计算等。另外，由于大量的数据收集，产生了大量的数据，比如大规模的曲线聚类。这些计算可能存在较高的时空复杂度，需要高效的计算方法。电力物联网时代，云计算和边缘计算将被广泛使用。

在云计算方面，小型售电商或者用户不拥有大量的计算资源，此时可以通过云计算开展运营决策、智能家庭能源管理等，把计算任务迁移到云端，通过 5G 与 B5G 通信保障计算便捷条件与计算结果的高效传递，进而实现控制。不同配电网参与主体还能够对自己的数据进行云存储，打造相应的数据云平台。

在边缘计算方面，由于数据本身就分布在不同节点，此时将所有数据集成到一个云端一方面必要性不大，另一方面也存在信息安全隐患。分布式的数据在边缘侧直接进行计算，通过不同边缘计算的协调获取全局结果。例如在多主体配电网中开展最优潮流分析或者电压控制时，可以设计相应的分布式优化算法，开展边缘计算，既提升效率，又保护隐私。又如海量用电数据存储在不同的数据中心，可以设计分布式聚类算法，通过边缘之间的通信迭代，获取全局聚类结果，实现海量用户用电模式的提取。

5G 与 B5G 通信时代的到来，不仅可以改变未来生活方式，也将改变"物理—信息—社会"深度耦合的电力与能源系统。5G 与 B5G 通信时代下的电力物联网将焕发更多生机，更好地促进电力和信息的互联互通。

# 第3章 电力物联网信息通信技术

电力物联网信息通信技术包括信息物理融合系统（Cyber Physics System，CPS）、软件定义网络（Software Defined Network，SDN）/网络功能虚拟化（Network Function Virtualization，NFV）技术、网络切片技术、天空地信息网络技术、多天线技术和接入控制技术等。信息物理融合系统是电力物联网的基础，能够实现对电力设备和环境的监测和控制。SDN/NFV 技术是一种网络虚拟化技术，可以实现电力物联网的可编程、可扩展和灵活配置。网络切片技术可以实现对电力物联网的不同业务和应用进行网络分割和隔离。天空地信息网络技术是一种高效的通信网络技术，能够实现对电力设备和数据的远程传输和访问。多天线技术能够提高电力物联网系统的通信速率和抗干扰能力。接入控制技术可以实现对电力设备、用户和数据的身份认证、访问控制和安全保障。这些技术的综合应用可以实现对电力物联网系统的全面监测和控制，同时提高电力系统的安全性、可靠性和稳定性。

## 3.1 信息物理融合系统

作为物理系统的电网基础设施和作为网络系统的信息传感、处理、智能和控制的无缝集成与交互是电力物联网成功的关键。CPS 是解决电力物联网中特定的集成和交互问题的有效途径，其专注于物理系统和网络系统之间有效和高效的交互与集成。在电力物联网中采用 CPS 技术将使其在运营中更高效，对生产消费者更敏感，在经济上更可行，在环境上更可持续。此外，电力物联网特有的特点也将对 CPS 提出新的挑战。

### 3.1.1 电力物联网 CPS 概述

信息物理融合系统的术语由美国国家科学基金会在 2006 年提出，描述了一系列复杂的、多学科的、物理感知的下一代工程系统。它将嵌入式计算技术（网络部分）集成到物理世界中，如图 3-1 所示。美国对 CPS 的愿景更集中于嵌入式系统和物理世界之间的连接，而欧洲版本则强调了与云/网络空间和人为因素的互动。在中国，CPS 指的是一个大规模、嵌入式、混合的复杂系统，侧重于将传感、处理、智能和控制作为一个整体进行集成。

CPS 是连接网络世界和物理世界的系统，从而提供根据特定情况控制物理实体的功能。国家科学基金会 CPS 峰会将 CPS 定义为"物理和工程系统，其操作由计算和通信核心监视、协调、控制和集成"。CPS 有两个平行的控制网络，即基础设施互连组件的物理网络和由智能控制器及其通信链路组成的网络。通过整合"三重 C"能力（计算、通信、控制），并结合嵌入式系统和传感器网络等多学科的研究，CPS 可靠、安全、高效、实时地集成了这些网络。它通过使用一组传感器、执

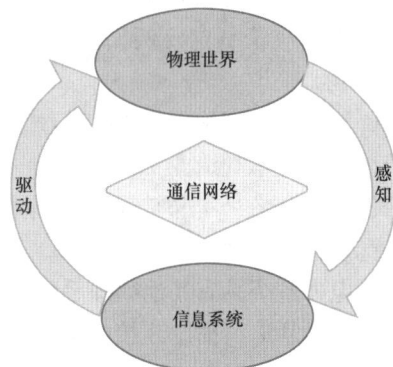

图 3-1 CPS 框架

行器（远程终端单元）、控制处理单元（可编程逻辑控制器）和通信设备（路由器、调制解调器）来实现。

　　计算机科学和工程，用于处理系统分析和综合，如传感、建模和控制，以及编程、实时计算、可视化、嵌入式设计和建模形式和验证工具中的计算机科学和工程。系统科学和工程的方法和工具擅长处理时间信息，而计算机科学和工程擅长轻松处理大规模空间信息。CPS将把这两个领域结合起来，以解决现代工业的高维和复杂问题，并需要在关键时间内做出反应。CPS代表了计算和物理特性的融合，广泛存在于包括电网在内的多个领域。在过去十年中，技术创新进一步推动了这些限制，通过使用网络化嵌入式设备在现实世界和虚拟世界之间提供实时信息交换，模糊了它们之间的区别。这些无所不在的设备规模不断缩小，但通信和计算能力不断增强，以前所未有的规模提供了对现实世界过程的高级监控。现代企业依靠CPS在后端系统和流程上准确地同步真实世界的状态。

### 3.1.2　电力物联网 CPS 特点

　　电力物联网集成了物理系统（电力网络基础设施）和网络系统（传感器、信息通信技术和先进技术），并呈现出以下典型CPS的特征。

　　（1）在动态环境中集成真实世界和虚拟世界，其中来自物理系统的情况作为输入馈送到CPS控制中心，并帮助调整仿真模型，以影响物理系统在未来时间中的表现。

　　（2）通过通信网络（例如，自组织网络）在物理和网络系统中的组件之间进行动态连接和交互，其中及时响应基本上是在它们的动态合作中进行的。

　　（3）对大数据和数据流进行实时并行计算和分布式信息处理，以帮助通过CPS跨瞬态、分布和调度层及时交付电力物联网操作决策。

　　（4）CPS可以通过自适应、自组织和自学习来应对故障、攻击和紧急情况，以实现电力物联网的弹性和安全的能源供应。

　　而目前所有可用的CPS技术是否都适用，取决于网络系统和物理系统之间的集成程度。通常，诸如通信网络和传感设备等网络技术是固定在电力系统上的，而不是根据电力系统的特性进行定制；通常需要大量校准和修补夹具，以使它们共同发挥作用，以满足严格的电力物联网安全和安保要求。例如，无线通信网络的电信协议用于从安装有SIM卡并通过公共通信网络操作的智能电表中检索测量值。这使得数据传感容易出现拥塞，阻碍了基于智能计量数据的决策制定（例如，在高峰时段对通信时间有竞争需求时，同时读取数百万表的能源消耗）。

　　这两个（网络和物理）系统之间的无缝集成将为电力物联网带来巨大的利益，就像机电一体化给汽车制造业带来的好处一样。在汽车制造业中，机械、电气、电信、控制和计算机工程的融合带来了非常简化的机械设计、快速的机器设置、快速的开发试验、优化的性能、生产力、可靠性和可承受性。

　　电力系统具有其他物理系统所不具有的特性，这对CPS提出了新的挑战。能源网络系统需要时间紧迫、高度连接的组件实时协同工作，以实现系统稳定、电压和频率的良好调节，并在需要新能源时快速响应。所有这些都受到各种外部不确定性和干扰的影响。对于电力物联网来说，在不确定天气条件下寻求可再生资源需求时尤其如此。一个很好的对比是在舞台上表演自行车的杂技团，从中可以得出类似的特征。在这个团队活动中，参与者之间的实时动态平衡、协调和合作必须得到优化控制和分配，以成功地遵循设计好的性能程序。在电力物联网中，维护网络稳定性和功能的连通性和相互依赖性比任何其他工程网络（如物流和运输网络）更为重要。甚至是通信网络，当交通拥堵时，移动覆盖的突然下降随时都可能发生。电力物联网不允许发生此类事件，因为必须执行时间紧迫的控制，并保持稳定，以便在不确定性和干扰的情况下保持不间断的能源供应。这些严格的工程要求确实要求采用保守的设计和管理方法，允许不必要的大量冗余。CPS 有助于减少冗余，同时保持电力物联网的稳定和运作。

为了改善电力物联网的网络—物理关系，需要六个关键功能，即：①高可靠性，当系统发生故障时，能够简单及时地修复系统，即使发生故障也能保持可访问性，同时在某些部分故障时不会造成任何损害；②在开放、不断变化和不确定的环境中具有高可靠性，使系统即使在出现故障时也能继续运行，而不会对原始配置进行根本改变；③高可预测性，保证在精确操作所需的时间跨度内达到指定的结果；④具有高度的可持续性，具有自我修复和调整机制，能够适应不断变化的环境；⑤高安全性，使系统有足够的手段保护自己免受未经授权的访问和攻击；⑥高互操作性，使系统能够提供或接受有利于系统组件之间有效通信和互操作的服务。

### 3.1.3　电力物联网 CPS 体系结构

电网系统的物理基础设施要求较高的安全性和可靠性，这与通用计算设施不同。此外，它们的物理特性使它们与面向对象的软件组件非常不同。为了在电力物联网中实现控制、通信和计算的无缝集成，以便快速设计和部署电力物联网，应该有专门为电力网络和网络系统之间的接口设计的 CPS 体系结构，允许异构（动态）系统及时相互通信，并在不确定和有时高度不可预测的环境中有效地协同工作。基于软件的系统必须在这些情况下可靠和可预测地工作，并发性是电力物联网的关键元素。常见的计算语言如 C 语言可以确保正确地完成工作。但 C 语言的语义中没有计时，如果错过计时截止日期，可能会导致控制操作失败。此外，大多数软件平台设计不具有来自更高抽象的计时属性。

考虑到电力系统的特点，需要从根本上重新思考计算机体系结构。CPS 需要一个统一的标准框架，在这个框架下，物理系统、通信协议、计算语言以及软硬件接口（它们都服从于各自领域的标准）可以协同工作。为了让 CPS 在电力物联网中无缝运行，需要一种集成的建模方法，以便将物理系统组件（电力系统模型）和网络系统组件（通信网络和传感模型）统一到一个框架下，并制定整体控制策略。对于电力物联网来说，这样的 CPS 标准框架还应该考虑系统瞬态的实时响应，这对系统瞬态的响应提出了更严格的要求。

#### 1. 逻辑结构

CPS 中的物质世界与资讯世界是两个相互影响的世界：实体世界中的物体是现实的，物体之间相互关联；而"信息"的世界，就是由无数的智能装置构成的。电力物联网 CPS 的逻辑结构如图 3-2，它是由 3C 技术（控制、通信、控制）实现了信息，数据，指令的传输，信息和现实的互动。CPS 集中于数据和信息，它能够感知和控制实体世界。

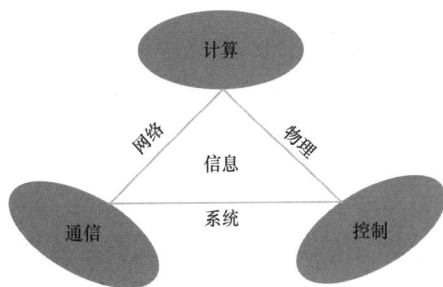

图 3-2　CPS 逻辑结构

#### 2. 层次结构

如图 3-3 所示，电力物联网 CPS 系统一般可划分感知和控制层、网络传送层以及计算决策层共 3 层。

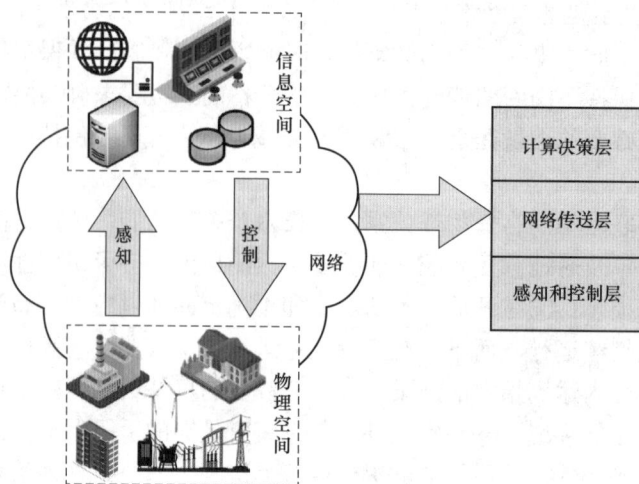

图 3-3　CPS 层次结构

　　其中，感知和控制层由感知和执行模块组成，用于将物理空间中的隐性信息转化为可以提交给上层网络传输的显性数据，同时根据决策结果实现对物理空间中物理实体的控制。在一些单元级的 CPS 中，根据预定的策略，在感知模块和执行模块之间也可以直接进行数据交互。网络传送层由现有和演进中的各类网络技术组成，主要功能是为电力物联网提供安全、可靠、实时的数据传输通道，为不同 CPS 节点间的协同感知和控制提供基本的通信保障。计算决策层通过云计算、大数据等技术实现对 CPS 系统中采集数据的深度处理和实时分析，并通过对来自不同系统和环境数据的判断，根据形成的最优决策对物理实体进行控制。

### 3.1.4　电力物联网 CPS 的关键技术

1. 通信技术

　　通信技术对于物理系统和网络系统之间的高效交互至关重要。对于电力物联网来说更是如此，因为实时分布式传感和控制（例如，在瞬态级别）对于时间关键型的最佳性能至关重要。在家庭区域网络、邻里区域网络、城域网、广域网等不同层次上开发适合电力物联网的通信技术时，需要考虑通信的两个基本方面，即空间和时间，即信息传输所需要的通信距离和时间。影响电力物联网实时性能的关键因素，特别是在瞬态层，是时间延迟，数据包错误和丢失，以及排队延迟。考虑到未来市场驱动的能源供需趋势，不同市场参与者之间的竞争和"博弈"可能会导致严重的网络拥堵。通信技术作为一个整体需要进行检查和改进，以便在实时动态环境中使用。

2. 分布式计算

　　随着大量智能电表的部署，在不同时间尺度上跨电力物联网的传感设备是需要及时处理的大数据流（或时间序列），以便挖掘对电力物联网操作至关重要的信息和知识。此外，如何利用这些信息对电力物联网进行全局最优控制是一个悬而未决的问题。需要新的方法来自动化监测、评估和控制电网运行，以满足经济、社会和环境的需求。电力物联网涉及的主要任务包括故障和稳定性诊断、无功控制、应急分布式发电、网络重构、系统恢复、需求侧管理分析。这些挑战要求我们做出巨大努力，评估现有的理论和工具是否足够，以及局限性是什么。例如，在高级量测体系（Advanced Metering Infrastructure，AMI）中推出的数百万个智能电表可以获得能源使用的实时信息（例如，以 5 分钟为间隔），将可再生能源连接到电网，管理停电和实现更快地恢复，故障检测和早期预警成为可能。如何快速处理大量的数据流（时间序列），检索所需的数据情报，识别操作模式，并控制电力物联网是非常具有挑战性的。数据挖掘技术在分散的数据集上具有较强的数据挖掘能力，但不能及时处理计量数据的动态性。时间序列分析方法可能适合处理低维计量数据，但无法处理数据集的巨大维数和复杂性。将这两种思想结合在一起将为电力物联网带来高效有效的数据传感、处理和综合方法。传统的集中式计算机基础设施的能力已经不能满足这样的计算需求。网格计算和云计算等新一代计算平台可作为未来电力物联网的计算平台，能够综合协调本地计算设施内电力物联网之间承担的各种子计算任务（甚至智能电表也可以完成一些简单的计算任务），以提供所需的计算和存储能力。

3. 分布式智能

最近，多智能体系统（Multi-agent Systems，MASs）（或分布式智能）的方法被证明是解决 CPS 中大规模计算问题的有趣解决方案。智能体是一种软件实体，可以表示和控制硬件组件，例如源、存储单元或负载。它可以与周围的环境进行交流和互动，以合作或竞争实现本地和/或全局目标。MAS 由一组智能体组成，每个智能体都具有一定的智能能力，是一个分布式智能体网络。该方法已在电力物联网中得到应用。未来的电力物联网不仅需要微观操作层面的自动化，还需要考虑更广泛的经济和社会需求的宏观决策层面的自动化。分布式决策支持是让电力物联网更能响应用户需求的关键。另一个挑战是缺乏工业级的基于智能体的平台和集成设计模型，能够将网络物理抽象与硬件在环实现联系起来。

4. 自动控制技术

自动控制技术是能够在无人值守的情况下，利用自动控制装置使被控对象（设备或系统）按预定流程运行，或使被控对象的物理量（如温度、湿度、位移、加速度、压力等）按预定要求变化的技术。

如图 3-4 所示，CPS 是一种虚实深度融合的智能控制系统、利用嵌入式软件，从被控对象（传感器，仪器，仪表，在线量设备等）和被控环境中采集信息，实现感知功能，通过上层的计算功能分析被控对象和环境的当前状况，最后再根据已建立的模型计算和控制规则形成决策结果、向执行器发出操作指令。在具体的应用中，以上过程是一个"感知—分析—决策—执行"的循环往复过程。直到实现既定的控制目标。另外，一般由多个可控的物理实体根据生产流程构成一个具体的生产系统，不同物理实体的集成和控制需要通过信息空间中的通信网络或 CPS 总线来实现。

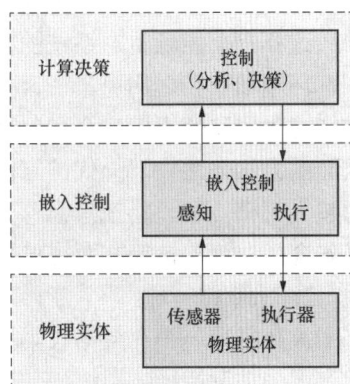

图 3-4　CPS 控制系统工作流程示意

由于 CPS 主要应用于一些安全性和可靠性高的关键系统中，因此对 CPS 软件提出了较高要求。CPS 软件是一种嵌入式智能控制软件，操作系统，嵌入式数据库，应用软件和开发工具等全部植入在被控对象中，针对 CPS 的感知、通信、计算、控制等操作要求进行开发和配置，实现对被控对象的智能化监测、管理和控制。

### 3.1.5　电力物联网 CPS 面临的挑战

我们将分别从生态系统、大数据、云计算的角度，概述我们认为电力物联网 CPS 面临的主要挑战和机遇。

1. 生态系统

电力物联网的发展不能脱离社会和经济环境，需要采取供应链管理方法。例如，对于燃煤发电，从开采到运输、燃烧和使用的成本和影响都应该综合考虑。对于太阳能电池板来说，使用开采的原材料制造它们的成本和影响也应该被考虑在内。所有这些都可以在"生态系统"的框架下考虑。生态系统通常被定义为作为功能单元与环境相互作用的生态群落。它的原则同样适用于电力物联网，在其环境中将其视为一个生态系统，由许多不同生命周期的网络和相互连接的元素组成。从原材料到最终用户消费，从物理系统到网络系统和社会经济系统。设计如此大规模的系统需要一种全面的方法，考虑到各个元素的整个生命周期。生态系统的关键要素是通过内部反馈机制进行自我调节和控制，以及受到干扰后的恢复力，这也是电力物联网所共有的。

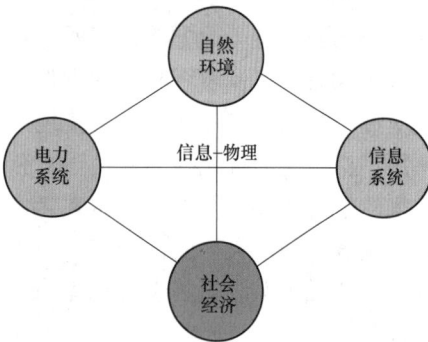

图 3-5　电力物联能源生态系统

在未来，电力物联网的运作还必须与环境、社会、经济系统相结合，如图 3-5 所示，可以称为电力物联能源生态系统。这里的电力系统指的是要监视、控制或创建的物理行为。网络系统是指在其分布式环境中用于信息处理和通信的先进嵌入式软件和硬件、设备和基础设施。社会和经济是指参与的人的层面，如用户、服务提供者、经营者；社会层面，包括社区和社会；经济层面，包括能源市场、更广泛的经济环境。自然与环境是指环境维度，包括对动植物、气候变化和自然环境的影响。接口指的是使信息在这些组成系统之间流动的通信网络和媒介。所有关键要素都需要与关键功能并行工作，即信息检索、信息处理、信息智能、智能控制。

这样一个能源生态系统的概念已经超出了电力物联网最初的设计，它关注的是能源、经济、环境和社会之间更紧密、更安全的互动。它还将一次能源和能源终端使用联系起来，建立能源供应和使用的安全和保障，帮助每个国家制定国家能源安全战略。我国正在采用这种全面的方法来建设下一代国家能源网络。这种由电力、天然气、地热、交通等综合子网组成的超大规模 CPS，将在信息感知、处理、智能、控制、架构与抽象、通信、建模与分析、网络安全、决策支持等方面提出更大的技术挑战，远远超出电力物联网或 CPS 的范围。

2. 大数据

大数据是一个在数据收集和分析中被广泛使用的术语。虽然它可能有许多含义和解释，但有五个关键特征，即体积、速度、准确性、方差和值。智能计量设备（如智能电表）捕获的数据显示以下五个典型特征。例如，从每月 100 万次读取增加到每 5 分钟一次，就会变成每百万用户需要 3.08 亿次读取。能够对大容量、时间序列、异构和自主源进行近乎实时的数据分析，对电力物联网的高效运行至关重要。

在稳定流中收集的大量数据的可用性，以及来自许多地区和地点的停电等其他临时事件，使得对公用事业数据有一个集成的视图，并在不同的操作组和业务线之间对数据进行对齐非常重要。建立此功能的公用事业可以深入了解其操作和资产，使其能够采取主动行动，而不是简单地在事件发生后才做出反应。虽然智能电表在数据量（尤其是消费数据采集）方面的增长是最突出的大数据方面，但速度和方差等其他关键方面也同样重要。这与传感器和新的网格仪器生成的数据更相关。可以处理大量数据的分析算法是可用的。然而，其中很多设备不能在足够短的时间内完成这些活动，从而无法在电力物联网中发挥实际作用。在电力物联网环境中，数据类型不一定只来自工业控制系统等传统来源，也可以来自安全摄像头、天气预报系统、地图、图纸、图片以及 Web。它们对公用事业公司越来越重要，因为如果将社交媒体和呼叫中心对话框与智能电表和电网生成的决策和规划过程数据结合起来考虑，它们也是关键信息的来源。对于与电力物联网相关的大数据问题的数据分析，需要具有专门语义、计算平台和智能算法的时间关键型信息科学和工程技术。

3. 云计算

云计算中计算、存储和网络等服务被打包为计算资源。云计算带来了如按需自助服务、资源池等好处，但是通过使用云服务的弹性带来了安全和隐私问题。云计算的好处包括易于管理、降低成本、不间断服务、灾难管理和绿色计算。关键的挑战是安全和隐私问题，机密数据可能被移交给第三方服务提供商，导致机密信息暴露给外人。这些复杂的问题需要从广泛的角度来解决，例如立法、监管和操作的观点，这将对电力物联网的架构和设计、信息科学和工程方面产生影响。

## 3.2　SDN/NFV　技　术

随着电力物联网网络流量服务的不断增长，需要通过不断部署和更新网络设备以满足多样化的电力物联网业务需求。同时，电力物联网延时敏感业务对延时提出了苛刻的要求，如配电自动化等控制类业务要求毫秒级延时。然而，传统网络功能的实现需要专用的网元设备来完成，软硬件处于高度耦合的状态，网络封闭僵化，无法满足电力物联网的业务需求。

SDN 和 NFV 为电力物联网业务编排提供了有效的解决方案。通过 SDN 将传统网络设备的控制与数据转发分离，实现对网络资源的集中控制管理，并基于 NFV 实现软硬解耦，将多维度网络资源整合在统一的资源池中，根据抽象网络服务需求，对资源进行统一调度和按需分配。在 NFV 中，服务功能链（Service Function Chain，SFC）被视为构建虚拟化电力物联网的有力解决方案，通过动态地调整资源的分配策略，实现网络资源的高效利用。SFC 是由多个虚拟网络功能（Virtual Network Functions，VNFs）按照数据流经过的预定顺序配置而成的，通过在物理网络上嵌入 VNF 和映射链路以提供特定的电力物联网服务。

### 3.2.1　电力物联网 SDN 技术概述

SDN 概念的发展大致可分为狭义和广义两种。狭义 SDN 专指符合开放网络基金会（Open Networking Foundation，ONF）组织定义的基于标准 OpenFlow 协议实现的软件定义网络。OpenFlow 是实现 SDN 架构的一种南向接口协议，将转发面设备抽象为由多级流表组成的转发模型，SDN 控制器通过 OpenFlow 协议下发 OpenFlow 流表到具体交换机，从而定义、控制交换机的具体行为。ONF 在 2016 年发布的"SDN Architecture Issue 1.1"中对 SDN 的概念进行了定义，它认为 SDN 是满足下面三点原则的一种网络架构。

（1）控制和转发分离原则：网络的控制实体独立于网络转发和处理实体，进行独立部署。

需要说明的是，控制和转发分离的部署并不是全新的网络架构原则，实际上传统光网络的部署方式一直是控制和转发分离的，而传统的分组网络（IP/MPLS/Ethernet）是控制和转发合一的分布式部署方式。控制和转发分离带来的好处是控制可以集中化来实现更高效的控制，以及控制软件和网络硬件的分别独立优化发布。控制和转发分离是 SDN 架构区别于传统网络体系架构的重要标志，是网络获得更多可编程能力的架构基础。

（2）网络业务可编程原则：这个原则的目的是允许用户在整个业务生命周期中通过同控制器进行信息交换来改变业务的属性，从而满足需求的变化。这个原则的目的是提高业务的敏捷性，用户可以更方便、快捷地制定业务、启动业务、改变业务、撤销业务等，从而加快业务部署的流程。

（3）集中化控制原则：该原则的主要目的是追求网络资源的高效利用。集中的控制器对网络资源和状态有更加全面的视野，可以更加有效地调度资源来满足客户的需求。同时，控制器也可以对网络资源细节进行抽象，从而简化客户对网络的操作。

在这三个原则中，前两点是 SDN 的核心，如果一个网络系统具备了这两点特征，那么也可以宽泛地认为这是一个 SDN 架构。另外，开放的接口也是实现 SDN 架构极为重要的一个要素，但并不是 SDN 架构的基本实现原则。对网络领域通用和公共的功能接口进行标准化，从而保证应用与网络的解耦，防止厂商锁定，接口开放原则并不反对厂商在满足公共接口标准和兼容性前提下的功能扩展。

随着越来越多的 SDN 方案被提出，人们逐渐认识到 SDN 只是一种架构、一种思想，具体地实现多种多样。所以，广义 SDN 泛指向上层应用开放资源接口，可实现软件编程控制的各类基础网络架构。

SDN 的本质定义就是软件定义网络，也就是说，希望应用软件可以参与对网络的控制管理，满足上层业务需求，通过自动化业务部署简化网络运维，这是 SDN 的核心诉求。控制与转发分离是满足 SDN 的核心诉求的一种主要技术手段，如果某些场景中有别的手段可以满足，那也可以，比如管理与控制分离。

由于 SDN 实现了控制功能与数据平面的分离和网络可编程，进而为更集中化、精细化的控制奠定了基础，因此 SDN 相对于传统网络具有以下优势。

（1）将网络协议集中处理，有利于提高复杂协议的运算效率和收敛速度。

（2）控制的集中化有利于从更宏观的角度调配传输带宽等网络资源，提高资源的利用效率。

（3）简化了运维管理的工作量，提高了运维效率，可大幅节约运维费用。

（4）通过 SDN 的可编程性，工程师可以在一个底层物理基础设施上加载多个虚拟网络，然后使用 SDN 控制器为每个网段分别实现 QoS 保证，从而增强了差异化服务的程度和灵活性。

（5）业务定制的软件化有利于新业务的测试和快速部署。

（6）控制与转发分离，实施控制策略软件化，有利于网络的智能化、自动化和硬件的标准化。

总之，SDN 将网络的智能从硬件转移到软件，用户不需要更新已有的硬件设备就可以为网络增加新的功能。这样做简化和整合了控制功能，让网络硬件设备变得更可靠，还有助于降低设备购买和运营成本。控制平面和数据平面分离之后，厂商可以单独开发控制平面，并可以与特定用途集成电路（Application Specific Integrated Circuit，ASIC）、商业芯片或者服务器技术相集成。由于 SDN 具有上述特点，因此 SDN 的发展壮大可能带来网络产业格局的重大调整，传统的通信设备企业将面临巨大挑战，IT 和软件企业则将迎来新的市场机遇。同时，由于网络流量与具体应用衔接得更紧密，网络管理的主动权存在从传统运营商向互联网企业转移的可能。

网络作为运营商最重要的核心资源，决定了运营商的竞争力和发展潜力，但是，当前面临着网络复杂刚性等诸多难以解决的问题。网络架构重构已成为全球电信网络技术创新的大潮流，也是网络转型的突破口。SDN 提供了一种目前最开放、最灵活、可持续演进的新架构，是网络架构重构的主要技术路径。SDN 驱动的网络架构重构的根本是使传统的垂直架构向水平架构演进，即从垂直协议栈转向水平协议栈。SDN 驱动网络架构的水平化，开放性是水平架构的核心。

### 3.2.2　电力物联网 SDN 架构

图 3-6 所示为 SDN 架构的各个层面。

（1）应用平面：该层主要对应的是网络功能应用，通过北向接口与控制层通信，实现对网络数据平面设备的配置、管理和控制。该层也可能包括一些服务，如负载均衡、安全网络监控等，这些服务都是通过应用程序来实现的。它可以与控制器运行在同一台服务器上，也可以运行在其他服务器上，并与控制器通信。该层的应用和服务往往通过 SDN 控制器实现自动化。

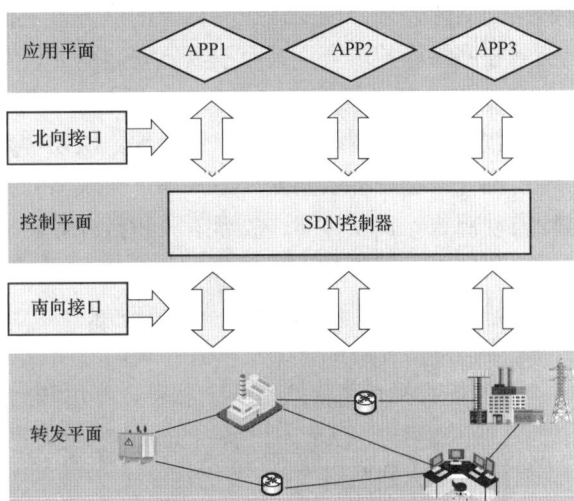

图 3-6　SDN 架构的各个层面

（2）北向接口：北向接口指的是控制层和应用之间的接口。在 SDN 的理念中，人们希望控制器可以控制最终的应用程序，只有这样才能针对应用的使用，合理调度网络、服务器、存储等资源，以适应应用的变化。北向接口可以将数据平面资源和状态信息抽象成统一的开放编程接口。北向接口尚未标准化，因为转发平面毕竟万变不离其宗，容易抽象出通用接口，而应用的变数则太多。当前，RESTful 是网络用户容易接受的方式，已成为北向接口的主流。

（3）控制平面：该层主要是指 SDN 控制器。SDN 控制器是 SDN 的大脑，也称作网络操作系统。控制平面内的 SDN 控制器可能有一个，也可能有多个：可能是一个厂家的控制器，也可能是多个厂家的控制器协同工作。一个控制器可以控制多台设备，甚至可以控制其他厂家的控制器；而一个设备也可能被多个控制器同时控制。一个控制器可以是一台专门的物理设备，也可以运行在专门的一台或多台成集群工作的物理服务器上，还可以通过虚拟机的方式部署在虚拟化环境中。

（4）南向接口：南向接口是负责控制器与网络设备通信的接口，也就是控制层和基础设施层之间的接口。在 SDN 的世界里，人们希望南向接口标准化，只有这样，SDN 技术才能摆脱硬件的束缚，否则 SDN 技术只能是特定的软件用于特定的硬件上。

（5）转发平面：该层主要是网络设备，可以将这一层理解为基础设施层。这些工作在转发平面的网络设备可以是路由器、物理交换机，也可以是虚拟交换机。所有的转发表项都存储在网络设备中，用户数据报文在这里被处理和转发。网络设备通过南向接口接受控制层发来的指令，产生转发表项，并可以通过南向接口主动将一些实时事件上报给控制层。

### 3.2.3　电力物联网 NFV 技术概念

维基百科对 NFV 的定义是："NFV 是一种网络架构概念，基于 IT 虚拟化技术将网络功能节点虚拟化为可以链接在一起提供通信服务的功能模块。"OpenStack 基金会对 NFV 的定义是："通过用软件和自动化替代专用网络设备来定义、创建和管理网络的新方式。"ETSINFV 标准化组织对 NFV 的描述是："NFV 致力于改变网络运营者构建网络的方式，通过 IT 虚拟化技术将各种网元变成了独立的应用，可以灵活部署在基于标准的服务器、存储、交换机构建的统一平台上，实现在数据中心、网络节点和用户端等各个位置的部署与配置。NFV 可以将网络功能软件化，以便在业界标准的服务器上运行，软件化的功能模块可以被迁移或实例化部署在网络中的多个位置而不需要安装新的设备。"

NFV 简单理解就是把电信设备从目前的专用平台迁移到通用的 X86 服务器上，同时运用虚拟化技术，实现网络功能的软件处理。软硬件解耦及功能抽象，使网络设备功能不再依赖于专用硬件，资源可以充分灵活共享，实现新业务的快速开发和部署，并基于实际业务需求进行自动部署、弹性伸缩、故障隔离和自愈等。NFV 的技术基础就是目前 IT 业界的云计算和虚拟化技术。这样软硬件解耦，每个应用可以通过快速增加/减少虚拟资源来达到快速扩/缩容的目的，从而大大提升网络的弹性，降低网络昂贵的设备成本。同时加快网络部署和调整的速度，降低业务部署的复杂度，提高网络设备的统一化、通用化、适配性等。

NFV 的目标是替代通信网中私有、专用和封闭的网元实现统一的"硬件平台+业务逻辑软件"的开放架构，以节省设备投资成本，提升网络服务设计、部署和管理的灵活性和弹性。

### 3.2.4　电力物联网 NFV 架构

2012 年 10 月，AT&T、英国电信、德国电信等运营商在 ETSI 成立了 NFVISG 组织致力于推动 NFV 技术的产业化，提出了 NFV 的目标和行动计划，并发布了 NFV 白皮书对 NFV 的架构和模块功能进行了细致的定义，如图 3-7 所示，以便所有参与者可以依照共同的框架完成相关研发工作。

NFV 从纵向看可分为以下 3 层。

（1）基础设施层：从云计算的角度看，就是一个资源池，主要模块为 NFV 基础设施（NFV Infrastructure，NFVI）。

NFVI 的主要功能是为虚拟网络功能模块的部署、管理和执行提供资源池。NFVI 包含了虚拟化层以及物理资源，如通用的 X86 服务器、存储设备、交换机等，NFVI 需要将物理计算/存储/交换资源通过虚拟化转换为虚拟的计算/存储/交换资源池。NFVI 可以跨越若干个物理位置进行部署，此时，为这些物理站点提供数据连接的网络也成为 NFVI 的一部分。为了兼容现有的网络架构，NFVI 的网络接入点要能够与其他物理网络互联互通。

（2）虚拟网络层：虚拟网络层对应的就是目前各个电信业务网络，主要模块为网元管理（Element Management，EM）以及管理编排组（Management and Orchestration，MANO）。

每个物理网元映射为一个虚拟网元 VNF，VNF 所需资源需要分解为虚拟的计算/存储/交换资源，由 NFVI 来承载。一个 VNF 可以部署在一个或多个拟机上。相对于 VNF，传统的基于硬件的网元可以称为物理网络功能（Physical Network Function，PNF）。VNF 和 PNF 能够单独或者混合组网，形成所谓的业务链，提供特定场景下所需的端到端网络服务。EM 同传统网元管理功能，实现 VNF 的管理，如配置、告警、性能分析等功能。

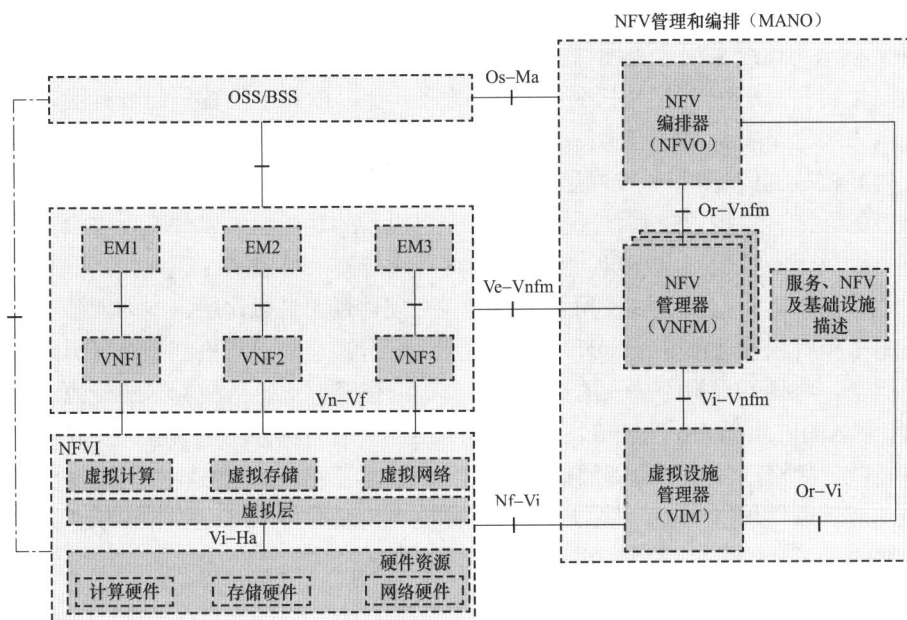

图 3-7　NFV 架构

MANO 提供了 NFV 的整体管理和编排，由 NFV 编排器（NFV Orchestrator，NFVO）、VNF 管理器（VNF Manager，VNFM）以及虚拟化基础设施管理器（Virtualised Infrastructure Manager，VIM）三者共同组成。

NFVO 负责全网的网络服务、物理/虚拟资源和策略的编排和维护以及其他虚拟化系统相关维护管理功能，以此确保所需各类资源与连接的优化配置，实现网络服务生命周期的管理，与 VNFM 配合实现 VNF 的生命周期管理和资源的全局视图功能。

VNFM 实现虚拟化网元 VNF 的生命周期管理，包括虚拟网络功能模块描述符（Virtualised Network Function Descriptor，VNFD）的管理及处理、VNF 实例的初始化、VNF 的扩/缩容、VNF 实例的终止。支持接收 NFVO 下发的弹性伸缩策略，实现 VNF 的弹性伸缩。VNFD 描述了一个虚拟化网络功能模块的部署与操作行为的配置模板，被用于虚拟化的网络功能模块的运行过程，以及对 VNF 实例的生命周期管理。

VIM 控制着 VNF 的虚拟资源分配，负责基础设施层硬件资源、虚拟化资源的管理，监控和故障上报，面向上层 VNFM 和 NFVO 提供虚拟化资源池。OpenStack 和 VMWare 都可以作为 VIM，前者是开源的，后者是商业的。

（3）运营支撑层：运营支撑层就是目前的运营支撑系统（Operation Support System，OSS）和业务支撑系统（Business Support System，BSS），在 OSS/BSS 域中包含众多软件这些软件产品线涵盖基础架构领域、网络功能领域，可以对网络功能虚拟化后带来的变化进行相应的修改和调整。

### 3.2.5　电力物联网 SDN/NFV 应用

当前环境下，电力物联网较为复杂，网络延迟相对较大，网络的控制功能过于依赖设备。

由 SDN 技术原理可知，软件定义网络与当前的电力通信网络相比拥有如下优势：①网络集中控制；②开放编程特性；③通信协议统一；④软件自动化配置网络设备。因此，可以利用 SDN 新型网络架构弥补当前电力通信缺陷，提升电力通信网络的智能化、开放化、灵活化水平。而 NFV 技术将传统采用专有硬件实现的各类网络功能在通用的硬件平台上采用软件实现同样功能的思想，对于统一电网中各类配用电设备，提升配用电的智能化具有很大优势。

智能电力装置是实现配用电业务接入的关键。本节主要介绍了 SDN/NFV 在智能电力装置中的应用。该装置借鉴 NFV 技术思想，采用通用的通信与电气硬件借助 IT 虚拟化技术将配用电网中的计量、监控、控制、保护等多种专有设备的功能通过软件实现虚拟化，集中到一种装置，以替代多种配用电终端，实现电力业务统一接入与控制。

电力装置的整体架构如图 3-8 所示，主要包括硬件资源虚拟化层、电力业务功能虚拟化层、业务编排和资源管理部分、SDN 网络接口四个部分。它的工作机制是在可拆卸标准硬件模块的基础上，将硬件虚拟为统一的计算、存储、通信资源池，形成标准的资源调用应用程序编程接口（Application Programming Interface，API）。电力业务功能模型开发者可以在主站电力业务功能软件模型开发平台调用虚拟化资源 API，开发诸如电气特性监测功能、分布式能源监控功能等软件程序模型。然后，通过 SDN 电力物联网络下发，智能电力装置通过 SDN 网络接口接收业务功能软件模型，并利用配用电功能虚拟化管理模块部署到电力业务虚拟化层，驱动底层硬件实现相应的电力监控与控制等功能。

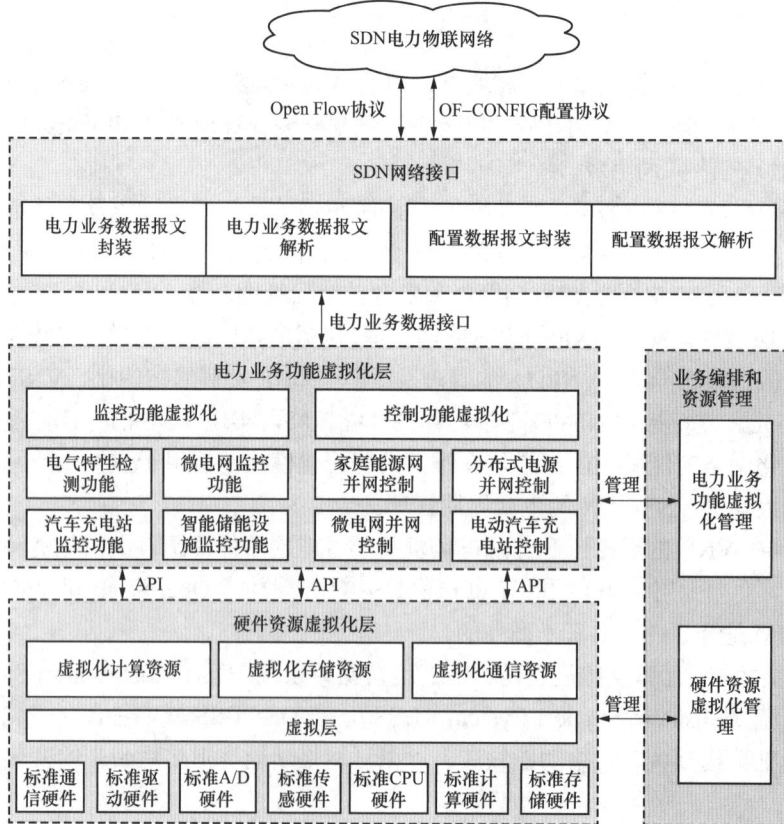

图 3-8　支持 SDN 接口的多业务统一接入智能电力装置

硬件资源虚拟化层位于智能电力装置的最底部，是软件实现电力业务监控与控制等功能的基础。该层底部为标准硬件资源层，中间为标准硬件虚拟化层，上层为虚拟资源层。

（1）标准硬件资源层：标准硬件资源主要包括通信、驱动、A/D、传感、CPU、存储等标准硬件。通信硬件包括标准的 RS232、RS485、以太网模块等通信模块，为虚拟化的通信接口提供硬件支撑。驱动硬件主要包含晶闸管、断路器、继电器等标准硬件，用于电力控制功能执行。传感硬件包含标准电压互感器（Potential Transformer，PT）、电流互感器（Current Transformer，CT）、温湿度传感器、霍尔电流传感器等，用于实现电压、电流、振动等监控信号的采集。CPU 硬件主要是标准的 ARM 等嵌入式芯片，用于支撑电力业务功能数据处理。该层能够根据电力业务功能的变化，方便地插入或去除标准硬件模块，使电力装置具有很高的灵活性。

（2）标准硬件虚拟化层：该层利用中间软件层技术协调和分配所有标准硬件资源的访问。它根据电力业务功能虚拟化层的业务软件功能模型为虚拟资源层分配必要的标准硬件，从而使多种电力业务虚拟化功能可以同时共享下层的标准硬件。同时，该层还可以在不同电力业务虚拟化功能之间施加隔离防护，提高安全性。

（3）虚拟资源层：虚拟资源层是在标准硬件虚拟化层之上形成的通用软件化虚拟资源池。该层将标准硬件虚拟化层协调和分配的各种标准硬件资源，都统一虚拟化为计算、存储、通信三种弹性资源池。然后，封装统一的标准软件 API，让业务开发者在开发电力业务功能软件模型时直接调用。

电力业务功能虚拟化层是智能电力装置在电力业务智能化上重要体现。该层分为电力监控与电力控制两大类功能虚拟化，如分布式能源监控、电动汽车充电站监控、微电网并网控制等。它主要是通过已部署的电力业务功能软件模型实现配用电功能虚拟化，驱动底层通用硬件完成各种电力监控与控制业务。该层像 Windows 安装各种应用程序一样，可以同时部署多种电力业务功能软件模型，将传统的馈线终端单元（Feeder Terminal Unit，FTU）、配电终端单元（Distribution Terminal Unit，DTU）、远程终端单元（Remote Terminal Unit，RTU）、电源管理单元（Power Management Unit，PMU）、智能采集前端（Intelligent Electronic Devices，IED）等多种功能在该层集中实现，统一配用电设备。

业务编排与资源管理部分是电力装置的"司令部"，负责电力业务功能虚拟化层软件模型的部署及硬件资源虚拟化状态的监控。它包括电力业务功能虚拟化管理与基础硬件资源虚拟化管理。电力业务功能虚拟化管理部分负责通过 SDN 网络接口，接收下发的电力业务软件功能模型，并将其部署至电力业务功能虚拟化层。每部署一项新业务，配用电功能虚拟化管理部分就会创建一个独特的业务虚拟化功能管理模块（Business Virtualization Function Management，BVFM）。每个 BVFM 负责相对应的虚拟化功能状态监控，功能升级与软件更新。硬件资源虚拟化管理部分可以实时识别标准硬件的改变，采集硬件资源虚拟化状态与硬件配置信息，实时通过 SDN 网络接口上传硬件资源虚拟化情况，便于主站智能电力装置管理平台的管理。

SDN 网络接口是一种支持统一 OpenFlow 交互协议与 OF-CONFIG 设备配置协议的通信接口。它由电力业务数据处理模块和电力装置配置数据处理模块组成。电力业务数据处理模块负责对各种电力业务功能软件模型处理的电力业务数据报文进行封装，使其符合 OpenFlow 交互协议，以便在 SDN 智能电力通信网络中传输。同时，当主站业务控制平台发送业务控制命令时，对命令进行解析，并发送给相应的业务功能软件模型。电力装置配置数据处理模块负责对下发的符合 OF-CONFIG 设备配置协议的业务软件模型及装置配置参数进行解析，交给业务编排与资源管理部分完成电力业务功能模型的部署及参数配置。业务编排与资源管理部分监测的电力装置运行状态数据也在此进行封装，使其满足 OF-CONFIG 协议，通过网络上传至智能电力装置管理平台。

## 3.3　网络切片技术

网络切片技术可以实现对不同类型的业务和应用进行划分和隔离，根据不同的业务和应用需求进行个性化配置和管理，提高电力物联网的整体性能、服务质量和安全性。同时，还可以实现对电力物联网的不同区域进行划分和管理，提高电力物联网的协作能力和管理效率。

### 3.3.1　电力物联网网络切片概述

传统电力物联网主要通过光纤、Wi-Fi、电力线通信（Power Line Communication，PLC）、4G 等方式进行通信。各种通信业务的网络拓扑结构比较复杂。各种通信业务的网络拓扑结构比较复杂。延时、带宽、连接数和可靠性各不相同，例如：差动保护要求延时＜10ms，可靠性＞99.999%；抄表连接数在千万级、上亿级，无人机/机器人巡检带宽在几十兆级。低延时的代表业务是配电自动化，高带宽的代表业务是高清视频监控，宽连接的代表业务是低压采集器。

未来电力物联网的发展将呈现出物联网业务和宽带业务并存的局面，具有覆盖广、连接大、延迟低、可靠性高、安全性高等特点。广覆盖是指应用环境复杂，业务节点分散，要求保证覆盖的广度和深度。大连接是指海量终端接入，低延时是指毫秒级端到端通信延时，可靠性是指 99.999% 的可靠性要求，高安全性实现资源隔离，业务需求已逐步向 5G 业务趋势演进。

不同场景、不同实例对网络功能、系统性能、安全、用户体验等的业务需求千差万别。如果按照传统思路通过构建多个专网来实现是不可思议的，势必造成基础设施和网络功能的巨大浪费。如果采用传统的、单一的网络为不同业务同时提供服务，将会导致业务体验差、管理效率低、网络结构异常复杂、网络运维难以支持。因此，基于一张统一的物理网络，需要引入"网络切片"技术来构建灵活的弹性网络，满足各种业务需求。网络切片已成为业界公认的最理想的网络模式。

电力物联网网络切片是在物理网络的基础上切分出不同电力系统定制化服务的逻辑网络，如图 3-9 所示。从定义中可以看出，该技术依托现有的物理网络，需要物理网络支持 SDN 技术，支持 NFV 技术。面对不同的应用场景，原本一体的网络资源，如带宽等，被切分成不同的网片，网片之间相互隔离，互不影响。

网络切片的实现依然参照业务管道的实现方式，先搭建一条业务通路，然后对业务报文打上管道头，最后该报文就可以在对应的管道中被转发。映射到网络切片上，业务通路就是网络资源切片，给报文打管道头的服务就是切片编排器。以电力物联网为例，在物理网络上可以被划分为核心网和接入网，每一类网络所具有的核心网络资源和协议栈也是不一样的。比如核心网主要是处理报文在路由设备中的转发，而接入网主要是帮助用户接入到网络中，核心的资源包括空口资源及其对应的协议栈。因此在进行网络切片时需要切分对应的无线接入网（Radio Access Network，RAN）资源和核心网资源。如图 3-10 所示，这两类切片还依赖于 SDN 和 NFV 技术。

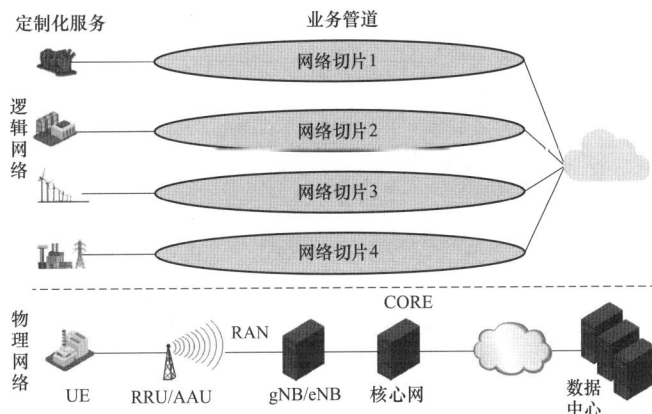

图 3-9　电力物联网网络切片技术

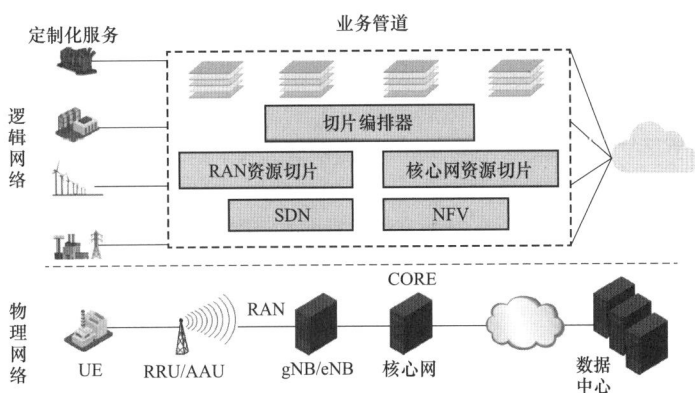

图 3-10　电力物联网网络切片的实现

　　每个网络切片按照业务场景和业务模型进行网络功能的定制裁剪和编排管理，一个网络切片可以视为一个实例化的电力物联网络。在网络切片中，切片编排是一个非常重要的功能模块，可实现对网络切片的创建、管理和撤销。切片编排器可以部署在网络中的任意节点处，管理和控制的切片对象也跟其部署位置有关，除此以外切片编排器还具备一定的边缘计算能力，能够多维度感知用户数据、资源数据和环境数据，做出切片决策。如图 3-11 所示是电力物联网网络切片编排器的整体架构和在物理网络中的部署位置。

　　从切片编排器的定义中能够看出，其本身需要具备资源管理能力，报文的转发策略控制能力和边缘智能。在一张网络要想达到良好的切片资源管理控制，最低要求需要在网关（图 3-11 中位置 3）和核心网（图 3-11 中位置 2）中进行部署。在网关处主要管理设备的空口和协议栈二层以下的切片资源，同时在北向上申请需要的切片资源，将北向报文打上切片信息。在核心网处主要管理南向的切片资源，其中包含了 RAN 切片和核心网切片两大部分，对于流向终端的业务报文，负责打上对应的切片身份识别（Identification Card，ID），控制报文的转发策略。除了上面两个位置以外，还可以将切片编排器部署在图 3-11 中的位置 1。位置 1 切片编排器是对 RAN 切片资源的宏观管理，其中包含了基站和基站中的网元设备以及空口协议栈共同构成的切片管理。

　　切片编排模块是整个切片资源的调配和管理中心。包含了 8 个核心模块，每个模块实现的功能如下。

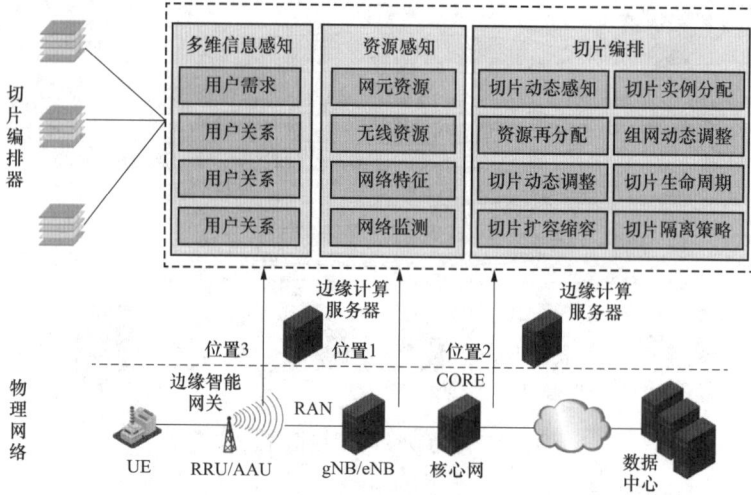

图 3-11　电力物联网网络切片编排器

（1）切片动态感知：负责获取来自多维度感知和资源感知模块的数据，根据不同的应用场景和环境资源，做出切片决策。

（2）切片实例分配：该模块负责收集和管理切片实例资源，根据切片动态感知模块给出的切片决策策略，分配不同的切片实例。

（3）资源再分配：负责综合资源感知模块提供的资源信息，对资源进行回收、合并和再分配，特别是闲置的资源，会参与到其他站点的资源共享。

（4）组网动态调整：该模块负责监控网络中的拥塞，过载等问题，实时调整切片资源，保证网络的整体性能。

（5）切片动态调整：该模块负责对场景中已经分配的切片进行监控，如果切片不能满足场景需求，会对场景进行新的资源评估，分配新的切片实例。

（6）切片生命周期：该模块负责管理场景中的切片实例全生命周期，包括建立，删除，回收，再分配等。

（7）切片扩容缩容：当应用场景需要的切片资源不能满足需求时，该模块会通过内部扩容切片资源或者外部申请切片资源的方式解决。同样地，当应用场景在一段时期内不需要过多的切片资源时，可以将其回收。

（8）切片隔离策略：该模块负责管理切片的隔离策略，理论上我们要保证切片资源是相互隔离的，但是在空口上的无线资源是很难保证相互隔离的，特别是当在一个空口资源上包含不同应用场景的切片时，需要针对当时的场景选择合适的隔离策略。

切片编排器在边缘智能方面主要包含两个模块，一个是多维度感知，一个是资源感知，这两个模块与切片编排器通过切片动态感知模块关联，为其提供基于应用场景的切片需求数据，帮助切片决策。多维信息感知模块包含四个功能，分别是识别用户需求，用户位置，用户关系和用户行为。用户需求即用户本身提出的切片资源需求，或者由该模块根据用户的报文特点识别出的切片需求。用户位置感知则是用户在不同基站间移动时，需要的切片资源也随之发生移动，需要在相邻的基站上分配切片资源。用户关系，则是基于用户的亲密关系，决定是否将闲置的网络资源利用起来，让用户数据可以亲密的用户间卸载。用户行为的感知，则是根据用户的喜好，为其提供个性化的切片服务。

资源感知模块则是对整个网络切片资源的实时监控和调整。其中包含网元资源，无线资源，网络特征等。当用户的需求发生变化，位置发生移动，或者当前的切片资源无法满足应用场景时，能够从全网获取可用的切片资源，感知邻近站点的资源情况，分析网络性能，提供最佳的网络切片决策。

两个感知模块为切片决策和管理提供了依据，能够动态识别用户需要的切片类型，当前网络资源是否充足。

### 3.3.2　电力物联网网络切片特点

多元化的业务场景对电力物联网络提出了多元化的功能要求和性能要求，网络切片针对不同的业务场景提供量身定制的网络功能和网络性能保证，实现了"按需组网"的目标。具体而言，网络切片具有如下特点。

（1）安全性：通过网络切片可以将不同切片占用的电力物联网网络资源隔离开，每个切片的过载、拥塞、配置的调整不影响其他切片，从而提高了电力物联网的安全性和可靠性，也增强了网络的健壮性。

（2）动态性：针对用户临时提出的某种电力物联网业务需求，网络切片可以动态分配资源，满足用户的动态需求。

（3）弹性：针对用户数量和业务需求可能出现的动态变化，网络切片可以弹性和灵活地扩展，比如可以将多个网络切片进行融合和重构，以便更灵活地满足用户动态的业务需求。

（4）最优化：根据不同的电力物联网业务场景，对所需的网络功能进行不同的定制化裁剪和灵活组网，实现业务流程最优化，实现数据路由最优化。

### 3.3.3　电力物联网网络切片分类与部署

根据电力物联网网络切片资源是否可被其他切片资源共享，切片分为独立切片和共享切片，如图 3-12 所示。

（1）独立切片：每个切片包括控制面和用户面完全独立，为特定用户提供端到端的独立的专网服务或者部分特定功能服务。独立切片的隔离性最好。

（2）共享切片：可供各独立切片共同使用的切片，提供的功能可以是端到端的，也可以只提供部分共享功能。

网络切片部署有以下 3 种场景。

（1）完全独立部署：独立部署各种端到端切片，每个独立切片包含完整的控制面和用户面功能，为不同用户群提供专有虚拟网络。

（2）控制面采用共享切片，用户面采用独立切片：端到端的控制面共享切片为所有用户服务，对各用户面独立切片进行统一管理，包括移动性管理、鉴权等。

（3）共享切片与独立切片联合部署：共享切片实现部分非端到端功能，后面连接各种不同的个性化的独立切片，二者联合起来实现端到端功能。

### 3.3.4　电力物联网网络切片规划

5G 网络以业务需求为导向，分为中心边缘数据中心层、本地数据中心层和边缘数据中心层 3 个网络层。为了满足电力物联网中电力系统安全可靠的特点，每一层可规划为一个生产控制区域片和一个信息管理区域片。根据业务特点，每个切片内可以划分多个 eMBB 切片、uRLLC 切片和 mMTC 切片。

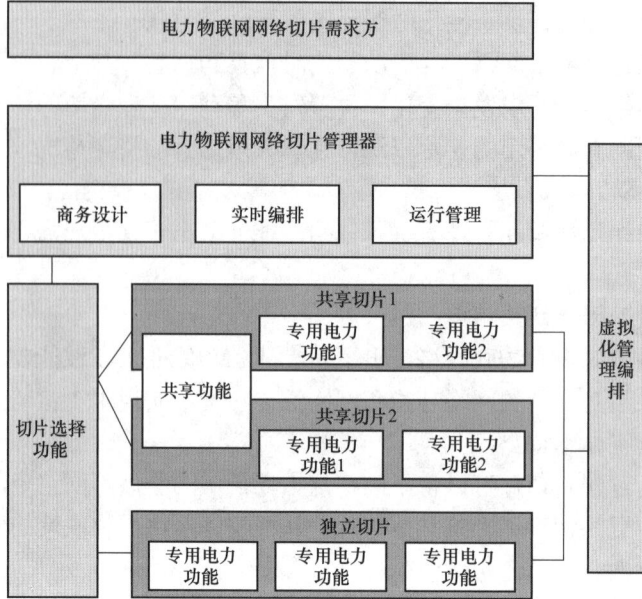

图 3-12　电力物联网网络切片分类

（1）uRLLC 业务。配电自动化（三遥、差动保护等），目前采用光纤连接，仅覆盖重点区域，或采用 4G 无线专网进行试点；配电终端分散，光纤铺设复杂且昂贵；4G 无线延时、可靠性不能满足要求。为了节约成本，有必要用安全隔离的 uRLLC 切片代替光纤。配电自动化服务属于生产控制大面积业务，延时相对较低，则需要将核心网的用户面功能（User Plane Function，UPF）是用户面功能下沉到边缘数据中心（Data Centre，DC）的生产控制片，并部署 uRLLC 服务片，这样就缩短了传输距离，降低了延时，提高了主站的响应速率，如图 3-13 所示。实现了配电网运行实时监控、配电网分析应用、配电网调度等功能。这表明低延迟相关的服务将最终在边缘 DC 层。

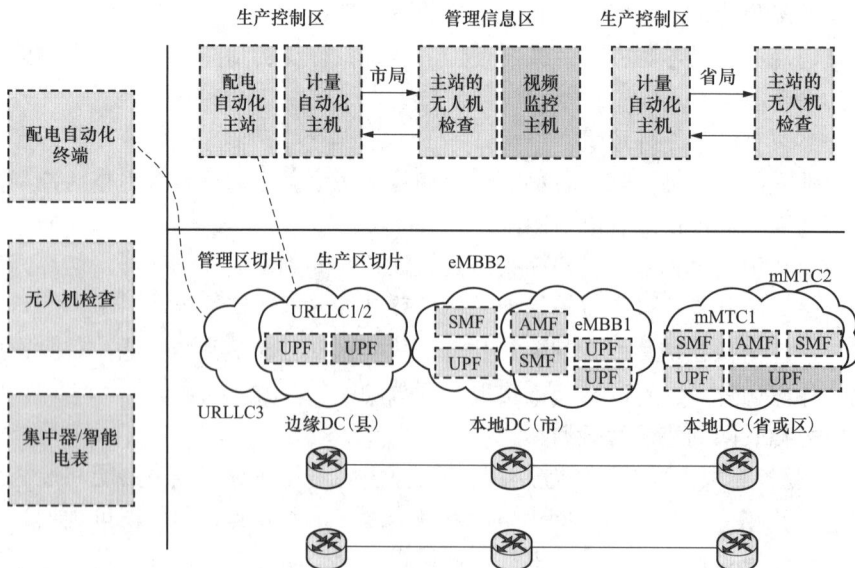

图 3-13　电力 uRLLC 业务场景

（2）eMBB 业务。无人机巡检业务，视频类服务延时＜200ms，控制类服务延时＜100ms，带宽＞20Mb/s，业务对带宽要求极高，目前主要采用 Wi-Fi，2.4G 通信模块，通信距离有限，巡检范围＜2km。它可以通过 5G eMBB 切片携带飞行控制信息、视频、传感器信息，并通过 5G 扩大检测范围。

考虑到体验效果与成本的平衡关系，将核心网的用户面功能和会话管理功能下沉到本地 DC 管理区域切片中的 eMBB 切片层，可结合移动边缘计算（Mobile Edge Computing，MEC）/内容分发网络（Content Delivery Network，CDN）技术进行边缘处理和缓存，实现图像数据的高效稳定传输，大幅提高检测缺陷的自动高效识别。因此，大带宽业务将最终停留在本地 DC 层，如图 3-14 所示。

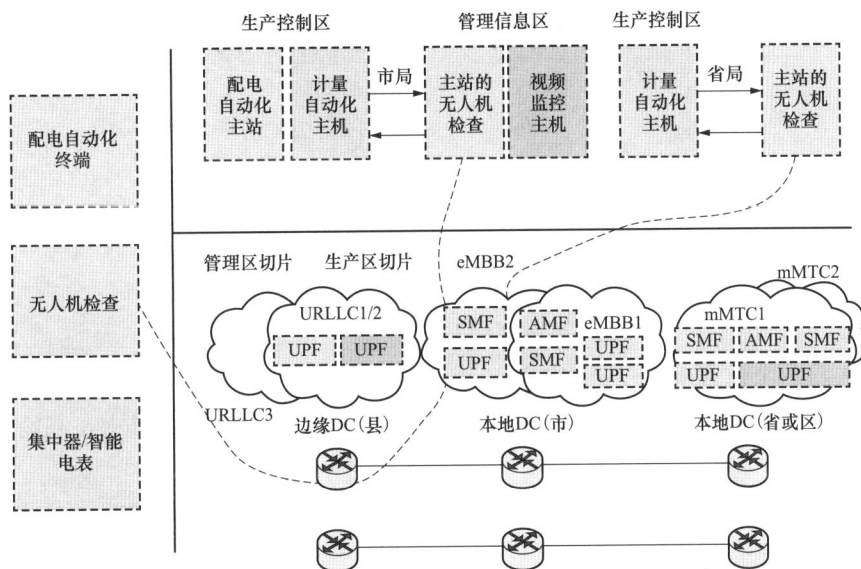

图 3-14　电力 eMBB 业务场景

（3）mMTC 业务。先进的计量服务，目前采集方式为扶正器设置复制，采用 PLC、RS485 等通信方式，按日、小时频率采集，通过 5G mMTC 切片大连接直接复制（仪表直接与主站通信），以分钟为频率，与用户双向交互。该业务连接数可达千万级，也可达数十亿级，对延时和带宽要求较低，考虑到网络建设成本最优的原则，业务终止于 DC 层，通过该层生产区域切片中的 mMTC 切片，可实现用电信息自动采集、计量异常监测、用电分析与管理及相关信息发布，如图 3-15 所示。

### 3.3.5　电力物联网网络切片应用

在电力物联网中，网络切片技术具有广阔的应用前景，其中最具代表性的应用场景包括无人机智能巡检、智能分布式配电自动化、高级计量架构（Advanced Metering Infrastructure，AMI）智能抄表、毫秒级精准负荷控制等。

（1）无人机智能巡检。在电网中巡检中，无人机的使用能大大提高线路巡检的效率和安全性，避免潜在风险，操作员只需在信号范围内操控无人机即可获得高清图像，免去徒步或乘车巡检的工作量。同时，无人机智能巡检的另一个优势在于能够实现高清图像的远程传输，操作员能操控无人机在安全范围内接近线路，获知线路的详细情况，比巡检人员靠肉眼进行线路巡检要更加可靠。

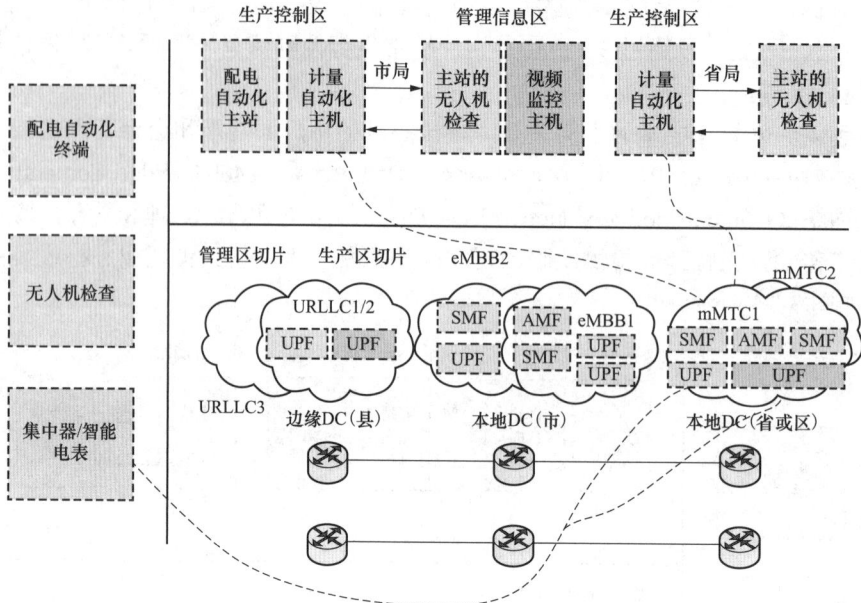

图 3-15　电力 mMTC 业务场景

依靠无人机开展电网巡检，对网络切片技术有一定的要求，具体来说包括以下 3 点。

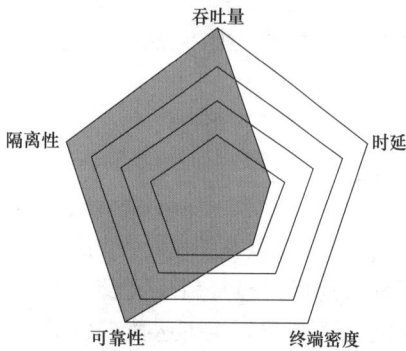

图 3-16　无人机电网巡检对网络切片技术的要求

1）对带宽要求较高，以支持高清图像和视频的传输。

2）电网线路一般是跨地区的，涉及范围很广，因此要求网络切片技术的大范围覆盖。

3）无人机的飞行距离一般为 20～30km，对能源消耗要求较高。无人机电网巡检对网络切片技术的要求如图 3-16 所示。

现有的 eMBB 技术已足以支持无人机快速接收和执行任务指令，也能传输高清的视频流，带宽问题已得到了有效解决。

（2）智能分布式配电自动化。在未来，配电自动化会逐步向智能分布式配电自动化方向发展，智能分布式配电自动化的特点主要有以下两个方面。

1）能下沉原主站的处理逻辑分布式至智能配电化的终端，利用终端之间对等的通信完成智能分析、判断、故障隔离、故障定位以及恢复非故障区域供电等一系列的操作。

2）整个故障处理过程能实现全自动化，最大限度地缩小故障停电的范围和缩短停电时间，将配网故障处理时间缩短到毫秒级。智能分布式配电自动化系统运用网络切片技术能提高供电可靠性，缩小停电范围，缩短等待来电的时间，从而提高用电客户的满意度。

智能分布式配电自动化对网络切片技术有一定的要求，具体来说包括以下 4 个方面：①保护设备和电网控制的快速操作；②单个站点与成千上万个保护设备和电网控制相连接；

③网络安全性能高，在遭受网络攻击后不停电；④具有较高可靠性。智能分布式配电自动化对网络切片技术的要求如图 3-17 所示。

现有的 uRLLC 技术已足以满足上述通信网络要求，能通过高安全性、可靠性、低延时等特点，提高智能分布式配电自动化保护的灵敏性、选择性以及快速性。

（3）AMI 智能抄表。人工上门抄表是主要的抄表方法之一，但存在以下弊端。

1）效率低、误差大，不能进行实时分析和收集数据，人工费用高。

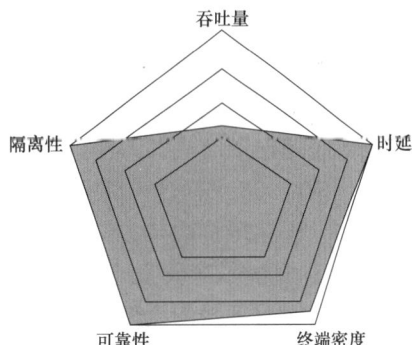

图 3-17　智能分布式配电自动化对
网络切片技术的要求

2）不能进行多费率和预付费控制、仅能到营业厅进行单一缴费模式，缴费困难，收回电费较慢，用户体验差。

3）不能有效预防各种窃电行为。

4）无法对用电信息实行线损分析等。

电网企业只有实现实时分析和监控电力消耗，才能更好地为电网终端用户提供连续、高效的服务。而 AMI 智能抄表能实现设备数字身份信息的安全交换，标记配电网中测量的异常数值，密切监视消耗的电能，直观显示电力变压器、各电网线路的运行状态，及时发现电网中的安全隐患，发出预警。当电网发生窃电、变压器过载等异常情况时，AMI 智能抄表系统会立即发出告警提示，工作人员能依据提示信息迅速定位发生问题的地方，在第一时间到达问题发生地点并开展维修工作。

AMI 智能抄表对网络切片技术有一定的要求，具体来说包括以下 3 点：①要有海量的终端数量，进行大规模的访问；②要确保网络传输用户信息安全；③网络连接密度要高。AMI 智能抄表对网络切片技术的要求如图 3-18 所示。

现有 5G 网络的 mMTC 技术能通过海量的连接为 AMI 智能抄表提供安全、可靠、开放的网络通信环境，为用户与智能电网之间的互动提供有效保障。

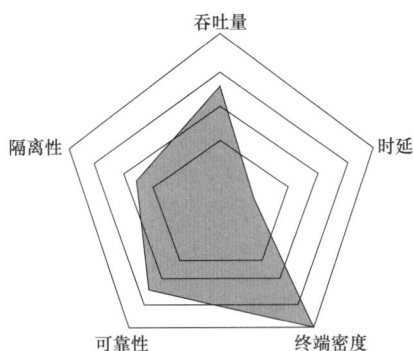

图 3-18　AMI 智能抄表对网络切片技术的要求

## 3.4　天空地信息网络技术

为了保证电网的可靠运行，与正常的公共物联网相比，电力物联网应更安全、高效、弹性、可靠和可持续。例如，高级状态感知和故障检测需要连接大量电力物联网设备和毫秒级的端到端数据处理延迟。然而，现有的 5G 无线通信网络由于基站部署刚性、建设费用高、网络资源管理能力差等原因，无法满足电力物联网业务对服务质量的严格要求。特别是在海上风电场、沙漠太阳能电站等偏远场景下，考虑到成本和效益的差距，大规模部署 5G 地面基站是不现实的。

随着技术的发展,基于 LEO 卫星、MEO 卫星、GEO 卫星、高空平台(High Altitude Platform,HAP)和无人机(Unmanned Aerial Vehicle,UAV)的天—空通信网络已引起学术界和业界的广泛关注。太空网覆盖范围极广,通信容量大,空中网按需部署,覆盖灵活,具有视距链路。考虑到卫星通信延时高和 UAV 续航时间有限的问题,将空间、空中和地面三部分整合为天空地一体化的电力物联网是一种可行的方法,充分发挥三者的互补优势。

### 3.4.1　天空地协同电力物联网

如图 3-19 所示在天空地一体化电力物联网中,通过云—边—设备可将云服务器的强大计算能力、边缘服务器的近似计算能力和电力设备的数据感知能力相结合,实现数据实时处理的关键技术。任务卸载是云—边—设备协同的关键实现过程之一,资源受限的设备可以将任务卸载到边缘服务器和云服务器上进行处理。为了减少端到端延迟,提高资源利用效率,云—边—设备协同的核心是从云、边、设备层对通信、计算、能量等多维资源进行智能管理和分配。

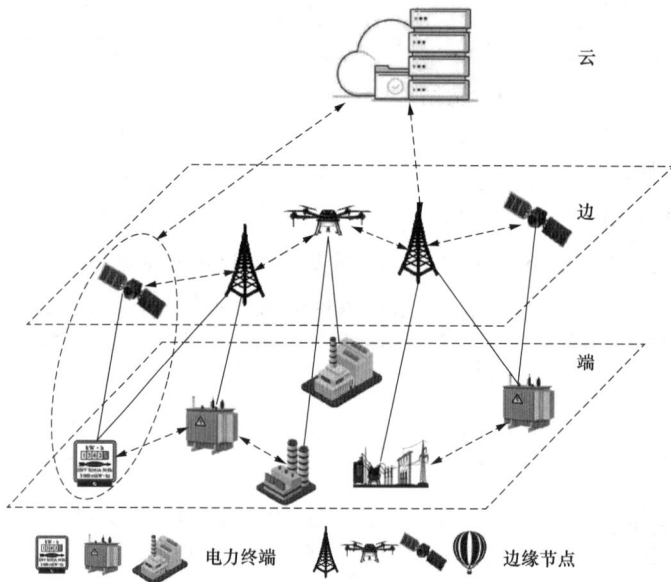

图 3-19　云—边—设备协同的天空地一体化电力物联网

天空地协同实现过程如下。

(1)准入控制:队列是一种能够实现任务有序分发和处理的数据结构,类似日常生活中排队的场景。为了保证任务队列的稳定性,准入控制是必不可少的,可以避免大量的原始任务数据淹没有限的设备缓冲区。每个设备在保证数据充分性和有效性的同时,决定其缓冲队列中允许的数据量。

(2)任务拆分:由于设备的处理能力有限,允许的任务数据不能 100% 在本地处理。因此,缓冲队列中的任务数据被分割成两个独立的部分。一部分进入本地计算队列进行本地处理,另一部分进入任务卸载队列,可以将任务卸载到其他设备中,进行远程处理。任务拆分部分应动态优化,以平衡本地计算成本和任务卸载成本。

(3)任务卸载:设备的任务数据可以卸载到任意一个边缘服务器上或云服务器。在情形 1 中,数据首先离开设备的任务卸载队列,进入边缘服务器的缓冲队列。然后部分数据离开边缘服务器的缓冲队列,进入云服务器的缓冲队列。在情形 2 中,数据直接进入云服务器的缓冲队列。功率控制应与任务卸载共同优化,以降低传输能耗。

(4)任务处理:在设备端,每个设备分配本地计算资源,对存储在本地计算队列中的数据进行处理。在服务器端,分配服务器的计算资源来处理缓冲队列中存储的数据。

(5)结果反馈:服务器处理成功的数据从服务器的结果反馈队列反馈到设备的结果反馈队列。在情形 1 中,如果数据从位于 UAV 的边缘服务器反馈,则需要考虑 UAV 的机动性。当设备位于 UAV 的通信范围之外时,结果必须通过中继节点转发。否则,该设备必须等待 UAV 返回。

### 3.4.2　天空地电力物联网应用场景

在天空地一体化电力物联网中,空间段、空中段和地面段在提供通信和计算服务方面在覆盖范围、传输速率、计算能力等方面各有优缺点。通过获得这三个部分的互补优势,天空地一体化电力物联网可以提供无处不在的网络接入、大规模覆盖和实时计算。为了演示不同网段之间的集成,给出了天空地一体化电力物联网在发电、输电、配电和消费等方面的三种典型应用场景。

(1)发电侧服务提供:海上风电场、沙漠太阳能电站等可再生能源电站一般位于偏远地区,地面网络覆盖范围有限。天空地一体化电力物联网通过利用空间和空中网络,为这些地区的电力物联网设备提供无处不在的连接。此外,空天网络可以独立于地面网络运行,从而能够进行紧急通信和灾后恢复。例如,当海啸、地震等突发灾害导致地面基础设施严重故障时,可以灵活部署卫星、HAP 和 UAV,支持灾区快速恢复业务。

(2)电力传输端服务供应:电力物联网设备部署在穿越复杂地形的传输线沿线,传输距离可达数百公里。在如此复杂的通信环境下,单一网络无法满足严格的 QoS 要求,可以将空间、空中和地面网络进行互补整合,以提高覆盖范围。这三个细分市场同等重要,根据不同的应用场景特点和 QoS 要求,在业务发放方面各有优势。具体而言,卫星更适合进行广域监测和远距离数据传输。UAV 部署灵活,机动性快,可提供高空设备测温和电力线视距检测。地面基站可以安装在传输塔中,提供高速率和稳定接入。

(3)电力分配和消耗端服务供应:除了在发电和传输端补充地面网络外,空天网络还可以在电力分配和消耗端为地面基础设施提供帮助。通过 UAV 的高质量环节和卫星的精确定位,可以丰富各种各样的应用。UAV 为热点地区提供流量分流,缓解地面网络拥堵。卫星可实现厘米级定位和纳秒级定时精度的故障定位和继电保护。此外,具有短信息通信功能的卫星与灵活部署的 UAV 相结合,可在地面覆盖洞内进行深度监测。

### 3.4.3　天空地电力物联网关键技术

主要包括天空地电力物联网的资源共享、海量空间数据压缩与传输控制、卫星组网与全球电力物联网的集成、天地互联网的耦合、空间信息加密与网络安全技术。天空地信息网络技术的研究,是电力物联网构建的基础。

天空地电力物联网是在传统卫星网络架构的基础上,通过增加新的网络节点、功能实体以及网络协议等逐渐演化而来的面向多任务、异构资源状态的全球化通用空间网络。其在功能上具备支持航天测控、导航定位、远洋航行、应急救援、航空运输等众多领域重大应用需求的能力。该网络在结构上呈现出立体多层的特点,以空间平台(各类航天器、高中低轨道卫星、平流层气球以及近地有人、无人飞机、电力物联终端等)为载体,根据不同海拔可以大体分为空间段、近地段和地面段三个部分。空间段主要由高、中、低轨道卫星组成，近地段主要由高空飞艇、飞机、UAV 等各类邻近空间飞行器组成，地面段则主要由地面站、数据中心等数据接收和处理功能体组成。

基于空间信息转化的时空融合模型主要依据于地物的空间信息在不同尺度下的关联模型具有时间一致性。这类模型需要对高空间分辨率影像的空间信息进行分类，构建时间相近的高—低空间分辨率的尺度转化模型，结合已知的多时序的低分辨率影像，预测对应时刻的高空间分辨率影像。在地物和空间信息不变的情况下，空间尺度转化模型常为线性，而在空间信息变化的情况下，空间尺度转化模型需要使用不同尺度的空间信息进行大量训练，基于转化模型和低空间分辨率影像实现预测。常用的训练方式包括构建字典，神经网络等。

基于时空变化的融合模型利用了高低空间分辨率影像的时相变化具有空间尺度上的一致性。通过构建低空间分辨率影像间的时相变化模型，将其应用于已知的高空间分辨率影像上。时相变化模型主要描述了一个滑动窗口内的像元在两个时间段之间的关系，可以用差值、比值或是权重表示。目前，基于空间变化的时空融合技术，诸如时空自适应反射率融合模型（Spatial and Temporal　Adaptive Reflectance Fusion Model，STARFM），已经成功应用于电力物联网领域中。

移动性管理技术是用来管理用户位置，跟踪用户在网络中的状态，对用户做接入优化，寻呼控制，以及切换处理的关键技术。天空地一体化电力物联网中存在切换频繁、用户接入延时大、小区变化快等问题，导致移动性管理更加复杂。5G 中地面固定小区位置管理、跟踪区提前静态规划等移动性管理技术，都难以直接应用到天空地一体化电力物联网中。针对这些问题，迫切需要发展适用于天空地一体化电力物联网的智能移动性管理技术。

小区管理和跟踪区管理是移动性管理技术的基础。在地面电力系统中，由于基站的覆盖区域是固定的，其小区和跟踪区与基站信号覆盖区域的关系确定，在网络优化部署结束后保持固定不变。然而，在空天地电力物联网中，由于低轨卫星的快速飞行，其波束覆盖区域也快速变化，导致地面蜂窝电力系统中传统的小区管理和跟踪区管理技术不再适用。

针对上述问题，产学研各界都开展了探索和研究工作。目前，初步形成以下的解决思路。

（1）小区是指无线通信网络中的一个覆盖区域，通常由一个或多个基站覆盖。针对小区管理问题，采用波束与物理小区 N：1 的管理模式，即多个波束对应到一个小区。虽然该模式与传统的地面电力系统小区管理方式差异较大，但是，其可以有效减少由于卫星高速运动带来的跨小区切换的频次，从而降低由于频繁切换带来的信令负荷增长开销。

（2）跟踪区管理技术采用地面固定跟踪区域的方式，即把电力物联网覆盖区域划分为固定的跟踪区域，如图 3-20 所示。卫星依据星历飞行，移动到地面不同跟踪区域，则广播不同的跟踪区标识。该方式可以大大减少卫星运动触发不必要的跟踪区域更新，降低系统信令处理的负荷。

在天空地电力物联网中，由于非地球同步卫星的高速移动性，使得每颗卫星服务终端的时间较短，为满足用户业务连续性需求，需要频繁地进行星间切换或波束间切换。因此有必要发展极简、可靠的接入机制和智能的切换技术，缩短终端接入时间，实现在波束之间和卫星之间平滑切换。

传统电力系统采用典型的四步随机接入过程，基于请求调度/按需分配方式实现网络接

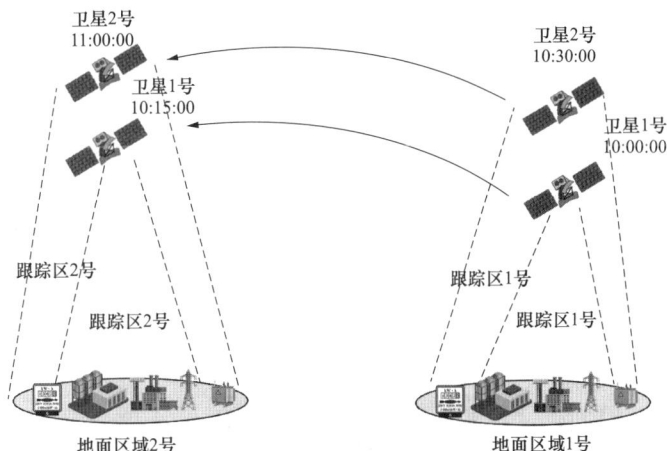

图 3-20　低轨卫星通信系统跟踪电力物联网覆盖区域管理示意

入。然而，在天空地一体化电力物联网中，电力物联终端与卫星之间传输延时大，四步随机接入过程将会导致随机接入延时长等问题。因此，在空天地一体化电力物联网网络中可以考虑引入 3GPP R16 讨论的两步接入机制，即将四步接入中的信息（Message，Msg）1 和 Msg3 集中在一步发送，称为 MsgA，Msg2 和 Msg4 进一步合并为 MsgB，减少信令开销，降低随机接入延时。另外，针对卫星移动轨迹可知等特点，可对卫星波束服务时间进行预测，通过人工智能技术提前预判和调度无线接入资源，减少随机接入碰撞概率，实现用户智能接入。

相比传统电力通信系统，在空天地电力物联网系统中，电力物联终端切换场景更加复杂，包括低轨卫星间切换、低轨卫星与中高轨卫星之间切换、空基平台以及地面站之间垂直切换等，切换也更加频繁，这都对切换技术提出更高的要求。增强的切换技术有条件式切换、双重访问协议栈（Dual Access Protocol Stack，DAPS），以及双连接等。条件式切换，可以在切换需要发生时，把多个目标小区的切换信息提前发送给终端，电力物联终端并不立刻发起切换动作，而是对多个目标小区服务质量测量，若某个目标小区满足切换条件，则切换过去。DAPS 则可以在与源侧保持连接的同时，向目标侧先发起随机接入的过程，采用先建后断的机制，使得切换更加平滑。另外，双连接技术，在高低轨采用异频组网的场景下，用于解决异频切换，使得切换更加平滑。在切换技术中引入基于强化学习的人工智能算法，实现 QoS 自动调整，跟踪区列表（Tracking Area List，TAList）预分配，MEC 边缘业务的预调度，能够有效提高切换后的业务体验，抑制网络拥塞等。

随着人工智能技术的推进，可以预见，天空地电力物联网系统的移动性管理技术将向智能化方向发展。如图 3-21 所示，通过将电力终端视为一个智能体，将空天地一体化电力物联网网络视为环境，将用户的切换选择视为动作，将用户当前接入的基站及基站的资源信息作为状态，将切换的延时和资源消耗等视为奖励，从而把移动性管理问题转化为一个强化学习问题，实现在系统复杂约束下的多目标性能优化。

以强化学习以及深度强化学习为代表的智能移动性管理技术研究处于起步阶段，存在许多需要探索的问题。比如，如何从复杂的空天地一体化电力物联网系统中有效地采集合适、真实的数据用于智能算法的训练；如何合理地进行移动性管理模型抽象以及基于反馈机制的模型优化；为了避免大量的数据回传问题，还需要探索更加适合天空地大时空尺度的分布式智能训练方法。

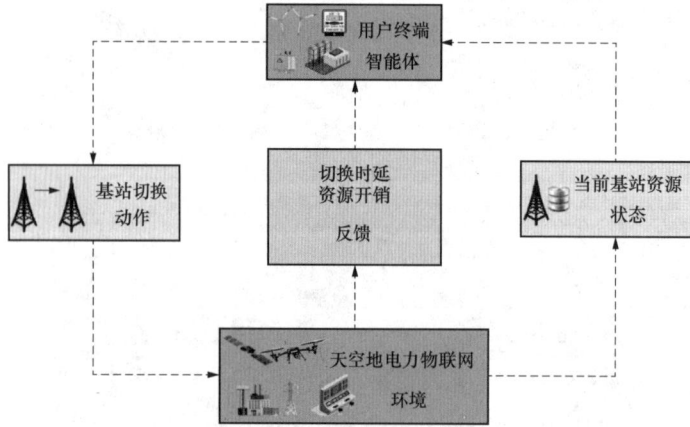

图 3-21　基于强化学习的天空地电力物联网移动性管理

### 3.4.4　天空地电力物联网挑战

不完全信息和维数诅咒下的任务卸载：考虑到令人望而却步的信令开销和隐私问题，网格安全基础设施（Grid Security Infrastructure，GSI）（包括设备端数据到达统计和能量状态、服务器端工作负载和计算资源状态、卫星和 UAV 的轨迹以及信道状态信息（Channel State Information，CSI）并不是完全已知的。任务卸载必须在不完全信息下进行优化。此外，天空地电力物联网的资源异构性和网络动态性导致任务卸载的状态空间和动作空间呈指数增长（即维数诅咒）。

多维、实体间的资源配置耦合：通信、计算、存储、能量等多维资源配置协同优化。然而，由于多维资源的耦合，联合优化问题无法在多项式时间内求解。不同设备和服务器的资源分配决策也相互耦合。例如，设备的功率控制决策直接影响服务器的计算资源分配策略，反之亦然。

资源有限的 QoS 保障：由于电池容量有限，且能量供应不稳定，卫星、UAV、设备的能量资源有限，导致网络寿命缩短，导致业务中断。因此，短期资源配置优化必须考虑长期能源预算。此外，与云服务器相比，设备和边缘服务器的计算资源有限。随着设备和数据流量的蓬勃增长，频谱资源也变得不足。因此，如何利用有限的资源来提供持久的 QoS 保障是非常关键和具有挑战性的。

# 3.5　多天线技术

随着无线通信的频率资源日益紧张，基于时域与频域的技术（如 FDMA、TDMA 和 CDMA）已经无法满足用户对于传输速率的要求。在这种情况下，多天线技术被认为是提高无线传输速率、增加信道容量、改进通信质量的重要技术。多天线技术的主要原理是将无线设备发送与接收的信号在空域进行处理，并与时域信号结合，利用空时信号的相关技术，在时域及带宽不变的基础上显著改善无线通信的容量与速率。其中，多天线技术的主要技术包括智能天线技术和多输入多输出（Multiple Input Multiple Output，MIMO）技术。

### 3.5.1  电力物联网智能天线技术

智能天线技术最早兴起于 20 世纪 60 年代，最开始应用于军事领域。例如，相控阵雷达、声呐等。智能天线技术具有抵抗多用户干扰、降低多径衰落的优点，满足用户日益增长的通信质量要求。

（1）技术原理。智能天线技术利用波束转换技术和自适应空间处理技术，在信号接收时对电力物联终端所需要的信号的到达方向进行判断，并利用合适的合并权值设定符合要求的接收模式，在对应的信号到达方向上建立主波束，并在干扰方向上设置低增益的旁瓣或零陷；在信号发送时，智能天线技术将最大化电力物联终端的接收功率，并降低干扰信号的影响。

（2）基本结构。智能天线的典型结构分为三部分：①天线阵，完成信号的空间采样工作；②波束成形网络，对天线阵元的输出进行加权；③控制单元，负责对权值进行更新。图 3-22 所示为智能天线系统的典型结构。

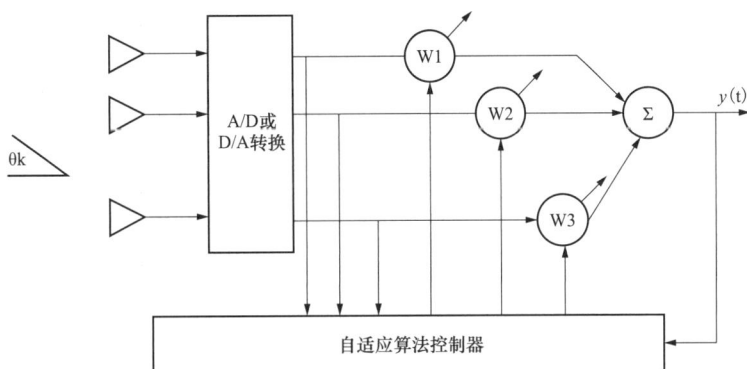

图 3-22  智能天线系统的典型结构

（3）智能天线分类。智能天线主要有波束转换智能天线及自适应阵列智能天线两种。

1）波束转换智能天线。波束切换方式的天线，一般由多个窄波束天线构成，每个窄波束天线由于角度小，所以通常增益很大，覆盖距离较远。波束转换智能天线具有结构简单，快速响应及鲁棒性好的优点，但由于窄波束的特性和方向图有限，当处在波束边缘位置且干扰源恰好在波束中间位置时，接收信号的效果会变差。

2）自适应阵列智能天线。阵列智能天线由多个天线形成阵列，通过不同天线的组合工作，形成不同的天线波瓣，实现多种方向、角度、增益都不相同的"虚拟天线"，以适应不同工作环境，不同用户的位置，以及避免不必要的干扰。自适应阵列天线在工作时通过对工作环境的判断，以及用户位置的感知，经过内部芯片处理，能够迅速计算出最佳的天线组合方式，达到想覆盖哪里，就覆盖哪里的目的。自适应阵列比波束转换具有更好的通信性能，能够为用户提供更快速的无线网络，目前已成为智能天线的主流应用。

### 3.5.2  电力物联网 MIMO 技术

本节介绍了大规模 MIMO 技术，该技术提高了电力物联网的传输可靠性和系统吞吐量。

1. 系统结构

MIMO 系统在信号的发送与接收端均采用了多天线的结构。与智能天线不同，MIMO 系统在发送与接收端都需要进行联合空时处理。此外，MIMO 系统要求天线阵元彼此的距离较远，一般取若干个波长的距离，这样能够使天线阵元的信号彼此独立，达到空间分集的效果。

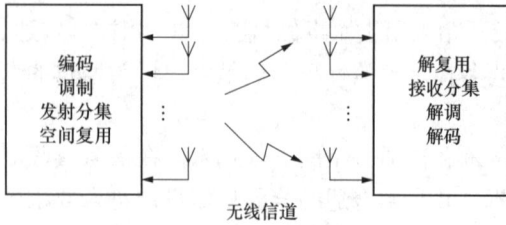

图 3-23 MIMO 系统结构

图 3-23 展现了 MIMO 系统的结构。

2. 技术原理

空时信号处理技术是 MIMO 系统的核心技术。通过该技术，MIMO 系统可以充分利用多天线将时域和空域结合在一起进行信号处理工作，能够将多径影响转化为能够改善通信质量的因素，在带宽不变的情况下显著提高了电力物联网的性能。MIMO 技术引入了空间复用和空间分集技术，显著提高了系统的增益。空间复用的原理是将输入信号分为子流信号，通过不同的天线和子信道，进而使信道容量与天线数量之间具有线性相关的关系；空间分集增益技术在信号发送端使用编码冗余，进而获得分集增益，在保持相同的带宽和功率时，有效提高信道传输的可靠性，减小误码率。

3. MIMO 特性

（1）分集特性。分集特性就是通过多端口重复发送相同数据来降低空间传输误码率，实现分集增益。电力物联终端在多个天线（通道）重复发送相同的数据，MIMO 分集的示意结构如图 3-24 所示。

（2）复用特性。根据香农公式，系统的容量主要与该系统的带宽和系统的信噪比有关。系统的带宽不可能无限制地增加，也不可能靠

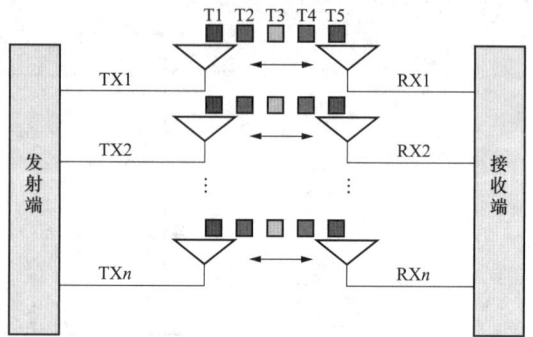

图 3-24 MIMO 分集的示意结构

无限制增加发射端的输出功率来提高信噪比，这样就导致系统容量受限。MIMO 技术通过等效信道的增加，成倍地增加了系统容量。空间多信道扩展后的香农公式见式（3-1）。

$$C = W \times \sum_{i=1}^{m} \log_2\left(1 + \frac{\sigma_i^2 P_i}{N_i + I_i}\right) \qquad (3-1)$$

其中，$C$ 为系统容量，bit/s；$W$ 为带宽，Hz；$m$ 为等效信道数；$\sigma_i$ 为信道平衡度；$P_i$ 为每信道接收功率，W；$N_i$ 为噪声功率，W；$I_i$ 为干扰，W。根据该公式，发送端在 T1 时刻通过多信道（通道）同时发送多个信息，接收端分别接收每个信道上的信息，相对于分集接收中发送端和接收端的通信方式，系统容量得到成倍增加。如图 3-25 所示。

（3）波束赋形。波束赋形就是根据特定场景自适应地调整天线阵列辐射图的一种技术。传统的天线通信方式是基站与电力物联终端间的单天线发射到单天线接收的电磁波传输，在没有物理调节的情况下，其天线的辐射方位是

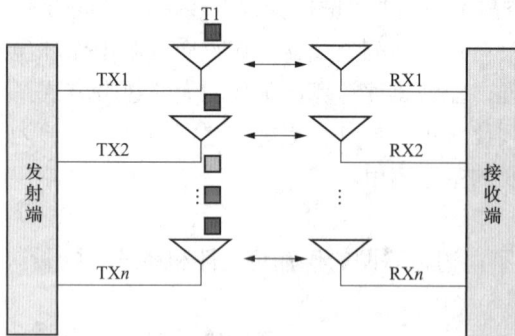

图 3-25 MIMO 复用特性

固定的。在波束赋形技术中，基站侧有多个天线，基站自动调整各个天线发射信号的相位，使其在某一位置形成电磁波有效叠加，相应地，降低其他位置的电磁波信号强度，提高接收信号的质量。广波束覆盖与波束赋形覆盖示意如图 3-26 所示。

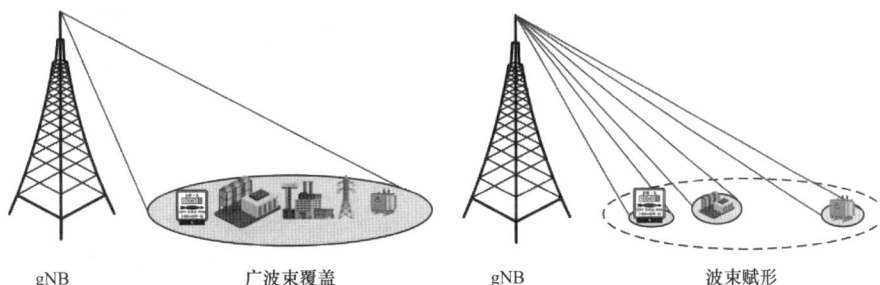

图 3-26　广波束覆盖与波束赋形覆盖示意

### 3.5.3　电力物联网多天线关键技术

1. 4G-LTE 多天线技术

MIMO 的前身是第三代移动通信系统应用的智能天线。它采用发送相同数据的多阵元天线，形成指向某些用户的波束，从而有效提高天线增益，降低用户间干扰。因此，智能天线实质上利用了 MIMO 技术的空间分集，但它没有实现空分复用。

在 3G 向 4G-长期演进（Long Term Evolution，4G-LTE）系统演进过程中，引入了 MIMO 技术，它与正交频分复用技术（Orthogonal Frequency Division Multiplexing，OFDM）相结合，在 4G-LTE 系统中起到了巨大作用。4G-LTE 系统的第一个版本，就对包括发射分集、空分复用、多用户 MIMO 及波束赋形技术在内的几乎所用多天线技术进行了标准化。并且，在 4G-LTE 系统后续演进中，对多天线技术的完善与增强始终是其最重要的发展路线之一。

3GPP LTE 技术规范 R8 版本定义的多天线技术，下行最多支持 4 天线 4 层发射，上行支持单天线发射；R9 版本中下行引入了双流波束赋形技术；R10 版本对多天线技术进行了进一步增强，下行最多支持 8 天线 8 层发射，上行最多支持 4 天线 4 层发射，峰值频谱效率可以提高至 30bits/s/Hz，上行 15bits/s/Hz。

4G-LTE 最终版本中共定义了 9 种下行链路多天线传输模式（Transmission Mode，TM）。TM1 为单天线传输模式，主要用于室内分布系统，或其他模式出现故障时。TM2 为发射分集，适用于小区边缘干扰较大或高速移动场景，提供分集增益，提高可靠性。TM3 为开环空分复用，终端不需要反馈预编码矩阵指示（Precoding Matrix Indicator，PMI），适用于高速移动场景。TM4 为闭环空分复用，终端需要反馈 PMI 和 rank（信道矩阵的秩），适用于信道条件比较好的场景，用于提高数据传输速率。TM5 为多用户 MIMO，即空分多址，用于提升小区容量。TM6 为频分双工（Frequency Division Dual，FDD）模式下的单层闭环波束赋形，用于提升信号覆盖范围。TM7 为时分双工（Time Division Dual，TDD）模式下的单流闭环波束赋形，用于提升信号覆盖范围。TM8 为 TDD 模式下的双流闭环波束赋形，是 TM7 的演进，在波束赋形的同时，基站同时发送两路数据流，实现空分复用。TM9 为 R10 版本新增模式，最多可以支持 8 层传输，用于提升传输速率。

2. IoT-G230MHz 多天线技术

国家电网有限公司 IoT-G230MHz 技术规范规定：基站应支持发射天线数量为 1 或 2，并支持接收天线端口数为 1 或 2。物理层下行链路共享信道（Physical Downlink Shared Channel，PDSCH）多天线技术实现过程如图 3-27 所示。

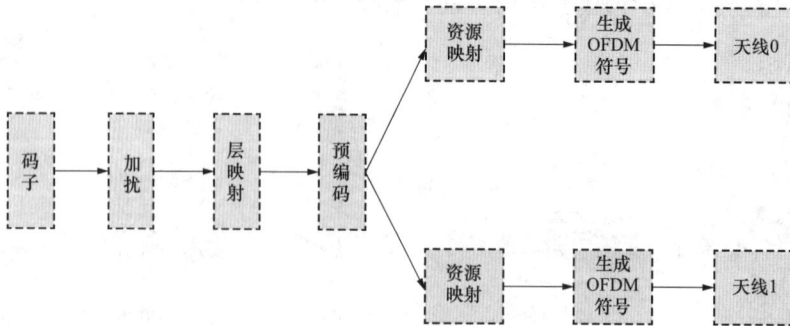

图 3-27　IoT-G230MHz 多天线技术实现过程

　　IoT-G230MHz 通信技术基于第三代合作伙伴计划的 4.5G 技术，面向物联网应用场景，适配电网业务和频谱特点，定义了标准 3.75kHz 字载波间隔，有效利用窄带和离散频谱，符合电力无线通信接入要求，包括配电自动化"三遥"和控制类等低延时、高可靠业务。IoT-G230MHz 电力无线通信系统通过 4.5G 技术重耕 230MHz 频谱，并支持向 5G 平滑演进，满足未来新兴业务需求。IoT-G230MHz 电力无线通信系统除了采用标准 TD-LTE 的正交频分多址（Orthogonal Frequency Division Multiple Access，OFDMA）、多进多出、小区间干扰抑制、自适应调制与编码、混合自动重传请求（Hybrid Automatic Repeat Request，HARQ）、功率控制等多种技术外，还根据电力业务和频谱特点引入离散载波聚合、低延时、控制信道效率提升、跳频抗干扰等关键技术。

　　3. 5G-NR 多天线技术

　　3GPP-NR 的 R15 版本定义了两个频率范围，FR1 和 FR2。前者为低频频段，在 450MHz～6GHz 之间，称为 sub 6G 频段；后者为高频段，在 24.25～52.6GHz 之间，称为毫米波频段。由于频段特性不同，5G 新空口（5G-NR，5G-New Radio）分别为两个频段定义了多天线标准。

　　（1）sub 6G 频段多天线技术。此频段为当前移动通信系统的主流频段，频谱拥挤，急需提高频谱效率。5G-NR 采用的多天线技术是对 4G-LTE 多天线技术的改进和发展，主要体现在：引入了灵活、可扩展、模块化的 CSI 框架，它包括一种分辨率较高的 CSI 报告类型，目标是提高多用户 MIMO 频谱效率。

　　对于下行多天线传输，为了支持不同的 CSI 要求，5G-NR 定义了两种不同的 CSI 报告类型，分别称为类型 I 和类型 II。类型 I 针对中等分辨率的单用户 MIMO 传输，类型 II 具有更高的 CSI 分辨率，目标在于支持更高频谱效率的多用户 MIMO 传输。

　　（2）毫米波大规模天线技术。在维持相同天线数量条件下，更高频段意味着所需天线阵列尺寸越小。频段的升高对设备的小型化、部署的便利化，天线规模的进一步扩大都是有利的。虽然毫米波的使用带来了更广阔的带宽，但是毫米波频段信号传播特性与 sub 6G 频段存在明显差异。毫米波频段的信号传播会受到很多非理想因素的影响，例如路径损耗、雨衰、物体遮挡造成的阴影衰落等。实测结果也表明，上述不利因素往往会随着频率的提高而不断加重。因此，提升毫米波频段设备的接收信噪比，提高毫米波信号覆盖范围，成为当务之急。

为了克服以上难题，5G-NR 系统引入波束赋形技术。它是一种基于天线阵列的信号预处理技术，通过在数字或模拟域调整基带或射频信号的加权系数，产生具有可控指向的高增益波束，达到提高系统频谱效率、扩大信号覆盖范围、抑制干扰等目的。波束赋形技术分为数字、模拟、模数混合三大类。

数字波束赋形在基带进行，每根天线对应一条独立的射频链路，可对数字调制符号的幅度及相位进行调整，一般用于天线数量较少的传统低频系统。模拟波束赋形在射频进行，只需一条射频链路，只能对模拟信号的相位进行调整。模数混合波束赋形则将两者结合，在系统性能和复杂度之间进行折中。

# 3.6　接 入 控 制 技 术

通过接入控制技术，可以对终端设备的接入进行限制和管理，提高电力物联网的安全性和保护用户隐私。同时，接入控制技术还可以根据不同的终端设备类型和网络接入方式，进行优化配置和管理，提高电力物联网的服务质量和用户体验。

## 3.6.1　电力物联网接入控制技术概述

接入控制是负责对用户的接入请求进行准许判决，决定是否允许系统为用户提供相应请求服务的无线资源管理（Radio Resource Management，RRM）功能实体。在有线网络中，接入控制作为拥塞控制和服务质量保障有效手段被广泛研究，然而，电力物联网网络中一些特点（多址干扰，切换，有限的带宽等），使得其接入控制更复杂。

接入控制方式对电力物联网性能具有关键作用，本节将从无线通信技术和电力业务特点分析研究电力无线接入控制机制的必要性。

（1）无线通信技术特点决定。由于无线网络的资源有限，一般使用单一的无线信道来传输，但同时又有许多用户需要传输数据，而有限的网络带宽又不能为每个终端提供一条信道，因此有必要控制用户使用信道的方式。为了避免不同终端同时访问信道造成的碰撞，以及提高通信的可靠性和无线信道资源的利用率，有必要研究电力无线接入控制的方法。

（2）电力业务特点决定。随着电网的发展，越来越多种类的电力业务正在出现。鉴于电力系统中节点数量众多，设备分布广泛，随着电网规模的不断扩大和结构的日益复杂，需要配备大量的物联网终端进行实时监测和自动远程数据采集。需要采集和传输大规模的通信信息，但由于物联网的连接性有限，以及物联网环境和电力业务的特点，不可能对所有信息采集终端同时提供网络接入，因此需要对信息采集终端接入无线网络的方式进行设计，研究适合电力物联网应用环境和电力业务特点的接入控制方法，在电力通信网络性能方面提高物联网性能，保证电力业务的可靠实施，满足电力物联网发展的要求。

应根据具体的网络情况，选择合适的接入技术。无线网络技术旨在最大限度地利用传输介质，在复杂的无线网络环境中提供高网络容量和公平接入。主要有三类：随机竞争、按需分配和固定分配。

## 3.6.2　电力物联网随机竞争接入控制技术

随机接入是一种基于竞争的多址接入技术，适用于突发性业务。它具有许多优点，例如允许站点随时发送数据，具有灵活性，可以适应不同数量和通信量的站点。但是，随机接入技术也存在一些缺点，如易于冲突和业务流碰撞。常见的随机接入技术有 ALOHA、载波监听多路访问技术（Carrier Sense Multiple Access，CSMA）、基于冲突检测的载波监听多路访问技术（Carrier Sense Multiple Access with Collision Detection，CSMA/CD）。其中，ALOHA 是一种简单的随机接入方式，但在重载情况下容易发生碰撞；CSMA 技术可以减少数据碰撞率，但仅允许用户在信道空闲时发送信息；CSMA/CD 利用时域划分保证了单一站点在某一时刻发送信息，实现了网络系统的集中控制。

随机竞争接入模型如图 3-28 所示。

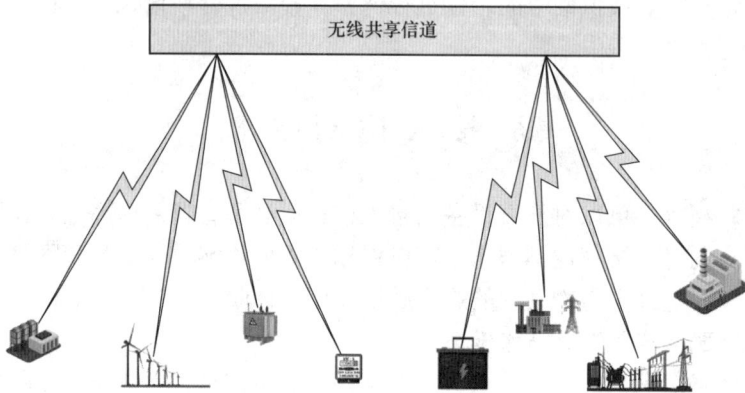

图 3-28　随机竞争接入模型

（1）ALOHA 方式。ALOHA 协议是一种用于解决信道争用问题的接入控制协议。在电力物联网中，不同位置的终端可以通过共享无线电信道来与中心计算机通信。由于每个终端都是随机发送数据，因此可能会出现数据碰撞的情况。ALOHA 协议的基本原理是在分组到达时立即转发分组，然后等待一段随机时间后重新发送，以避免与其他终端发生碰撞。随着终端数的增加，碰撞的概率也会增加，导致平均延时变长。ALOHA 协议可分为纯 ALOHA 和时隙 ALOHA 两种方式。

1）纯 ALOHA（P-ALOHA）协议。纯 ALOHA 协议的基本思想是：电力物联终端在需要发送数据时立即发送，没有发送时间限制，但可能会发生数据碰撞而导致数据包损坏。由于广播信道的反馈特性，发送方可以在发送数据时进行冲突检测，将接收到的数据信息与缓冲区的数据进行比较，以判断是否发生了碰撞。如果发生了碰撞，发送方将等待一段随机时间后重新发送数据帧，直到发送成功为止。

2）时隙 ALOHA（S-ALOHA）协议。S-ALOHA 协议的基本思想是将信道时间分成离散的时隙，每个时隙长度为发送一帧所需的时间。节点只能在时隙开始时发送数据，避免了 P-ALOHA 协议中不同节点数据分组之间可能出现的部分碰撞冲突问题。S-ALOHA 提高了信道利用率，因为冲突的危险区平均减少为 P-ALOHA 的一半，使得信道利用率可以达到 36.8%。虽然传输时间相对于 P-ALOHA 系统要高，但网络性能得到了很大的提高。

3）CSMA 方式。CSMA 是一种基于监听信道的多址接入协议，其基本原理是在发送数据前，先侦听信道是否空闲，如果空闲则发送数据，否则等待一段时间后重新侦听。CSMA 协议可以分为时隙和非时隙两种形式，每种形式又可以分为不同的变种。

1-持续 CSMA 协议是指当一个电力物联终端要发送数据时，若信道空闲就以概率 1 发送数据，否则一直监听信道直到信道空闲。这种协议虽然简单，但是容易出现信道冲突问题，不利于提高网络的吞吐量。非持续 CSMA 协议是当电力物联终端要发送数据时，如果侦听到信道忙，则放弃侦听，等待一个随机时间段后重新侦听信道。如果侦听到信道空闲，则发送数据。这种协议可以有效地减少信道冲突问题，但是需要等待一个随机时间段，不能立即发送数据，因此可能会影响网络的延迟。p-持续 CSMA 协议适用于时隙信道，其在侦听到信道空闲时，以概率 p 在当前时隙发送数据，以概率 1-p 等待下一个时隙再发送数据。这种协议可以平衡信道利用率和冲突率，但是在网络负载较大时，可能会导致信道饱和，影响网络性能。

　　总的来说，CSMA 协议虽然可以有效地减少信道冲突，提高网络的吞吐量，但是需要依靠一定的机制来处理信道冲突和竞争问题，同时也会影响网络的延迟和性能。表 3- 1 为三种机制的性能比较。

表 3-1　　　　　　　　　　　　CSMA 三种控制机制比较

| CSMA 协议 | 优点 | 不足 |
| --- | --- | --- |
| 1-持续 CSMA | 信道空闲状态发送分组，介质利用率高 | 数据冲突率较高 |
| 非持续 CSMA | 信道处于忙状态时，站点就延迟发送分组，减少了冲突碰撞 | 若信道处于空闲时，多个站点同时发送分组，造成延迟大，介质利用率低 |
| p-持续 CSMA | 减少介质空闲时间和数据信息冲突 | p 值对重负载下系统的稳定性影响大，若 p 值过大，冲突概率较大，随着冲突概率增加，网络吞吐量会降低到零，若 p 值过小，价值利用率较低 |

　　4）BTMA 方式。忙音多址接入协议（Busy Tone Multiple Access，BTMA）是一种基于忙音的多址接入技术，它将信道分为数据信道和控制信道，以单一信道传输忙音解决通信冲突。电力物联终端在发送数据信息前先检测控制信道上的忙音信号，并在控制信道上设置忙音信号，以减少隐藏终端带来的影响和碰撞的概率。然而，由于忙音和数据分割占用了信道带宽，忙音的发送使得传播延时是 CSMA 方式的 2 倍，最大吞吐量比 CSMA 还低。因此，BTMA 在消除通信冲突方面有效，但暴露终端问题更加严重，降低信道的利用率。

### 3.6.3　电力物联网按需分配接入控制技术

　　按需分配方式是一种在网络系统中为各个节点分配带宽的方法。其工作原理为，系统按照某种循环顺序询问每个节点是否需要发送数据信息，如果有，则立即分配信道的使用权给该节点，否则系统会立即询问下一个节点。在电力物联终端向网络提供明确信息后，网络会根据该终端业务数据长度分配相应的带宽。当电力物联终端处于空闲期时，分配给该终端的带宽将分配给其他电力物联终端使用。通过按需分配方式，网络资源的浪费将大大减少，同时由于没有因资源竞争而浪费带宽以及由此产生的延时，网络信息吞吐率得到了很大的提高。按需分配方式有多种不同的控制方式，包括集中式控制和分布式控制。其中，轮询技术和令牌技术是常见的控制方式。在轮询技术中，网络中的中心节点轮流询问各个节点是否有数据需要发送，而在令牌技术中，令牌是环状的网络上的特殊帧，其在网络上不断循环传递，只有获得令牌的主机才有发送数据的权力。

　　典型的算法有：IEEE 802.11 的媒体访问控制（Medium Access Control，MAC）层中心控制（Point Coordination Function，PCF）和基于 802.5 令牌环的无线令牌环（Wireless Token Ring Protocol，WTRP）信道接入方式。

### 3.6.4　电力物联网固定分配接入控制技术

固定分配方式的工作原理是将可用的信道分割成多个子信道，并将每个子信道分配给一个或多个节点进行使用。电力物联终端能够独享所分配的信道资源，从而保证了节点间的公平性和平均延时性能。固定分配协议要求每个节点都有定位功能，并采用分布式算法来实现全网的同步，以确保每个节点只能在其分配的子信道上发送数据信息，从而避免了信道冲突。然而，这种方式并不能有效地应对电力物联终端数量变化和通信业务的突发情况，因为信道资源是固定分配的，无法根据实际情况进行动态调整。如果有节点数量变化或者通信业务的突发情况，可能会导致信道资源的浪费或者传输延时的增加。固定分配类协议可分为：频分多址接入（Frequency Division Multiple Access，FDMA）、时分多址接入（Time Division Multiple Access，TDMA）和码分多址接入（Code Division Multiple Access，CDMA）。

（1）FDMA 方式。FDMA 是一种多址技术，将特定的频谱资源划分为多个不重叠的子信道，每个子信道只能由一个电力物联终端使用，每次只能承载一路业务信息。因此，当一个子信道处于空闲状态时，其他电力物联终端也不能共享该信道。这种方式下，频谱的利用率较低，系统的容量也较小。在基站系统中，通常需要使用带通滤波器来消除寄生反射所引起的不利影响，移动台则需要使用双工器以支持收发器的同步工作，这增加了基站系统与移动台之间的通信成本。此外，当系统中有多个频率信号同时存在时，较容易产生相互干扰，因此系统的保密性较差，通信效果也相对较差。但是，由于每个信道只有一个用户，系统中的码间干扰较小，无须进行其他均衡；同时，用于同步控制方面的开销也较小，分配信道的基站和移动台可以同时进行连续的信号发射。图 3-29 所示为 FDMA 结构。

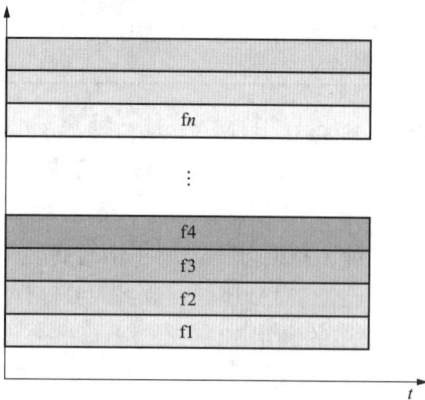

图 3-29　FDMA 结构

（2）TDMA 方式。时分复用是一种常用的多址技术，它在无线通信中得到广泛应用。时分复用的主要优点是具有较强的抗干扰能力、较高的频率利用率和大系统容量等优点。同时，它不需要双工器，可以根据节点需求灵活地进行时隙分配，具有较高的电源效率。在时分复用系统中，时间被分割成周期性的时间段，每个时间段又被分割成多个时隙。在时隙分配的过程中，每个节点只能在所分配的时隙中进行数据传输，其他节点不能同时使用该时隙。由于节点之间的数据传输是分时进行的，因此不会相互干扰，具有较强的抗干扰能力。同时，由于每个节点只在分配的时隙中进行数据传输，可以共享频带资源，具有较高的频率利用率和大系统容量。时分复用系统中的主要缺点是需要较精确的定时和同步机制以保证移动节点和基站间的正常通信。此外，时分复用通常与频分复用相结合使用，以提供更大的系统容量。TDMA 结构如图 3-30 所示。

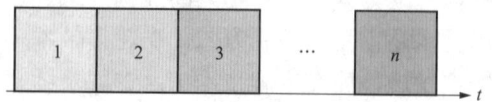

图 3-30　TDMA 结构

（3）CDMA 方式。CDMA 机制采用正交性的地址码为每个电力物联终端分配唯一的编码，能解决信道冲突和干扰问题，支持多个终端同时通信，提高网络吞吐量并降低数据传输延迟。相比基于 TDMA 技术的 MAC 协议，CDMA 机制具有更好的适应性和扩展性，不需要精确的同步机制，且减少了控制消息的传输开销。但是，节点需要进行复杂的 CDMA 编译码。在 CDMA 中，节点之间的信号区分是基于扩频信号和不同的码型，而不是频率或时隙。CDMA 技术基础是直接序列扩频技术，保密性强，在系统容量、通信质量和保密性方面均优于 TDMA。

### 3.6.5　电力物联网接入控制技术性能分析与比较

三种多址接入技术各有适用的场景，不存在一种能够适用于所有电力业务的接入协议。根据不同的应用环境和业务特点，需要设计相应的接入协议，无论是基于竞争方式的信道分配控制机制、基于时分复用技术的固定信道分配控制机制，还是其他的信道接入控制协议。固定分配接入控制方式主要适用于如语音业务等较连续的流业务，但当节点没有信息需要发送时，会浪费信道资源；按需分配方式需要给节点分配一条专用的信道，不适用于业务量变化的环境；随机竞争类则适合于节点间歇性地发送非延时敏感性业务的环境。因此，需要根据实际业务需求选择适合的接入协议。具体比较见表 3-2。

| 表 3-2 | 三种接入控制技术的性能比较 | | |
|---|---|---|---|
| 类型 | 服务范围 | 信道利用 | 实时性 |
| 随机竞争类 | 不适用于主从通信模式 | 较高 | 适合于具有非确定性的、随机变化的比特率业务 |
| 按需分配类 | 适用于主从通信模式 | 较高 | 适用于具有可预见性的，确定性的可变比特率业务 |
| 固定分配类 | 不适用于主从通信模式，提供可靠的服务 | 适用于比较连续的流业务，否则将浪费信道资源 | 适用于恒定比特率业务和实时性要求高的业务 |

### 3.6.6　电力物联网接入控制技术应用

如图 3-31 所示为电力终端自适应接入技术的实现框图。电力物联网自适应接入控制由 5 部分组成，包括接入控制方式选择模块、定时上报接入控制模块、信道丢失率 P 预测模块、重传上报接入控制模块和随机竞争控制模块。各模块详细功能如下。

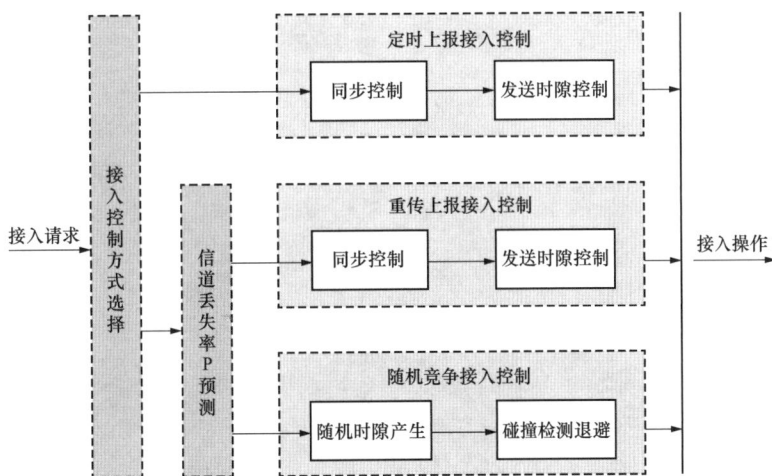

图 3-31　电力终端自适应接入技术实现框图

接入控制方式选择模块：通过事件触发机制实现接入方式（定时上报接入控制与随机竞争接入控制）的选择与转换功能。当用电信息采集整点事件触发或接收到定时标记帧时，则将接入请求转入定时上报接入控制模块；同时在重传子周期内结合信道丢失率预测结果，将接入请求转入定时上报接入模块或是随机竞争接入控制模块，实现控制与随机竞争方式的接入与转换。

定时上报接入控制模块：实现定时上报周期内接入功能，包含同步控制和时隙发送控制两个子模块。其中同步控制子模块实现接入机制中系统时钟同步功能；时隙发送控制子模块实现定时上报终端数据发送时隙的确认与更新功能。

信道丢失率 P 预测模块：实现通过网络预测机制实现对信道丢失率的预测。结合居民用电负荷情况和网络负载情况预测此次用电信息采集过程中无线信道的信道丢失率，为信道接入方式的选择提供信息。

重传上报接入控制模块实现功能和定时上报接入模块相同，实现重传终端数据发送时隙的确认与更新功能。

随机竞争接入控制模块：实现随机竞争周期内接入控制功能，包含随机时隙产生和碰撞检测退避两个子模块。其中随机时隙产生子模块实现随机竞争数据重传时隙序号的随机产生功能；碰撞检测退避子模块实现随机竞争中碰撞的检测和为降低碰撞概率的发送退避控制功能。

以上 5 个模块构成电力物联网自适应接入控制的主要组成部分，在重传子周期内结合信道丢失率情况自适应选择合适的接入控制方式，实现电力物联网的性能优化，提高用电信息采集的可靠性、及时性和无线信道资源的利用率。

# 第4章　电力物联网智能服务技术

　　智能服务是指以现有的服务为基础，结合新兴技术方法，采用可互联的硬件设备收集环境数据并利用集中或分布式的计算资源实现智能计算，围绕应用场景的基本与潜在需求，为用户提供主动、高效、个性化、高质量的服务，从而在用户与服务提供商之间创造新的价值。在电力物联网中，感知层负责对电力系统各环节的业务对象进行实时感知和数据信息采集，进而通过网络层传递信息，此后在平台层进行数据的存储、筛选、分析、挖掘等处理，为各类应用提供数据基础。由此可见，电力物联网的智能服务技术旨在将大数据、云计算、边缘计算、人工智能、区块链等先进的信息技术用于电网数据的处理，以支撑电力物联网的上层应用，从而为电网赋予信息化、自动化、数字化、互动化的智能特征。

　　本章对电力物联网智能服务技术进行详细介绍，分别阐述云计算技术、边缘计算技术、端边云协同计算、人工智能与机器学习技术、区块链技术以及确定性服务，让读者对电力物联网与先进信息技术的深度融合有更加清晰的认识。

## 4.1　云　计　算　技　术

　　随着电力系统与先进信息通信技术的集成与融合，电力物联网的发展不断促进着传统电网向智能电网的演进。与此同时，传感技术在电力生产各个环节（即发电、输电、配电、用电）的广泛应用使电网数据量呈现爆炸式增长，这对电力物联网的计算与存储能力提出了更高的要求。云计算作为一种新兴的计算范式，凭借强大的集中式处理与存储能力，能够支持超密集的网络接入、海量的计算业务、巨大的存储容量。具体而言，云计算范式旨在建设并在全球范围内共享一个庞大的计算资源池，其中包括计算机网络、服务器、存储、应用程序和服务，该资源池可以被世界各地的用户轻松访问，并从中按需获取资源。此外，电力物联网涌现了大量新兴业务，如能量管理、需求侧响应、电动汽车充电等，这需要一个强大的数据管理平台对各类业务产生的海量数据进行存储、分析与利用，从而控制电网的可靠、高效运行。因此，学术界和工业界对云计算技术在电力物联网的应用展开了广泛研究，并论证电力物联网将受益于云计算可适应性的计算资源与强大的并行处理能力。

　　本节首先介绍电力物联网与云计算技术的基本关系，进而讨论电力物联网云计算的服务模型与架构，之后结合案例论证云计算在电力物联网的应用，最后讨论电力物联网云计算的机遇与挑战。

### 4.1.1　电力物联网云计算概述

　　信息与通信层在电力物联网中发挥至关重要的作用，它为电力系统物理部分的信息传递提供了关键的媒介，从而建立一个多功能、可扩展、鲁棒且高效的电网。具体而言，电网运行数据首先由智能仪表进行采集，进而经过通信网络传输至接入点。此后，数据上传至服务提供商或者集中式/分布式的控制中心进行进一步的分析、存储与决策。在此过程中，电力物联网的大数据管理面临严峻挑战，这是因为服务商或控制中心需要汇集种类繁杂的智能终端（如电力资产、记录仪、传感器、测量装置和智能仪表）采集的运行数据，同时要对海量的数据进行处理，这需要强大的计算能力作为支撑。幸运的是，云计算拥有解决上述挑战的潜能，它根据电力物联网的计算需求提供工具、方法与计算资源，从而为电网带来新的收益，如节能、节约成本、敏捷性、可扩展性和灵活性。图 4-1 描述了电力物联网、大数据与云计算技术的关系，可见能量流与信息流在电力物联网中同时流动，并且电网运行各环节产生的大数据与人类生产生活产生的大数据进行汇集，进而云计算技术作为算力共享的资源池，为大数据的分析处理提供基础设施（如物理/虚拟资源）、平台（如资源管理平台）与应用（如虚拟化）。

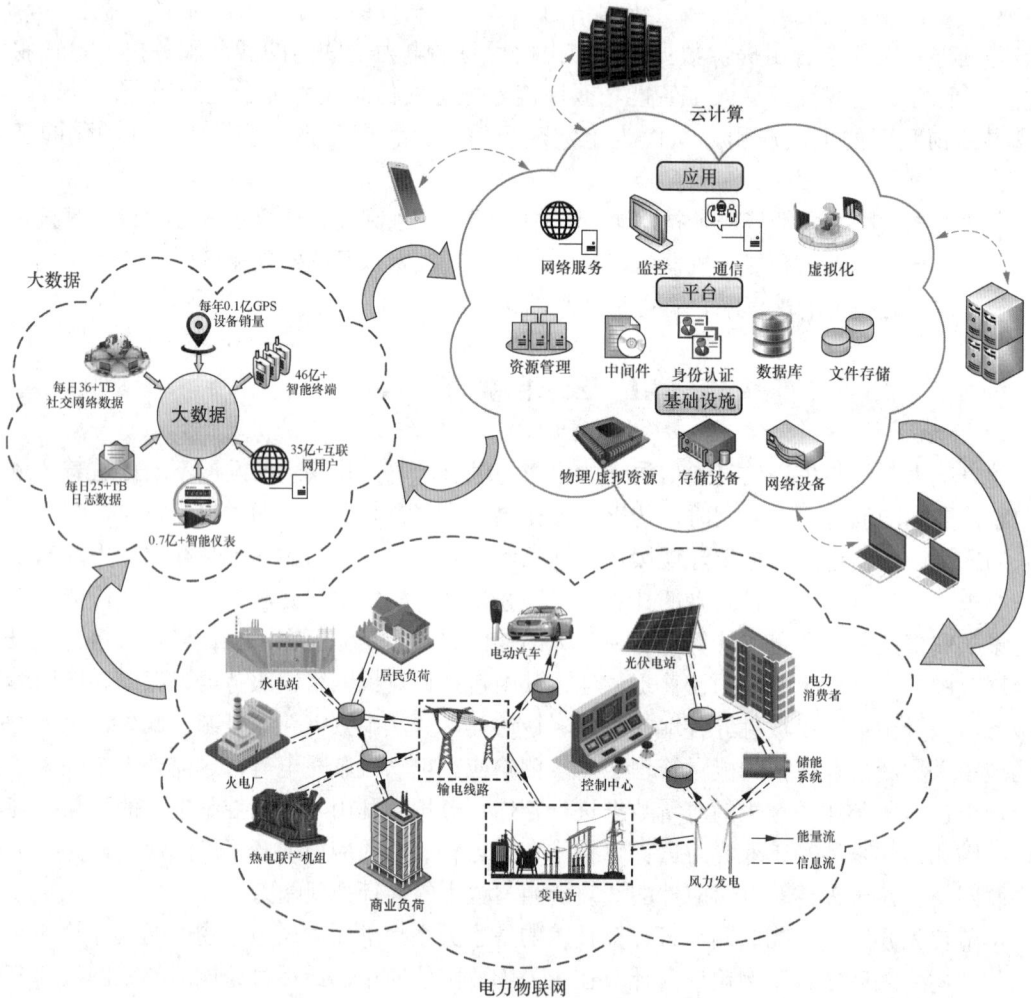

图 4-1　电力物联网、大数据与云计算技术的关系

　　为了确保电网的鲁棒性、可靠性、高效性与安全性，电力的供需平衡必须时刻保证。为此，云计算可以为变电站、负荷与主电网直接的通信提供平台，促进电网运行环节的信息交互，从而保证电力生产与消耗的平衡。此外，由于各类电力物联网业务产生的数据十分密集，平台的可扩展性对于提升通信的可靠性、可扩展性、隐私性和鲁棒性十分重要，从而构建并

应用多功能的电力物联网架构。因此，云计算技术
为电力物联网提供了可扩展的平台。图 4-2 展示了
云计算模型的关键特征，可见由计算、网络、存储
池构成的资源池可以为用户提供按需自助服务、测
量服务并支持快速的可伸缩性与泛在的网络接入。

更具体的，美国国家标准技术研究所（National
Institute of Standards and Technology，NIST）定义
的云计算模型的关键特征描述如下。

（1）按需自助服务：用户有单方面节约个人计
算资源（如时间和网络存储资源）的契机，该过程
是自动化的，无须个人与每个服务提供商的信息
交互。

（2）泛在网络接入：云计算资源可通过网络进
行访问，它可以通过平板电脑、笔记本电脑和手机
等客户端平台使用的典型程序打开。

（3）资源池：属于一种多租户模型，用于帮助
大量用户使用泛在的计算资源。然而，消费者对
所提供资源的精确位置没有任何了解，更无法进行控制。

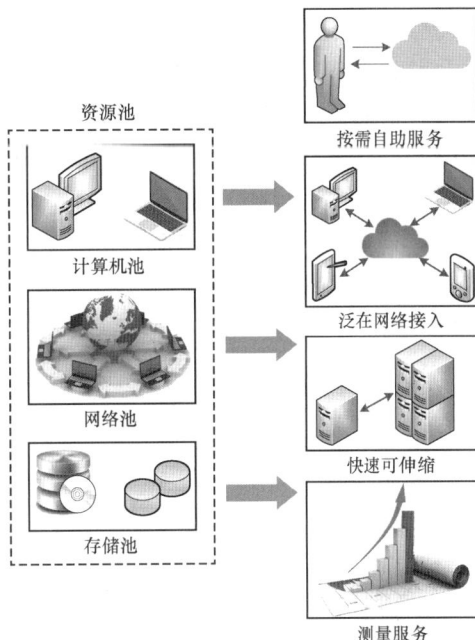

图 4-2　云计算模型的关键特征

（4）快速的可伸缩性：云计算具有灵活的存储设备特质。它能够根据需要并基于用户的
工作负载自动扩展或压缩自身。

（5）测量服务：云计算技术自动控制和管理资源，并为消费者提供测量平台。此外，向
消费者提供成本优化程序，使他们仅提供或购买使用过的资源。

从以上的特征可以总结出，如果在构建云计算模型时考虑到上述基本特征，云计算可以
通过增强系统灵活性为企业和用户提供巨大的优势，并实现成本降低。然而，数据隐私与安全是至关重要的问题。因此，应该采取合理的安全防护措施以确保用户数据的隐私性和安全性。

## 4.1.2　电力物联网云计算服务模型

总体而言，云计算是一种按需开发的网络模型，使用户和企业能够泛在访问可适应性的共享资源池，包括服务器、存储设备、网络连接设备、CPU 和内存，而只需很少额外管理的介入。云计算作为一种公共服务的提供商，允许用户存储与处理大量数据，以实现用户和计算资源之间的一致性。

如图 4-3 所示，云计算可以提供三层服务。

● 基础设施即服务（Infrastructure as a Service，IaaS）。

● 平台即服务（Platform as a Service，PaaS）。

● 软件即服务（Software as a Service，SaaS）。

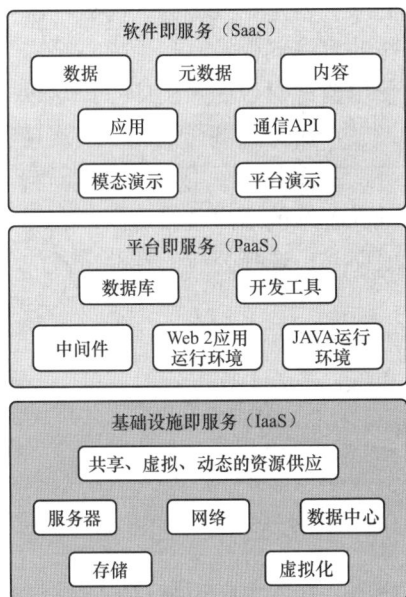

图 4-3　云计算服务层

#### 4.1.2.1　基础设施即服务（IaaS）

基础设施服务层的主要功能是为用户提供可扩展性的基础设施，并为更高层提供开发云软件所需的信息。IaaS 层包含了云计算所需的所有物理硬件，比如服务器、节点、网络、数据中心、存储器等。此外，该平台向用户提供访问云的各种接口，例如网络服务应用、程序接口和命令行接口。

#### 4.1.2.2　平台即服务（PaaS）

平台层作为云计算模型的中间层，为用户提供了建立并执行其应用的媒介。更具体地，PaaS 层负责通过开发人员与程序员创建的应用程序、软件和网络工具来满足用户对应用运行时间的要求。另外，PaaS 代表基于 IaaS 层的软件层，并被实现为创建云的最高层。

图 4-4　云计算的三种模式：公有云、私有云和混合云

| 公有云 | 混合云 | 私有云 |
| --- | --- | --- |
| 公共的 | 公有云与私有云的合并 | 私有的 |
| 可扩展性 | 可扩展性 | 可扩展性 |
| 资源共享 | 私有与共享 | 自助访问 |
| 多组织 | 客户、合作伙伴、第三方 | 单组织 |
| 任何人可通过互联网访问 | 分担安全责任 | 高度安全控制 |
| 无维护责任 | 有维护责任 | 有维护责任 |

#### 4.1.2.3　软件即服务（SaaS）

软件层是云的最上层，建立于平台层与基础设施层之上。此外，SaaS 层可以被用户直接通过计算机、智能手机或平板电脑访问，并负责向终端用户提供应用程序、软件和网络工具。如图 4-4 所示，上述三个云服务层相互集成，并提供三种云计算模式，即公有云、私有云和混合云。值得注意的是，云计算模式需要基于数据和用户应用程序的特性进行选择。下面对三种云计算模式进行介绍。

##### 1.　公有云

公有云作为一种公共服务，通过互联网向用户提供远端的服务与基础设施。公有云的优势包括降低用户的基建成本、提升公共服务成本效益，与泛在的可访问性。具体而言，公有云可以向用户提供高效的共享资源，并且用户只需要支付其使用资源对应的费用即可，这也就意味着用户不需要在终端附近投资建设高计算能力的基础设施，而是直接通过互联网连接访问公有云并从共享的资源中索取并购买所需的计算资源即可，从而节省了用户的成本，同时提升了资源共享与利用的效率。然而，由于公有云可以被世界各地的用户直接访问，它需要专用的安全防护措施，以保护用户的数据及隐私安全。一般而言，选择公有云计算方式的应用场景包括：

（1）当许多用户以标准化的形式（如电子邮件）使用应用程序时；

（2）在合作项目的前提下共享数据和会议；

（3）在测试和开发应用程序代码的情况下；

（4）当需要增加容量以在高峰时段增加计算机容量时；

（5）通过一个（PaaS）软件使用特定的软件开发项目时。

##### 2.　私有云

该云计算类型也称为内部云，因其仅限于一个企业内部使用。私有云的构建与管理可以由企业或特殊提供商完成。私有云拥有与公有云类似的优势，比如可扩展性、自助服务、高性能、易定制、合规等。除此之外，私有云采用专有的架构执行服务，或基于第三方提供商（例如亚马逊网络服务或微软）来维持所有用户可通过互联网访问并使用的资源，从而提供了更高的服务精准度。总体而言，私有云凭借其高可控性、可靠性和安全性，是如下应用场合的首要考虑。

（1）当所有服务和基础设施都由专用网络保护时；

（2）大型公司有机会建立和控制其云数据中心。

3. 混合云

混合云作为公有云与私有云的综合模型，旨在获得二者的集成增益，并解决其固有限制。混合云的主要优势包括可控性（任一企业都可以在其基础设施中确保数据的隐私性）、灵活性（当需要额外资源时可以从公有云的资源池中补充）、高成本效益（当需要额外计算能力时的可扩展性）。

该模型将服务基础设施分为两组，一组运行于私有云，同时另一组运行于公有云。尽管如此，混合云被认为是具有灵活性的模型。此外，混合云需要采取多种安全措施来确保两个安全级别不同的模型之间的可靠通信。一般而言，混合云在某些应用程序中是最佳选择，例如：

（1）使用（SaaS）应用程序时要考虑一些安全因素，例如使用虚拟专用网络（Virtual Private Network，VPN）来提高安全性。

（2）在不同的市场项目中应用，通过公有云实现与客户的交互，但同时采用私有云确保所有客户的数据安全。

在电力物联网中，需要根据电网业务的主要目的来选择上述三种云计算模式。研究表明，公有云是提供标准化、低复杂度服务的电网公司的合理选择；私有云对于安全性要求较高的应用而言是更有效的选择；混合云则用于需要可扩展性的电网业务，该可扩展性要求通过中央的云服务提供商来满足，这利用了公有云与私有云的协同优势。

### 4.1.3 电力物联网云计算架构

本节对云计算的基本架构进行介绍，其中每个架构模型都能够呈现云计算环境的基本实现与主要特征。

1. 工作负载分布架构

云上的计算资源可以通过添加相同的资源以及它们之间的负载均衡器来水平缩放，以管理资源上的负载。采用负载均衡器可以有效避免计算资源的过度或不足使用。然而，该负载分布架构的高效性取决于负载均衡器的算法和运行逻辑。图 4-5 展示了工作负载分布架构，可见在云中心计算资源可水平扩展，同时负载均衡器管理用户对云服务器的请求。

2. 云爆发架构

云爆发架构使计算资源能够主动地增加或改变，取决于用户的实际需求。凭借该自

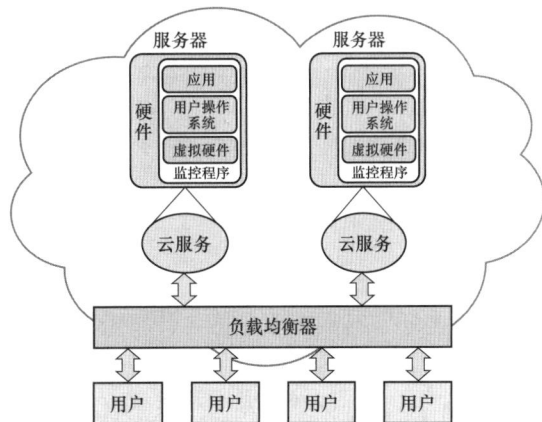

图 4-5 工作负载分布架构

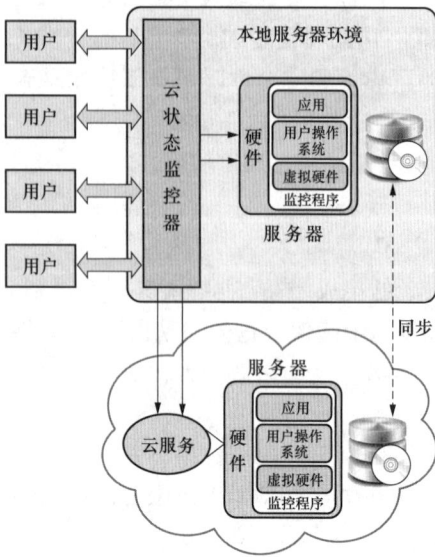

图 4-6　云爆发架构

动化的架构，一个使用隐私环境来请求计算需求的企业可以向云中心租借计算资源，以满足其额外的资源使用需求，同时该资源请求仍是处于其隐私环境中的。在此过程中，企业需要采用一个自动化机制来判断现场服务器中的负载状况。具体而言，如图 4-6 所示，当用户的业务请求激增时，云状态监控器中的自动化算法检测到本地服务器过载，此时要向远端的云中心请求一个新的虚拟机（virtual machine，VM），并利用其额外的计算资源来满足用户的请求。

3. 动态可扩展性架构

动态可扩展性架构旨在实现基于用户请求的按需计算资源扩展能力，这需要部署一个自动化的负载监控器与均衡器，并运行扩展算法。具体而言，如果用户请求在目前云环境的容量阈值以上，额外的计算资源将用于负载处理。图 4-7 描述了云计算的动态可扩展性架构，可见该架构能够提供水平扩展（向云实例中添加更多的计算资源）、垂直扩展（增强当前云实例的处理能力）、动态迁移（当前云实例的资源可动态迁移以提升服务容量阈值）。

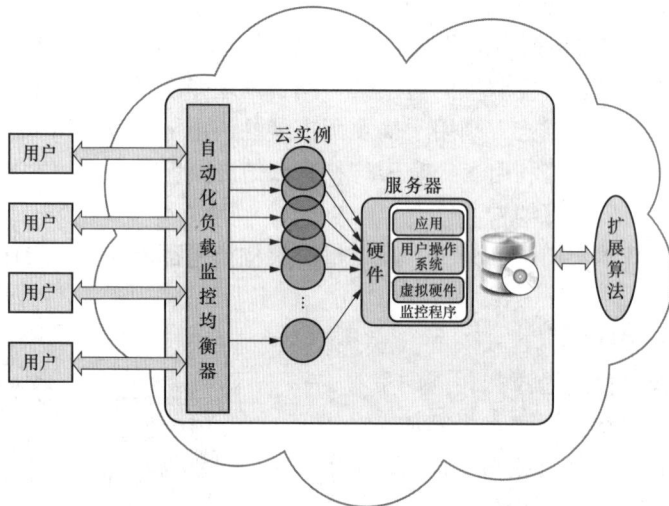

图 4-7　动态可扩展性架构

4. 可伸缩资源容量架构

该架构通常与虚拟服务器与计算资源的动态分配相关联，资源池中的处理器和存储器资源被分配到各个服务器中。负载监视器和平衡器运行一个智能脚本对用户请求的工作负载进行分析，然后将分析结果发送到系统管理程序，系统管理程序可以从资源池中获取中央处理器和内存以满足请求。图 4-8 展示了可伸缩资源容量架构，其中管理程序基于用户当前的工作负载决策从资源池中请求增加的资源。

5．资源池架构

资源池架构旨在将相同的计算资源聚合在一个或多个资源池中，架构中的资源池由系统进行维持，从而实现任意时刻的同步。资源池的种类包括物理服务器池、虚拟服务器池、中央处理器池、存储器池等。

### 4.1.4　云计算在电力物联网的应用

近年来，研究人员致力于研究云计算技术在电力系统不同领域的应用，以获得电力物联网与云计算的协同效益。如图 4-9 所示，云计算能够服务于电能的产生、输送和分配各个环节。此外，云计算模式的选择取决于电网业务的需求和应用场景。如图 4-10 所示，一系列重要的电网计算业务，例如用电管理、监控、数据存储、能量管理、数据分析和经济调度，对电力物联网的性能至关重要。

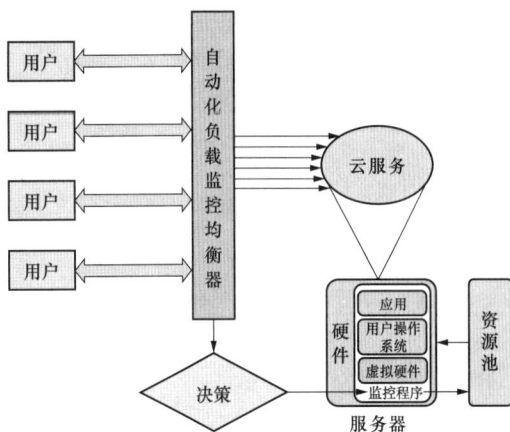

图 4-8　可伸缩资源容量架构

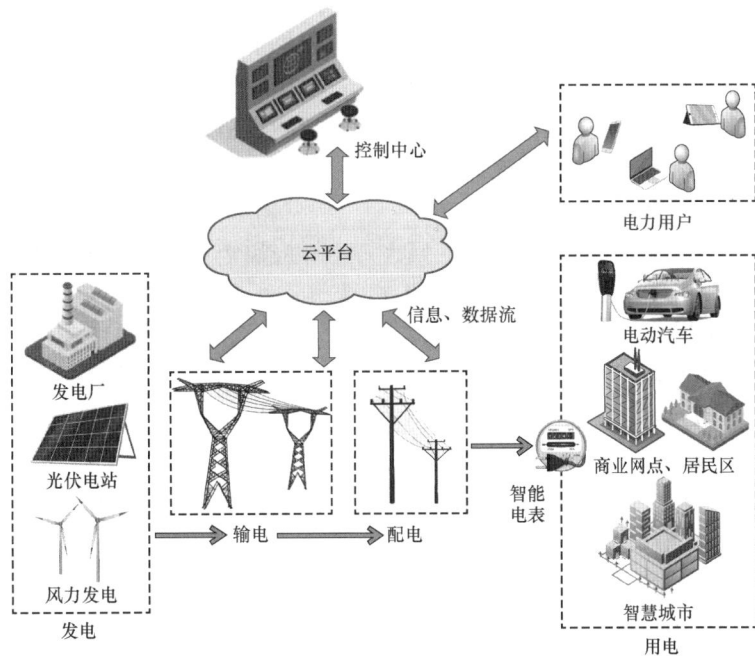

图 4-9　云计算平台与电力系统各个环节的融合

总体而言，云计算在电力物联网的应用主要体现在如下三个方面。首先，云计算平台可以有效处理电力物联网各个环节产生的数据，从而提升电网的性能。例如，对用户的用电数据进行分析处理可以掌握用户的用电习惯，建立动态需求侧响应系统，进而制定动态电价以优化用户的用电行为。其次，云计算提供了数据与资源的共享资源池，以降低部署额外算力设施的成本。特别的，云是一个能够支持电力物联网中信息相关操作的平台，从而实现电网数据和资产的高效管理。此外，云计算在受到扰动后拥有快速恢复的能力，这得益于对所有

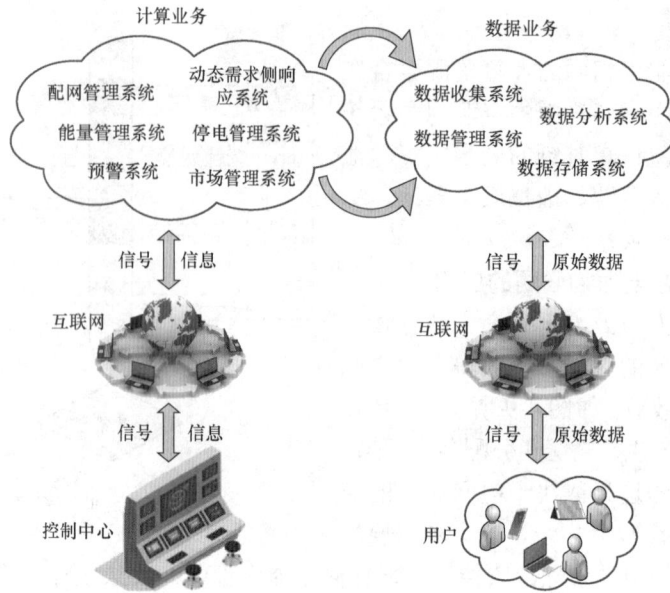

图 4-10  云计算支持的各类电力物联网业务

云端数据的利用，由此显著增强了电力物联网的可靠性并能防止连接的丢失。因此，利用云计算的私有云模式可以提升电力物联网的安全性。

本节选取三个典型的应用案例，即需求侧响应、电网经济调度，以及电力设备大数据分析，阐述云计算技术在电力物联网的应用。

1. 需求侧响应

需求侧响应是电力物联网中最重要的应用之一，该应用需要对用户的用电数据进行分析来准确预测用电需求，进而规划发电机组的发电量。此外，电力消费者根据需求响应程序制定的电价规则来控制其用电量，以降低用电成本。在此过程中，虽然实时的需求侧响应是终极目标，但在线的响应控制算法还不能在现阶段大规模部署。因此，电价预测以及负荷预测在需求侧响应中仍发挥着关键作用，云计算为其提供了有力的大数据分析与预测模型构建平台。

具体而言，电力物联网需求侧响应的数据可分为内部数据与外部数据。如表 4-1 所示，内部数据指电网内部获取的数据，如 AMI 中智能仪表采集的量测数据，这反映了用户侧的实时用电量、PMU 数据、输电线路监控数据等；外部数据虽然不能从电网内部直接获取，但也对电网运行优化产生重要影响。外部数据包括气象信息（决定可再生能源机组的发电情况）、社交网络数据、股票市场信息（影响用电行为）等。

表 4-1　　　　　　　　　　　　电力物联网需求侧响应大数据组成

| 内部数据 | 外部数据 |
| --- | --- |
| 量测数据 | 气象信息 |
| PMU 数据 | 社交网络数据 |
| 输电线路监控数据 | 股票市场信息 |
| ... | ... |

通过分析上述数据一方面可以获取负荷预测结果，规划发电机组的电能生产，另一方面为用户及智能应用提供电价预测信息，控制用电行为并优化电网运行。如图 4-11 展示了云计算大数据处理过程的框架，其包含三个组成部分：数据输入、大数据分析和信息输出。大数据分析是该过程的核心功能，它由四个步骤组成：①数据收集；②数据预处理；③数据存储；④数据分析，完成这些步骤所需的基础设施、平台和软件都可由云计算来提供，从而提取用户的用电特征，准确预测电价及负荷信息，指导电力物联网的需求侧响应。

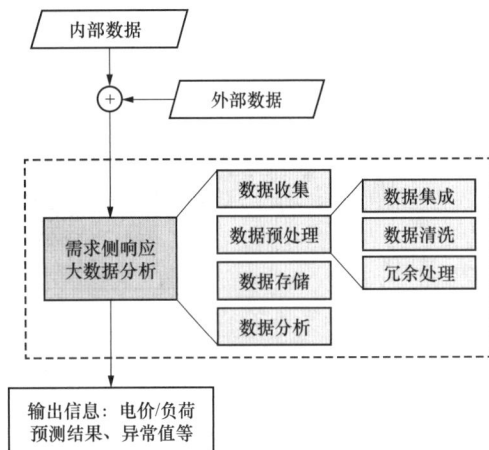

图 4-11　云计算大数据处理过程框架

本小节给出一个基于机器学习的负荷预测实例，以说明云计算的数据处理过程。该实例旨在根据环境信息（例如气温、湿度等）预测某居民用户的用电负荷，其中时序环境信息用 $\mathbf{x}=\{x_1, x_2, \cdots\}$ 表示，时序负荷信息则表示为 $\mathbf{y}=\{y_1, y_2, \cdots\}$。从数学上来看，负荷预测的本质是拟合环境信息 $\mathbf{x}$ 到负荷信息 $\mathbf{y}$ 的映射函数 $f$，可以表示为 $y=f(x)+\varepsilon$，其中 $\varepsilon \sim N(0, \sigma^2)$ 为高斯分布随机噪声。采用线性回归作为学习算法，则函数 $f$ 可以表达为 $f(x)=w_0+w_1 x$，其中 $w_0$ 和 $w_1$ 为待学习的参数。进而，推导最优参数 $\langle \hat{w}_0, \hat{w}_1 \rangle$ 对应的预测误差函数见式（4-1）。

$$\langle \hat{w}_0, \hat{w}_1 \rangle = \arg \min_{w_0, w_1} \sum_i [y_i - f(x_i, w_0, w_1)]^2 \tag{4-1}$$

式中：$w_0$ 和 $w_1$ 为待学习的负荷预测参数，无量纲；$y_i$ 为训练数据集的负荷信息，W；$x_i$ 为训练数据集的环境信息，包含气温，℃、湿度，%rh 等。通过云计算执行相关算法（如梯度下降法、启发式蒙特卡罗搜索、粒子群算法）对进行求解即可获得负荷预测的拟合函数，进而代入环境信息可对负荷信息进行计算。

2. 电网经济调度

随着电力物联网智慧能源的建设，以及相应信息网络的运营、管理和维护，电网的运行成本持续增加，这被认为是阻碍电力物联网建设与发展的主要原因。为此，云计算技术旨在开发一系列应用程序，以帮助电网进行实时、准确、高效的能量管理与发电调度决策。具体而言，如图 4-12 所示为云计算赋能的电力物联网架构，其中云计算能够支持用户信息（智能电表信息、用户满意度）与电网公司信息（电力需求、燃料成本和天气数据）之间的交互过程，做出综合的能量调度方案，增强发电侧与用户侧的匹配程度。此外，云计算可以利用相同的资源来提供多种功能，进而管理电力物联网庞大的数据集。这有助于减少重复投资，降低管理成本和运营复杂度，从而提升系统的经济效益。

得益于云计算为电网经济调度带来的显著优势，近年来，研究人员对电网调度云计算平台的构建展开了大量研究。图 4-13 展示了一种省级电网调度云平台结构，其中调度云计算中心负责电网的内部、外部数据的集中式处理，同时省级调度应用平台与上、下级（国家级、区域级、地级、配电网级）调度应用平台、辅助应用平台相互协作，实现全局最优的经济调度与资源管理。此外，该调度云平台可安装大量的功能模块，以满足电网企业以及电力用户

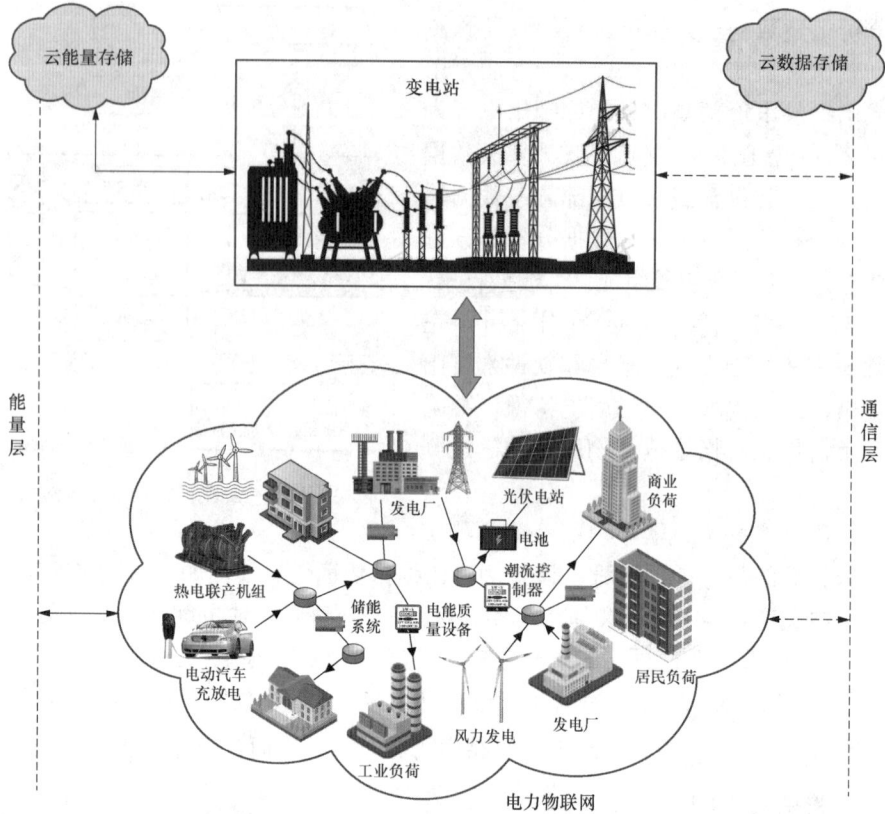

图 4-12　云计算赋能的电力物联网架构

的各类业务需求,在此举例进行说明。智能发电模块可用于控制常规机组、新能源机组以及虚拟电厂的出力,其借助云计算强大的计算能力,综合源—网—荷—储四方的状态信息,实现电力供需平衡,促进可再生能源的消纳;电网状态估计模块旨在完成电网的状态估计功能,即通过云计算执行状态估计算法,聚合冗余的量测数据,获取精度更高的电网参数,指导潮流计算、稳定计算、经济调度等过程;用户 App 模块是电力用户和调度云计算平台交互的媒介,自助完成用户的电力诉求,如用电模式选择、交易方式预约,从而实现更优的电网资源配置,同时促进电力市场的发展。

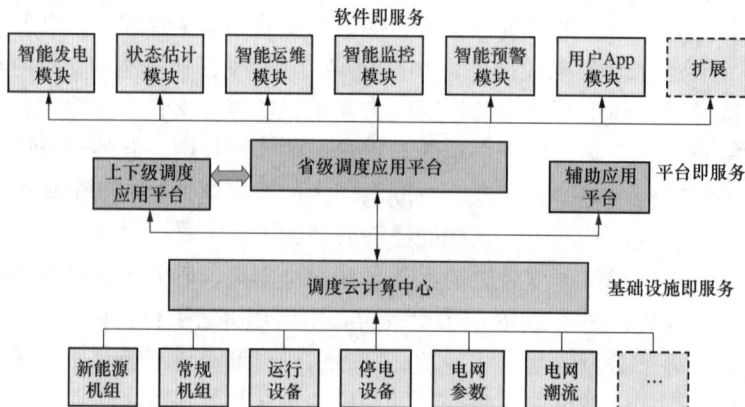

图 4-13　省级电网调度云平台结构

3．电力设备大数据分析

目前，电力设备的故障与检修是造成电网停电和经济损失的主要原因，根据《2021 年全国电力可靠性年度报告》统计，90%的设备故障是由设备老化引起，而现有的运维体制下，因计划检修引发的检修停电占比 87.2%。为此，电力设备大数据分析旨在对设备状态、电网运行和环境气象等多源信息进行融合分析与深度挖掘，从中发现数据与电力设备状态的复杂关联规律，实现对设备运行状况与未来趋势的全面掌握，指导状态检修的准确实施。在此过程中，云计算能够提供电力设备大数据分析的平台与关键技术支撑，进而实现电力设备的安全稳定运行。

如图 4-14 所示为基于云计算的电力设备状态大数据分析的基本架构，下面分三个方面进行阐释。

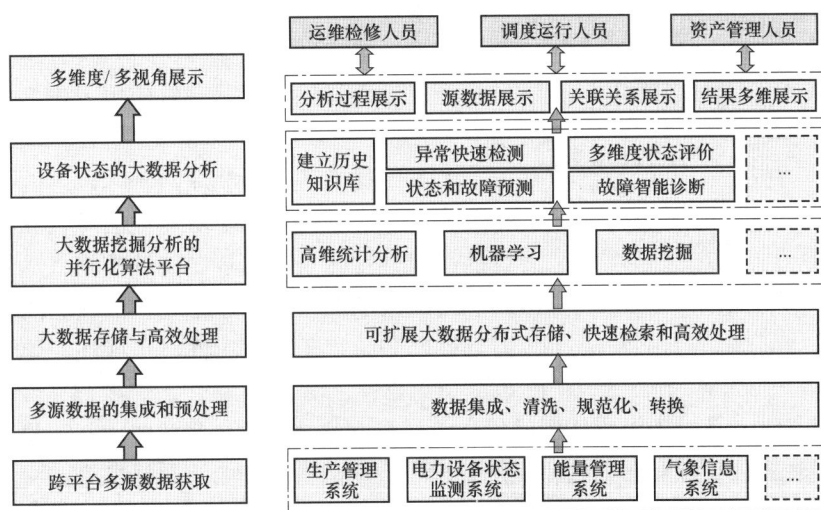

图 4-14　基于云计算的电力设备状态大数据分析的基本架构

（1）电力设备的大数据主要包括在线监测数据、系统运行数据、设备台账、技术参数、故障记录、环境信息等，上述数据体量庞大、来源繁多，都能够直接和间接地反映电力设备的状态信息，因而对其进行分析处理需要强大的算力支撑。

（2）云计算能够为电力设备大数据分析提供的关键技术包括：设备大数据的聚合、预处理、存储、分析、挖掘和并行化计算以及数据驱动分析模型等，上述关键技术的实现与发展离不开云计算技术所具备的资源虚拟化、可扩展性、敏捷性等特征。

（3）基于云计算的电力设备大数据分析的典型应用场景包括以下几种。

1）基于多源数据的设备状态评估。为了对电力设备进行全面、准确的状态 评价，需要融合多源的状态参量，同时考虑数据在时间维度上的累积，综合确定多源特征参量与设备关键性能状态间的关联关系。此外，基于对关联规律的掌握，从不断更新的大量设备状态数据中快速发现状态异常变化的信号，从而对设备的 异常工况发出预警并指导检修工作的开展。

2）设备故障的智能诊断。状态评估通常只是给出设备健康状况所处的等级，如正常、严重等。然而，准确获知设备故障或潜在危害的种类、验证程度、发展趋势等，是采取针对性的检修措施的先决条件。为此，采用智能学习算法，通过大量故障样本的训练建立设备故障的智能诊断模型，找到状态检测数据到故障诊断结果的映射关系，实现设备故障的智能判别。

3）设备的状态预测。为实现电力设备的可靠运行，不仅要清晰掌握当前的运行情况，还要对未来的健康状态和可能的故障演变有所了解，才能提前采取预防性措施，做到防患于未然。基于大数据分析技术，从现有的设备状态数据出发，挖掘多源变量的关联规律，进而利用这些规律对未来参量的变化趋势、设备健康状态及故障发展进行预测，也是分析诊断系统应具备的功能。

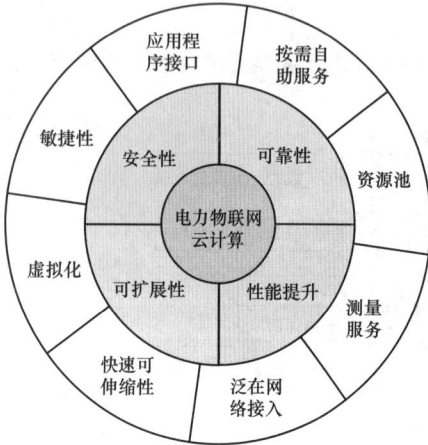

图 4-15　云计算的关键优势

### 4.1.5　电力物联网云计算总结

1. 电力物联网云计算的优势

综上所述，将云计算技术与电力物联网进行集成，可以显著提升电网的性能。图 4-15 展示了云计算在四个方面的关键优势：安全性、可靠性、可扩展性和性能提升。下面详细介绍云计算应用于电力物联网的重要优势。

（1）敏捷性。电力物联网基础设施的任何重建都将由云计算进行管理。随着需求的增长和扩大，云计算的敏捷性意味着计算资源能够按需、迅速地供应，以满足电网的业务需求。总之，云计算的敏捷性为电力物联网同时赋予了适应性、平衡性、弹性、可扩展性和协调性。

（2）可靠性。云计算为电力物联网提供了信息网络故障的恢复策略，从而显著增强系统的可靠性。通过云计算能够在电力物联网架构中实现隔离、冗余等容错概念，提升信息物理系统的可靠性。

（3）应用程序编程接口。云 API 与云基础设施相互协调，为电力物联网应用程序/服务分配计算、存储和网络资源。此外，云 API 允许开发用于资源分配的服务和应用程序。这些 API 主要为用户的泛在访问提供接口。

（4）高成本效益。云计算提供了不同的模式，如公共云或交付云，通过选择合适的云计算模式来满足各类应用的需求，显著降低了电网信息处理的成本。特别的，云计算的"按需资助付费方式"允许用户只为其使用的服务和资源付费，这节省了电网企业购置大量算力基础设施的成本。此外，远程云服务器的使用减轻了对内部服务器、存储设备和应用程序的需求，并避免了软件更新等的间接成本。

（5）可访问性。用户可以从任何地方的任何设备通过互联网访问云系统，从而获得所有的可访问数据，该功能与设备和位置无关。对于所有要求 99.99%可访问性的企业服务来说，可访问性至关重要。云计算的可访问性通过有关技术来维护，包括基础设施可访问性、中间件可访问性、应用程序可访问性、在可能恢复的情况下重新启动失败的应用程序、绕过失败应用程序的请求等。

（6）可维护和虚拟化。可维护和虚拟化是云计算的主要功能。利用共享的计算资源来运行应用程序和执行计算，而不需要安装任何新的基础设施。此外，所有数据和信息都通过云计算存储设备在服务器和用户之间共享，这简化了电网任何部分的维护过程。

（7）多租户特征。在云计算中，多租户意味着多个客户能够共享云基础设施及计算资源，但客户的数据彼此分开。该特征显著提升了云计算的成本效益，这是因为资源的共享使得云供应商能够向更多客户提供服务，并且软件开发和维护费用是由所有使用者共同支付的。

（8）性能提升。云计算平台为电力物联网提供了提升系统性能的网络服务。除此之外，性能提升还归因于这样一个事实，即与单一公司的数据中心相比，云供应商提供了高效、快速和高性能的专业云和应用程序服务。此外，云计算服务的随需应变特征意味着在短时间内计算资源可以扩展和缩减，从而提升了服务的灵活性与资源的可适应性，而且资源的扩展与缩减不产生任何额外的安装成本。

（9）安全性。使用私有云平台将提供信息的安全防护机制，并防止信息丢失。此外，即使使用公有云或混合云平台，数据也会在企业级防火墙后面得到保护，免受分布式拒绝服务等网络攻击。总之，电力物联网企业及用户可以从云供应商提供的专业化安全保障中受益。

2. 电力物联网云计算的挑战

然而，将云计算用于电力物联网仍面临一些挑战，例如数据位置的管理、数据混合的安全漏洞、应用程序编程接口的相关性、与电网财产管理的兼容性，以及低效的安全措施等。此外，将海量的电力物联网数据上传至云服务器进行云计算会产生较大的通信和延时开销，这就导致云计算难以适用于延时敏感的电网业务，例如实时控制类业务。

## 4.2　边　缘　计　算　技　术

近年来，电力物联网对可再生能源与智能控制系统的需求与日俱增，智能终端（如高清摄像头、电动汽车、智能家电）的数量和种类呈爆炸式增长。据统计，2020 年智能终端的接入数量已达到 500 亿，智能终端的部署将是实现低碳智能电力系统转型的关键物理基础。然而，现有的电网控制仍采用集中式控制方式，即主要的计算业务都在云端或控制中心执行。一方面，该过程对频谱资源日益稀缺的通信网络施加了沉重负担。另一方面，智能终端采集的海量异构数据加剧了云计算与存储的业务量。因此，对于单一的云计算而言，无法满足电力物联网实时业务的低延时需求，例如电力设备实时状态监测和预警。总之，上述带宽拥塞、容量受限和数据异构的挑战导致单一的云计算系统无法适用于未来智能化电力物联网，对海量远程终端的分布式计算、存储、控制范式呼之欲出。

边缘计算技术旨在将计算能力下沉到距离终端较近的分布式无线基础设施之中，减小终端与边缘服务器的距离，从而降低数据传输延时，同时提供有效的隐私保护措施。经研究表明，边缘计算技术能够有效支持电力物联网的快速响应、实时数据处理与决策等业务。本节首先介绍电力物联网边缘计算架构，其次说明边缘计算的关键技术，进而讨论边缘计算的用例，最后对电力物联网边缘计算的前景进行展望。

### 4.2.1　电力物联网边缘计算架构

1. 物理结构

与上节介绍的云计算相比，电力物联网边缘计算架构更注重于终端安全和用户体验。图 4-16 展示了电力物联网边缘计算架构示意，其总共分为四层：感知层、网络层、边缘计算层和应用层。所有的电力物联网终端位于感知层，负责采集实时的电网运行数据，进而上传到边缘计算层对数据进行处理，此后数据的处理结果将被发送到应用层实现对应的业务功能，并与其他边缘计算节点互联互通。更具体地，电力物联网边缘计算架构的各层可以描述如下。

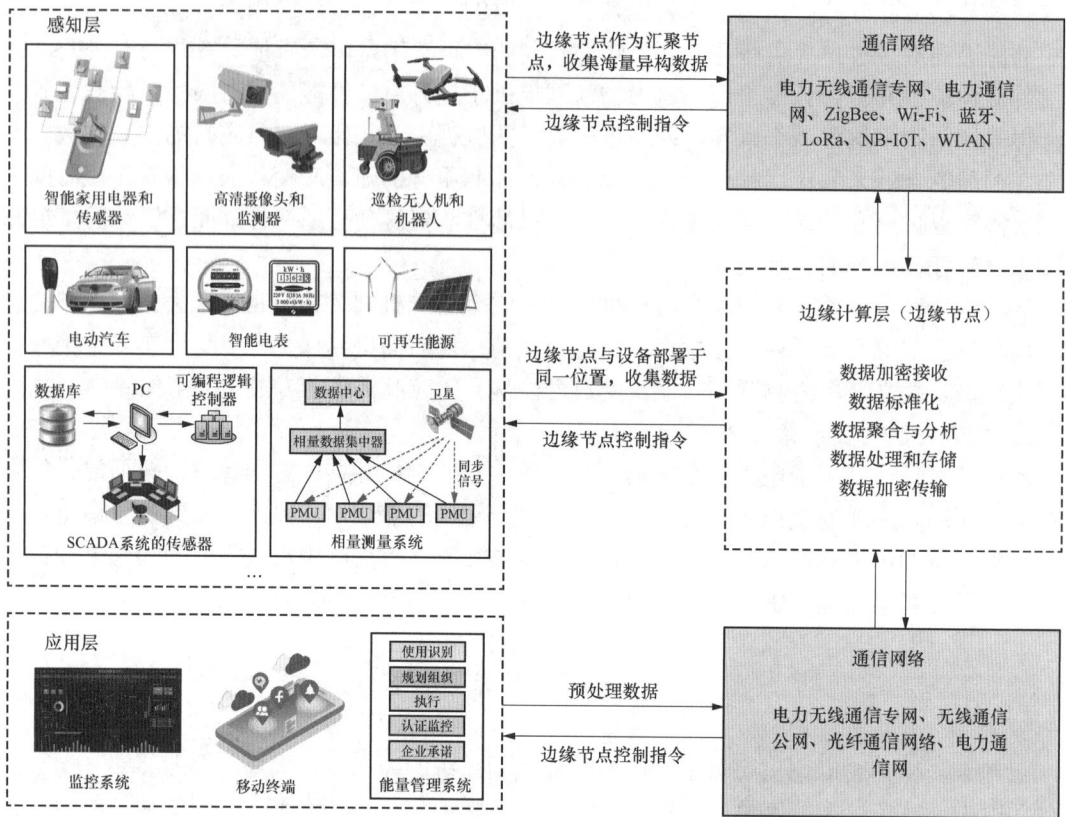

图 4-16　电力物联网边缘计算架构示意

（1）感知层：该层由传感器、监控设备等智能终端构成，负责从物理环境和设备中采集数据。该层包含目前电力物联网常用的智能设备如智能电表、电动汽车、数据采集与监视控制（Supervisory Control and Data Acquisition，SCADA）系统。此后感知层采集的数据将通过通信网络发送至边缘计算层。由于边缘节点与终端的距离一般不远，故该传输过程常采用一些短距离、低功耗的通信方式，如无线局域网（Wireless Local Area Network，WLAN）、LoRa、ZigBee、Wi-Fi、蓝牙等。

（2）边缘计算层：该层的边缘节点负责感知数据的标准化、处理、分析和存储，同时进行接收数据的解密与传输数据的加密过程。此外，边缘节点可以进行快速的决策，并将决策结果直接反馈至感知层或者相关控制器，以支持电网的应急控制业务。与此同时，边缘节点的决策记录将被发送到云端供操作人员或用户查看和回顾。经过边缘计算（预）处理的数据将通过通信网络上传到应用层，该传输过程的通信距离长、数据量大，因此常采用光纤、无线公网等通信方式。值得注意的是，边缘节点的物理位置是灵活多变的，唯一的要求便是距离终端足够近。在一些场合，边缘节点与终端安装在同一位置以执行实时的数据处理，另外，边缘节点也作为汇聚节点将多个终端采集的数据进行聚合。

（3）应用层：接收到边缘层上传的数据之后，应用层可以提供上层的业务功能，比如实时监控、早期预警、效益分析、记录存储以及数据可视化。

2. 边缘计算平台

边缘计算平台是支持电力物联网业务的重要软件平台，它能够实现各类基本功能，并集成多种数据源。在某种程度上讲，边缘计算平台提高了整个系统的效率和安全性。随着终端设备数量的不断增加，许多信息技术公司致力于开发边缘计算平台来处理海量边缘数据，如微软公司的 Azure IOT Edge、谷歌公司的 Cloud IoT Edge。本小节介绍三种主流的电力物联网边缘计算平台，这些平台不仅拥有边缘计算平台的共同优势，如低延时、低成本、智能化，还有适用于电网业务场景的独特特征。

（1）EdgeBox 边缘计算平台。EdgeBox 集成了虚拟机与容器技术，可以实现高效的资源管理。具体而言，EdgeBox 基于先进的深度学习算法，拥有强大的图像、视频识别能力。该平台在电力物联网的主要应用场景包括输电线路的异常检测、变电站的预测性维护等，从而提高电网运行的安全性。此外，EdgeBox 的功耗很低，能够持续进行 30 天的现场工作，同时其图片识别速度达到每张图片 0.8s，可以支持实时操作。

（2）Transformer Terminal Unit（TTU）边缘计算平台。TTU 边缘计算平台主要用于配电变压器的状态监测。该平台通过接口模块化技术，将硬件接口模块连接到中央处理器，可以实现热插拔、即插即用和自动识别。主要应用场景包括低压电路监测、低压电气拓扑的自动识别、低压电路阻抗计算、站区线路损耗的精益分析、低压故障研究与定位、具有辅助操作的分布式光伏发电控制、电动汽车充电点优化。

（3）FogHorn 边缘计算平台。FogHorn 边缘计算平台集成了高性能的事件处理器、机器学习算法和软件开发工具包，可以实现实时的数据分析与计算结果的及时反馈。FogHorn 平台主要应用于提升充电桩的资源利用率、预测维护需求，以及凭借快速影响提升用户的满意度。不同于上述两种边缘计算平台，FogHorn 更注重商业价值，这增加了电力物联网边缘计算平台的经济效益，从而促进边缘计算系统在电网的普及。

### 4.2.2　电力物联网边缘计算关键技术

本小节介绍电力物联网边缘计算的两类关键技术，即数据处理技术与容器技术，作为后续应用的基础。

1. 数据处理技术

在电力物联网边缘计算中，数据处理不仅决定了电网运行的效率，也对用户的隐私保护有重要影响。下面对数据处理的几个核心技术进行阐释。

（1）数据融合。边缘计算提供的分布式数据处理方式可以减轻云计算的负担，但多源数据的异构性对边缘计算构成了严峻的挑战。为此，数据融合技术在电力物联网边缘计算中十分关键。具体而言，边缘节点的数据融合是对信息进行预处理与协同组合，从而更好地展示数据所反映的特定物理现象。近年来，国内外学者从电力系统与电网参与者的角度研究了数据聚合技术，并应用多种先进的工具算法，如马尔科夫逻辑网、卷积神经网络等，提升数据聚合的性能。

（2）数据分析。数据分析旨在通过边缘计算执行相关算法，从海量的感知层数据中提取特征、发掘潜在规律，进而获得反映电网运行状态的分析结果，如图像识别结果、负荷和可再生能源发电的预测结果。随着机器学习技术的发展，数据分析算法可以处理更加庞大的数据，因此历史数据与实时监测数据都可作为特征提取及状态分析的数据集。此外，某些分析结果可能与多种类型的数据有直接、间接的关系，例如变压器的运行状态不仅与自身绝缘裂化有关，还与气象条件有间接关系，因此需要融合多源的信息进行分析，从而得到更完备的分析结果。综上所述，数据分析需要同时对多个维度的信息进行处理，这对分析算法提出了更高的要求。

基于卷积神经网络的深度学习算法拥有强大的图像分析能力，研究人员已尝试将其用于在线安全监控系统中，实现对电网缺陷的智能诊断与自动预警。另外，长短期记忆循环神经网络可以提取时序数据在时间维度上的特征，可以用于趋势预测。将这些方法用于电力物联网边缘计算中可以更加灵活、智能化地进行电网数据分析与决策。

（3）数据存储。感知层采集的数据可以同时存储于边缘层和云端。对于边缘层而言，其运行控制以及趋势预测都需要利用存储的历史数据。然而，边缘节点的存储能力比云端要低得多，只有有限的历史数据可以被存储。因此，通过合理的数据存储技术提升边缘存储的高效性，并与云存储相互协同值得深入研究。

近年来，国内外学者提出了大量边缘数据存储方案。首先，边缘节点通过预缓存技术预测流量需求，进而在分布式的服务器中预先缓存部分内容，从而显著降低从远端数据中心下载信息的延时。其次，分布式能量模型服务技术旨在通过垂直和水平分割来实现对数据的"分而治之"。具体而言，垂直分割完成异构数据的分类和处理，而水平分割完成边缘数据的分布式存储和操作，从而实现海量数据的分布式管理。

（4）数据安全。随着电力物联网复杂度的不断提升，信息攻击对电网数据传输的安全性构成威胁。Wi-Fi、ZigBee、蓝牙等无线通信方式不存在物理隔离，在遭受信息攻击时十分脆弱，进而引发数据隐私泄露的问题。例如，用户的用电情况会反映其生活习惯以及家庭收入等隐私信息，甚至恶意攻击者可以很容易地确定其房屋是否空置，进而策划入室盗窃。因此，电力物联网的数据安全至关重要。

基于一些已有的数据安全方法，如密码、加密和身份认证，结合电力物联网的特征，研究人员提出了一些数据安全方案。例如，具有专用 LoRa 网络的低功耗广域网赋予边缘节点一定的计算能力，可以部署轻量级加密算法。因此，智能网关可以对终端设备传输的数据进行加密等预处理。一些敏感数据可以在边缘直接处理，而无须上传到网络或云端，从而提高了数据安全性。

2. 容器技术

容器技术是一种基于轻量级操作系统层的虚拟化技术。该技术旨在将边缘计算的应用程序在容器中应用，从而有效降低计算基础设施的复杂性。与虚拟机相比，容器技术更轻量级，且部署时间在毫秒到秒之间，比虚拟机快得多。因此，容器技术可以实现边缘计算系统的功能扩展和更新，从而增强智能电网的灵活性、可扩展性，并提升用户体验。容器技术主要包含两个关键技术，即容器虚拟化技术与容器隔离技术，下面分别介绍这两个关键技术。

（1）容器虚拟化技术。容器虚拟化技术也称虚拟机管理程序技术，可以使多个轻量级的虚拟操作系统共享同一硬件设施。每个轻量级的虚拟机都是一个容器，具有独立的中央处理器、内存、磁盘和网络。Docker 技术实现了虚拟化应用，因此可以通过编程操作来取代虚拟主机上的操作。此外，由于 Docker 具有轻量级、快速部署、可扩展和良好的隔离特性，它具有以下优点：创建容器的速度比直接创建虚拟机快得多、可以减小硬件尺寸、操作人员更容易进行版本控制。

（2）容器隔离技术。隔离技术是提升容器性能的关键技术。目前，Docker 采用 Namespace

作为封装方法来隔离容器。隔离的主要对象包括网络、进程、消息、文件系统、主机名、IP等。容器隔离技术可以分为资源隔离与数据隔离。资源隔离可以防止各个容器控制操作的相互影响，数据隔离则限制了每个容器可访问的信息。容器隔离技术有如下优点：一方面，可以防止单个容器发生故障后系统分裂。另一方面，它可以为特定用户提供数据隐私服务。同时，对于边缘计算操作员来说，具有隔离的容器更容易更新版本并单独升级每个容器。

### 4.2.3　边缘计算在电力物联网的应用

边缘计算凭借其分布式部署、快速响应、高安全性的优势，可以应用于电力系统的各个环节，实现电力物联网的智能化决策控制与高效资源管理。本小节选取三个典型的应用场景进行介绍，分别是可再生能源发电智能控制、输电网智能监控、家用能量系统管理。

#### 1.　可再生能源发电智能控制

伴随着智能电厂概念的推广，可再生能源发电智能控制是近年来备受关注的研究课题。融合大数据、深度学习、工业云平台等先进的信息技术，许多发电环节的功能及应用可以得到改进与提升，例如可再生能源出力监测、电力设备状态诊断、早期预警、信息安全等。为了实现上述功能，边缘计算技术可以为电力物联网的发电环节提供高效的计算业务与灵活的控制策略。

在可再生能源发电智能控制中，设备的实时监控、电费补贴结算和出力预测等业务可以在边缘节点执行边缘计算完成。这样可以有效缓解云端的运行负担，同时保护用户的信息隐私。以太阳能发电为例，图 4-17 展示了边缘计算技术在光伏发电系统的应用架构。智能发电的物理基础是设备层，负责采集设备状态以及周围环境的信息。数据处理与智能分析由边缘节点完成，以提升运行响应的敏感度。更具体地，在光伏发电系统中，边缘节点安装在光伏逆变器与智能电表附近，处理并存储相关数据，进而做出运行决策并控制执行器的动作，例如电网断路器的

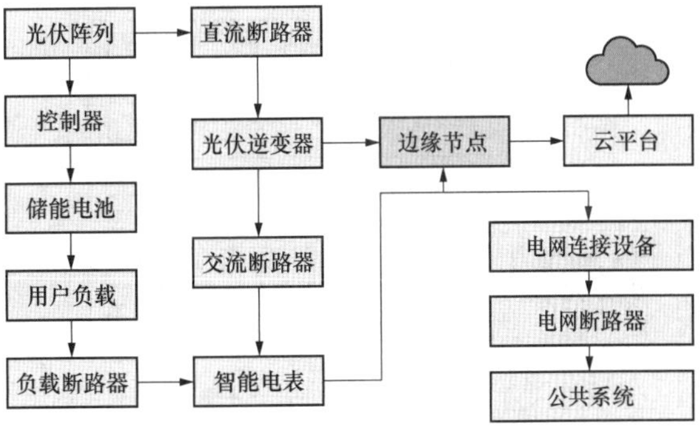

图 4-17　边缘计算技术在光伏发电系统的应用架构

开断。此外，边缘节点的数据处理结果需上传到云平台，从而提供信息发布、方案推荐、并网、电费结算、定期维护等业务。该光伏发电智能控制系统结合了边缘计算与云计算二者的优势，可以实现快速响应与智能化运行。

#### 2.　输电网智能监控

边缘计算技术在提升高压输电网安全性上发挥重要作用，可以为众多关键输电网设备提供高效、智能的监控系统。下面分别介绍边缘计算在输电线路、变压器和断路器监控的应用。

（1）输电线路。目前，输电线路的巡检主要采用人工巡检方式，这极大地消耗了人力资源，同时也难以实时确保所有线路的安全。采用高清监视器提升了输电线路自动化监测系统的精度，此外，人工智能技术可以用于线路故障或缺陷的识别。然而，如果所有采集的图像都上传到云平台进行分析计算，这需要消耗较多的通信带宽资源，同时造成严重的回程链路拥塞与云计算负担。作为妥协，目前的输电线路监测系统的数据采集频率设置较低，以减少图像或视频的上传与处理数量。显然，这并不能实现在线的输电线路状态监控。

对于实时监控系统，必须保证采集数据及时、安全地传输到数据中心。为此，边缘计算技术通过将计算能力下沉到距离监测终端更近的边缘节点，可以显著缓解通信拥塞并降低响应延时，同时通过边缘计算做出故障检测和运行控制决策，有效确保输电线路的可靠性。

如图 4-18 所示，边缘计算在输电网智能监控系统的应用架构包含三层，分别是感知层、边缘计算层和应用层。输电线路监测的感知层包括各种监测设备和传感器，其中功率控制器、线路振动传感器、线路温度传感器和倾斜度传感器主要用于采集线路数据，同时微气象站负责收集线路外部环境的数据。此外，高清摄像机和监视器、巡检无人机和机器人可以检查线路状况和环境。此后，感知层采集的数据在边缘计算层进行实时处理。当紧急情况发生时，边缘节点会向终端发送紧急控制命令，并向相关操作人员发出警报。作为云节点，应用层旨在监控输电线路的状态，并更新边缘节点中已识别的模型。部署在应用层的软件包括状态监测软件、故障诊断软件、健康管理软件和远程操作软件等，这些软件功能可以凭借更低的延时和更高的正确率来确保传输线路的安全性。

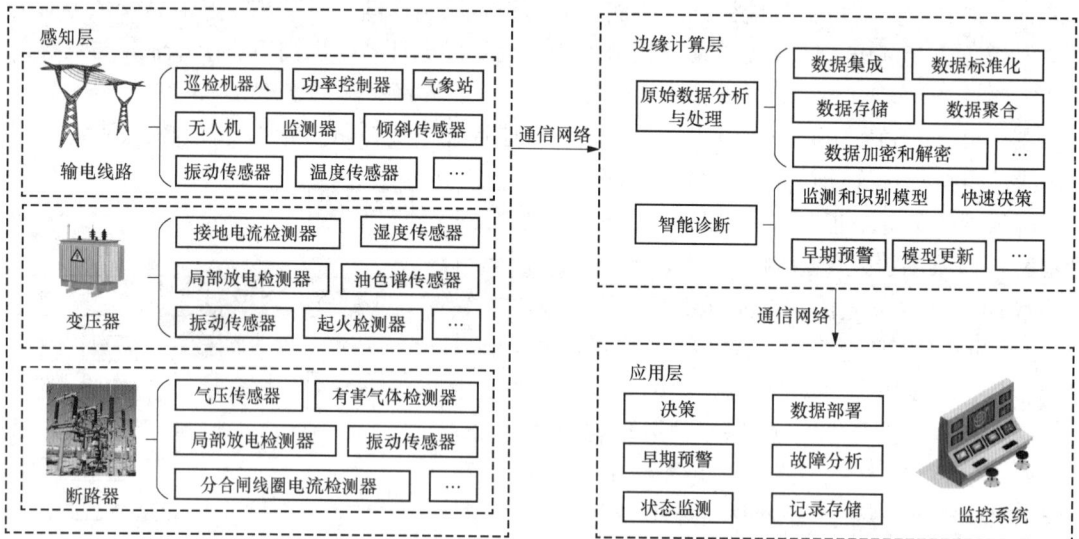

图 4-18 边缘计算在输电网监控系统的应用架构

基于边缘计算技术和图像识别方法，中国绍兴市虞北区域开展了 500kV 和 220kV 线路输电线路实时监控系统的示范工程。经过对系统稳定性与整体性能的测试评估，论证了该智能监控系统在降低传输延迟和节省带宽方面性能优异。

（2）变压器和断路器。目前，变电站的在线监控系统面临一些问题，比如差异化的设计规范和接口、设备和系统的交互性差。为此，边缘计算是一种有效的解决方案，实现异构数据的集成并提供设备和系统相互协作的平台。

如图 4-18 的应用架构所示，感知层的传感器和监测设备采集的数据通过通信网络上传至边缘层和应用层。更具体的，对于变压器，感知层包括接地电流检测器、火灾检测器、湿度传感器和油色谱检测器；断路器的感知层包括局部放电检测器、气体压力传感器和有害气体检测器。这些监测装置对于人身、设备和环境的安全至关重要。例如，气体绝缘变电站（Gas Insulated Substation，GIS）的断路器广泛采用六氟化硫（$SF_6$）气体作为绝缘灭弧介质。然而，$SF_6$ 对人体和环境而言是有害气体。因此，实时监测有害气体的泄露情况，进而执行边缘计算与数据分析，对紧急情况进行快速预警，从而实现断路器的安全运行。此外，边缘计算的处理结果需要上传到应用层，并通过云计算提供上层的功能应用。由此可见，边缘计算可以有效提升变压器和断路器的安全性。

3. 家用能量系统管理

随着智能住宅的推广和应用，现代房屋中部署了各种家用传感终端，同时产生了大量的感知数据。边缘计算凭借其隐私保护与低延时的特性，可以提供小规模数据聚合服务，因此十分适用于智能住宅的资源管理。图 4-19 展示了边缘计算在家用能量系统管理的应用架构。感知层的终端可分为四类：①移动终端，比如智能手机、平板电脑、移动功率控制器；②智能家用电器，比如供暖系统、照明系统、电视、空调；③家电控制器，比如智能插座与智能网关；④新兴家用电气设备，比如电动汽车、储能系统和光伏阵列。边缘计算节点可以从逻辑上分为四类，即智能终端、轻量级计算系统、智能网关和智能分布式系统节点。它们都具有数字化、网络化和智能化的共同特征，可以提供网络、计算和数据存储服务。感知层采集家用电器的用电数据以及其他与住宅有关的信息，比如一些以盈利为导向的设备的运营效益。然后，这些数据通过通信网络（如家用无线网、WLAN、ZigBee、蓝牙、LoRa）发送到边缘计算节点，并执行边缘计算进行数据处理，进而将操作结果和记录上传到云平台。边缘计算在智能住宅中的主要功能包括协议适配、实时连接、数据分析、策略执行和资源管理。此外，边缘计算可以避免过载，优化负载曲线，并保持智能住宅中能量系统的平衡稳定运行。

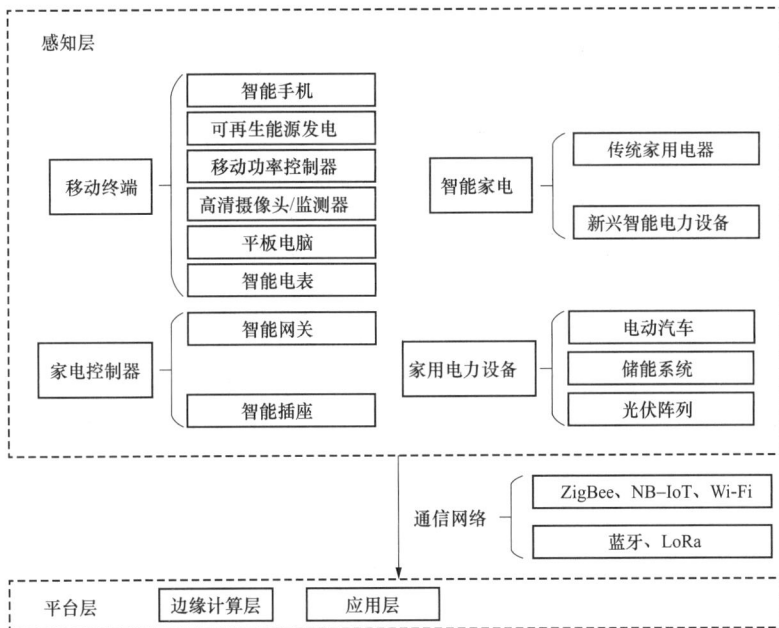

图 4-19　边缘计算在家用能量系统管理的应用架构

如表 4-2 所示，边缘层和应用层可以合并为平台层。由于边缘计算主要负责对云计算应用的数据预处理和快速决策，因此可以认为边缘计算和云计算是同时进行的，并且根据功能对平台层进行划分。例如，非侵入式负荷监测系统通过智能电表采集数据，进而在边缘节点中实现事件监测、预警和聚类分析，并通过云计算更新识别模型。此外，家用储能系统依靠电池和电表上的传感器进行效益分析和电池检查。在实际中，边缘计算系统可提供多种家用能量系统管理功能，例如家用储能系统调度、光伏发电系统管理和智能家用应用管理等。

表 4-2　　　　　　　　　　家用能量系统管理的边缘计算平台层功能

| 平台层 | 边缘层 | 应用层 |
|---|---|---|
| 电力信息采集系统 | 紧急预警<br>电能质量分析<br>用电情况分析 | 历史数据存储<br>用电管理 |
| 非侵入式监测系统 | 事件监测<br>早期预警<br>负荷集群分析 | 事件模型库更新 |
| 电动汽车充电系统 | 收益分析<br>可转移负载分析<br>潜在用户需求预测 | 充电规划 |
| 家用储能系统 | 可转移负载分析<br>收益分析<br>电池情况评估 | 充放电调度 |
| 光伏发电系统 | 收益分析 | 故障预警<br>发电管理 |
| 智能家电管理系统 | 用户体验分析<br>行为识别<br>家电状态监测 | 与电网的协作<br>个人定制<br>维护服务 |

### 4.2.4　电力物联网边缘计算发展前景

随着电力物联网终端的大量部署与泛在接入，边缘计算是处理海量异构数据的有效措施。然而，由于现存技术不够成熟并且相关研究仍存在不足，边缘计算技术尚未在一些电力物联网应用场景中普及。为此，本节讨论未来电力物联网边缘计算的发展前景。

1. 智能住宅的低碳供暖系统

家庭或建筑物的电力消耗和碳足迹是巨大的。通过边缘计算系统，家用电器、电动汽车、光伏和储能系统可以执行协同功能，以减少碳排放和能源消耗。例如，利用社区和储能系统中清洁能源的实时数据，供暖系统可以通过电解水的方式生产氢气。此外，不同的社区或建筑也可以交换清洁能源，以满足特定地区脱碳的最佳部署。为了实现这些功能，边缘计算的控制策略和数据融合能力需要随着综合能源系统中新开发设备的增长而升级。

2. 电动汽车赋能的低碳交通系统

基于交通和充电桩的实时信息，边缘计算系统可以改善车辆到电网的综合运营。受能源系统固有运营灵活性的限制，尽管电动汽车目前被认为是未来的交通解决方案，但电动汽车的大规模集成是被禁止的。因此，基于电动汽车、交通网络、充电层和智能电网上的边缘计算系统，电动汽车能源系统的控制方法可以更加灵活。因此，通过电动汽车的最佳充电调度，可以减少碳排放。此外，由于电动汽车中的电池与储能系统资源相似，电动汽车还可以加速清洁能源的渗透，并为智能电网提供辅助服务。这些功能的实现需要基于边缘计算获得电动汽车和配电网之间实时、稳定的双向信息流。

3. 通信方式的标准化

目前，来源于各种终端的数据难以标准化，因此迫切需要电力设备之间合理的协议。随着智能家电的不断增加，人们正在进行个人定制风格的智能住宅的设计和安装。这对于没有通信标准化的用户来说可能是困难的，因为设备可能是从不同的制造商生产的，具有差异化的通信方法和协议。这个问题也存在于大规模探测器和传感器的其他领域。为此，边缘计算系统可以采用统一通信适配器进行部署。然而，在边缘计算节点接收到所有信息后，在未来的电力物联网边缘计算系统中，电力设备之间的边缘计算数据融合方法有待完善。

## 4.3　端边云协同计算

前两节对云计算技术与边缘计算技术进行了介绍，其中云计算拥有处理电力物联网大数据业务的强大计算能力，并能提供可扩展性、可伸缩的资源与服务；边缘计算则通过将计算能力下沉到距离终端较近的分布式无线基础设施之中，可以实现迅速的应急响应、数据处理与控制决策。然而，由于边缘服务器的计算和存储能力有限，在面对大量服务设备、海量计算任务的电力物联网业务场景时，边缘计算网络可能由于服务器拥塞而无法满足电网服务需求。例如，边缘计算只能完成微电网场景的分布式机组调度，这并不能实现可再生能源完全消纳的全局最优运行方式。为此，利用云服务器的强大计算能力，并采用边云协同的计算模式是解决边缘服务器能力受限的有效手段。此外，随着芯片和半导体产业的不断发展，电力物联网终端设备的计算能力也在逐步提升，同时终端直通通信技术（Device-to-Device，D2D）的提出增强了终端之间的协同能力。综上所述，云边端协同的多级计算架构旨在让终端的计算任务在本地、边缘服务器和云服务器中协同执行，全面联通终端、边缘和云端三个层级的资源，实现任务的高效处理与资源的充分利用。因此，云边端协同计算，集成了云计算、边缘计算的优势，同时互相弥补了各自的劣势，既可以有效利用海量电力物联网数据，也能够做出实时、快速的决策响应，在电力物联网中拥有十分广阔的应用前景。

本节对电力物联网端边云协同计算进行介绍，首先讨论电力物联网端边云协同架构，其次阐述端边云多级协同传输方法，最后指明电力物联网端边云协同的未来研究方向。

### 4.3.1　电力物联网端边云协同架构

本小节先对边云协同技术以及 D2D 技术进行介绍，进而以此为基础引出端边云多级协同架构。

1. 边云协同技术

面对庞大的数据处理和存储需求，云计算提供了一种切实有效的分布式处理方案。进一步地，边缘计算将终端侧的任务上传至边缘服务器进行处理，减少核心网压力的同时，降低任务处理延时，弥补了云计算回程链路延时较大和网络带宽成本较高的缺点，并且能够减少移动终端的能量消耗。然而，在数据处理和分析方面，一些新兴的技术（例如人工智能、数据挖掘）需要大量的计算和存储资源支撑，单纯依靠边缘服务往往不能充分满足这一需求。于是，边云协同成为当前网络服务发展的必然趋势。

如图 4-20 所示，云计算、边缘计算与电力物联网终端的关系可以类比人体的神经系统。云计算作为大脑，负责做全局决策并向身体的各个部位发送控制命令。边缘节点则作为神经中枢，负责快速的决策并控制身体的特定部位。终端则作为神经细胞，负责感知外部世界，同时接收高层的信息，并执行简单的应急决策。在边云协同架构中，电力物联网终端（例如电动汽车、风机、电池）的实时数据由感知层进行采集进而上传到边缘节点进行数据的预处理，同时边缘节点将预处理结果上传至云平台进行进一步分析、处理和存储。云平台作为整个系统的中心与所有边缘节点互联互通，云平台基于各个边缘节点的预处理数据做出全局控制决策后，将控制命令下发到边缘节点。最后，边缘节点对终端发出命令，进而终端执行具体动作。

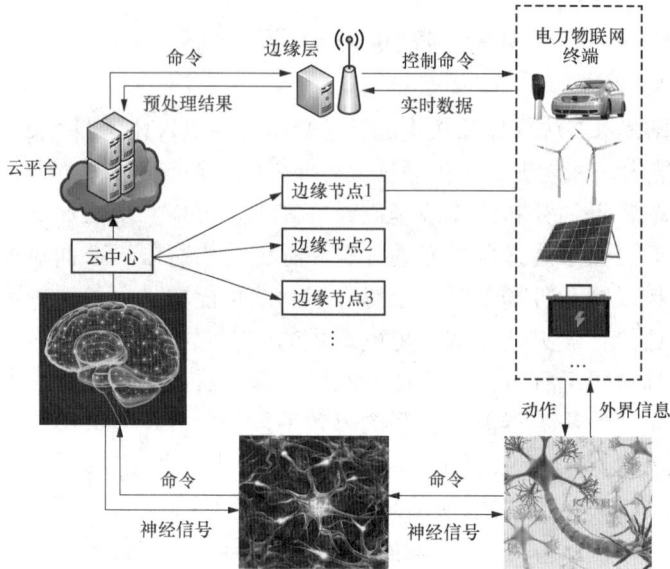

图 4-20　云计算、边缘计算与电力物联网终端的关系

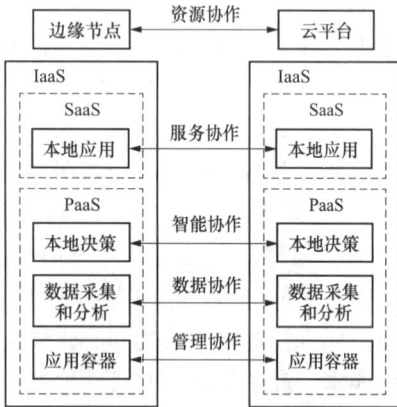

图 4-21　边云协同的 IaaS、PaaS 和 SaaS

边云协同技术需要多个云服务模型（基础设施即服务 IaaS、平台即服务 PaaS、软件即服务 SaaS）的信息交互与共同协作。具体而言，如图 4-21 所示，边缘节点 SaaS 的本地应用需要与云平台 SaaS 的微服务进行连接，从而实现云平台数据的实时更新，与边缘节点计算模型的同步。对于 PaaS，边缘节点与云平台人工智能模型的协同需要边缘节点提供本地模型的训练、执行和更新服务，云平台则负责收集边缘节点的本地模型参数进行全局模型的训练，进而各个边缘节点下载全局模型并进行本地更新。另外，边缘节点与云平台的数据协同需要边缘节点收集终端的海量异构数据，进而进行数据预处理和分析，并将处理结果上传到云平台。云平台则提供大数据的存储、分析和挖掘服务。此外，边缘节点与云平台的容器管理协同是指云对边缘容器的管理策略。更具体地，边缘节点提供边缘应用的部署、运行支撑和生命周期管理，云平台则负责实现边缘应用全生命周期的管理，包括应用的发布、安装、卸载、更新、监控、记录等。IaaS 为 PaaS 和 SaaS 的协作提供基础设施支撑，其中边缘节点与云平台进行基础设施资源的协作与共享。

在电力物联网中，边云协同架构能够有效应对差异化的电网业务需求。具体而言，电网中的控制类业务包括智能分布式配电自动化、精准负控和分布式能源调控等，这类业务的延时要求在毫秒级，对可靠性的要求也较高，属于延时敏感型业务；电力物联网的采集类业务主要包括配电变压器监测、配电房环境监测、配电设备运行状态监测、储能站监测等，这类业务的上行流量大、待处理的数据量大，但对延时的要求相对宽松，属于计算密集型业务。为此，采用边云协同架构，通过将计算密集型任务上传到云服务器进行计算，同时由边缘服务器处理延时敏感型任务，既能在一定程度上缓解边缘服务器的计算压力，也能保证实时性业务的及时处理与快速决策。

2. 终端直通通信技术

5G 时代爆炸式增长的智能设备与稀缺的频谱资源矛盾日益凸显，D2D 技术旨在让近邻设备通过直连链路交换信息，相较于传统蜂窝网具有高吞吐量、高频谱效率、低基站负载等显著优势，是目前推动通信网络发展的关键技术。具体而言，在 D2D 通信模式下，邻近的设备不再经过基站为中继进行通信，而是直接采用设备之间的直连链路进行连接与通信，这两个直连的设备称为 D2D 通信对。正常的蜂窝用户占用独立的正交信道，与基站之间进行上行或下行的数据传输，与此同时，D2D 通信对复用与蜂窝用户相同的频段进行通信，从而实现频谱资源的共享。

因此，D2D 技术有如下优势：①它可以通过利用现有的蜂窝网络基础设施来避免额外的基础设施投资；②它可以降低设备之间的通信延迟同时提高数据传输速率，这是因为终端之间采用直接的通信连接，而无需以蜂窝基站作为中继；③蜂窝传输与 D2D 传输可以复用相同的频率资源同时进行，从而显著提高频谱效率。

基于上述优势，近年来国内外学者对 D2D 技术在电力物联网的应用展开了研究，目前的应用主要集中在电力物联网终端采集数据的上传过程中。图 4-22 展示了 D2D 使能的电力物联网 AMI 架构，其中大量的智能电表需要与基站接入点进行通信，同时将采集的数据上传至云端的测量数据管理平台。由于频谱资源的稀缺性，难以确保智能电表数据上传的吞吐量，因而可能降低 AMI 数据的可靠性。为此，该架构采用了 D2D 通信技术，将智能电表划分为多个簇，同时每个簇都有一个簇头作为接入点，进行簇内电表数据的聚合。特别的，智能电表与簇头的通信采用 D2D 方式，通过复用正交信道来减少 AMI 对频谱资源的占用量。此外，簇头将聚合的数据传输到基站，该过程采用正常的蜂窝通信方式，以确保数据的上传质量。

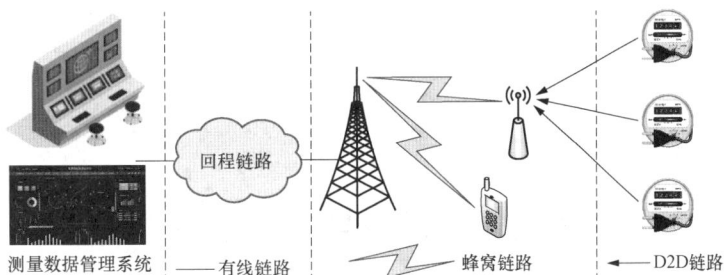

图 4-22　D2D 使能的电力物联网先进测量系统架构

总之，虽然 D2D 通信技术能够显著提升频谱资源日益稀缺的蜂窝网的系统容量，但将其实际应用于电力系统中的还有待进一步研究进展。这是因为目前通信网络运营商不会给 D2D 通信授予专门的频段，即 D2D 通信对只能复用蜂窝用户的正交信道，从而引起不可预知的同频干扰，这对于电力物联网这类对业务传输质量和可靠性要求较高的场景而言是不利的。尽管如此，D2D 通信技术为端边云多级协同奠定了技术基础，通过 D2D 通信技术可以将用户的计算任务卸载到具有较强计算能力的终端设备上进行协作计算，这在一定程度上减小了边缘服务器的压力，同时保证更多用户的服务需求。

3. 多级协同架构

基于以上对边云协同技术与 D2D 通信技术的介绍，端边云多级协同架构的核心思想便是基于 D2D 通信技术，将高性能智能终端引入到边云协同架构中，从而形成多层传输、计算与存储网络。具体而言，随着电子芯片、嵌入式技术的发展，智能终端的计算性能正在经历前所未有的飞跃。本地计算以及借助端到端传输的辅助计算，也逐步成为工业界和学术界普遍关注的技术方案。充分调用终端侧的计算能力，将部分任务的执行保留在本地或通过直通链路卸载到其他终端，可以实现更灵活、高效的网络部署，同时降低上级网络负荷。因此，将高性能终端与边缘侧、云端的资源整合，根据实际需求合理调配资源，实现端边云多级协同服务。

图 4-23 展示了电力物联网端边云多级协同架构，其中包括电力物联网终端层、边缘层和云层三个层级的协同。终端层包含各类电力物联网智能设备，如电动汽车、智能家电、移动终端、智能电表等；边缘层由部署在不同类型基站、无线接入点和网关节点的边缘服务器组成；云层主要包含云服务器和数据中心。从纵向来说，电力物联网终端侧的任务不仅可以在本地执行，还可以通过无线/有线链路部分上传到边缘服务器或者云服务器中执行。从横向来说，同层内的设备或者服务器可以协同执行任务。在终端层，信道质量较差或资源受限的设备可以通过端到端直通链路以多跳中继方式将任务上传至服务器，或直接卸载到周围具有较强计算能力的终端执行。在边缘层，不同的边缘服务器可通过光纤链路进行任务迁移，缓解单节点计算能力受限的问题。

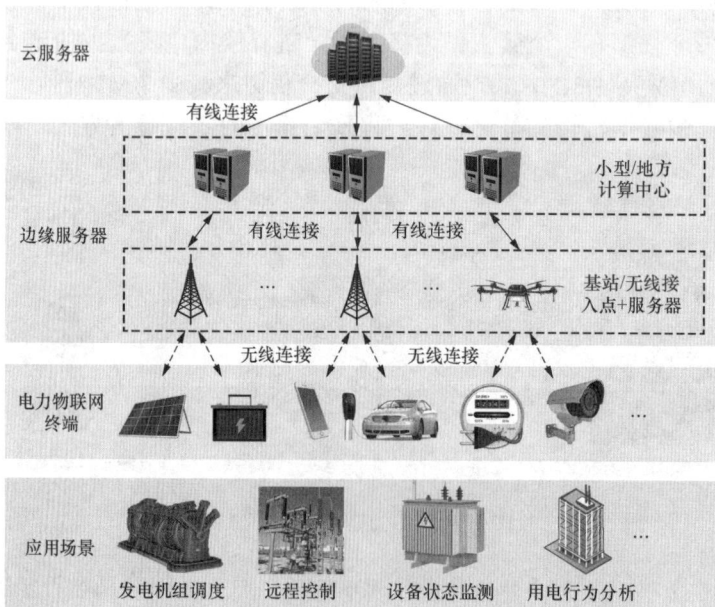

图 4-23　电力物联网端边云多级协同架构

如图 4-24 所示为一个电力物联网端边云协同业务场景，包含多种电网业务场景以及不同的终端类型。端边云协同架构能够为部署于不同位置的电力物联网提供适配的传输方法，例如，对于距离基站较远或信道衰落较大的终端，边缘服务条件不足而具有一定本地计算条件，可以将部分计算任务在本地执行，部分计算任务通过 D2D 链路卸载到邻近设备，或通过邻近设备中继上传至边缘服务器执行。同样，对于延时敏感型业务，例如控制类业务，可以将电力物联网终端产生的计算任务卸载到邻近终端或边缘服务器执行，从而满足低延时要求。对于计算需求较高的任务，采用边缘服务代价较大，可以通过无线接入点上传至云计算中心执行，缓解边缘层的压力。对于无条件配置基础设施或配置成本较高的区域，可以将电力物联网设备采集的数据上传至部署在附近且具有计算能力的无人机设备，或借助无人机中继至远距离固定接入点执行相关任务。此外，不同边缘服务器之间通过有线链路连接可进行多点协同计算。

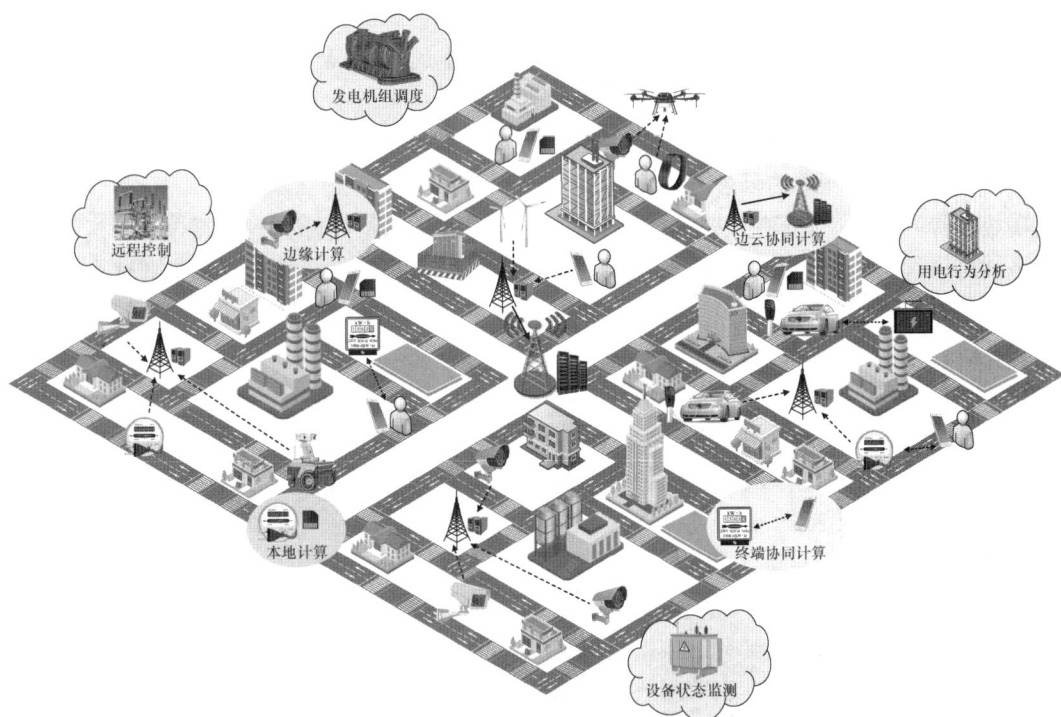

图 4-24  电力物联网端边云协同业务场景

端边云协同网络架构不仅在数据传输和计算卸载中具有优势，而且在数据的高效、灵活存储方面潜力巨大。边缘和云服务器可以存储计算任务的必要数据，如预训练的模型或数据库。许多数据密集型业务需要额外的模型和全面的数据库来支持复杂的数据分析。例如，基于深度学习的电力设备图像识别应用程序需要卷积神经网络模型来实现故障监测。对于此类数据密集型应用，计算和数据存储紧密耦合，需要二者协调统一执行相应的任务。此外，对于电力物联网的某些热点区域，不同用户请求的服务可能是相同的，如果重复计算则会造成资源浪费。通过合理存储一些任务的中间数据和计算结果，可以最大限度降低延时，并且在一定限度上减轻边缘网络的压力。

如图 4-25 所示为一种端边云协同存储的网络架构。在终端侧，电力物联网智能终端是具

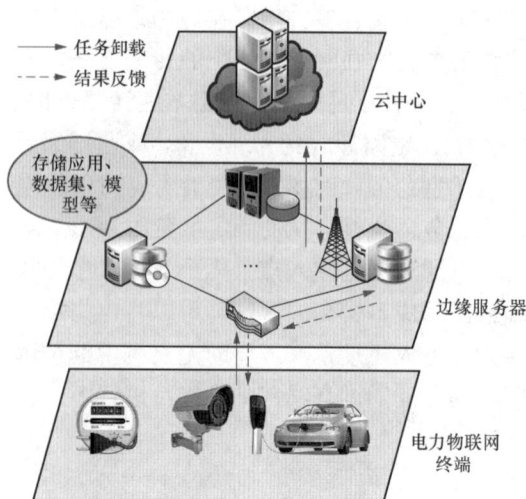

图 4-25 端边云协同存储的网络架构

有有限计算和存储资源的终端设备，在运行对延迟要求高的数据密集型应用程序时（例如对电力设备的红外光成像图片进行分析，进而识别设备的运行状态），需要请求边缘服务。在边缘侧，服务器通过有线网络连接，轻量级服务器可以将一些任务转发到附近的高端服务器处理。如果某个服务器未存储用于识别任务的深度学习模型，则可以将任务转发到相邻的边缘服务器而非云数据中心。当边缘层网络过于拥挤或边缘服务器缺少任务的必要数据时，该网络中云数据中心可作为边缘计算系统的补充提供延迟不敏感的计算服务。

综上所述，端边云多级协同架构通过合理调用多层、多域的网络资源，从而为电力物联网终端的延时敏感和计算密集型业务提供高效的通信、计算和存储服务。

### 4.3.2 电力物联网端边云多级协同传输方法

端边云协同网络的传输方法需要根据电力物联网业务的不同特征、终端设备的资源条件和网络状态进行制定，同时网络服务可以灵活地在多种模式间进行切换。基于前述电力物联网端边云多级协同架构，本小节介绍多级协同传输方法，主要聚焦两类特殊的传输方式，分别是 D2D 辅助传输和无人机辅助传输。

**1. D2D 辅助的多级协同传输方法**

如图 4-26 所示为 D2D 辅助的端边云多级协同传输方法，图中（a）～（d）分别表示本地计算、邻近终端辅助计算、基于 D2D 中继的端边协同计算和端边云协同计算四种传输卸载模式。具体而言，对于如图 4-26（a）所示的本地计算模式，具有一定计算能力的电力物联网终端独立完成对其自身采集数据的处理任务，同时计算结果可以直接在本地进行使用，从而指导进一步的设备决策动作。如图 4-26（b）所示为终端辅助计算模式，该模式中电力物联网终端的计算能力不足以完成自身的数据处理任务，此时可以通过 D2D 链路将任务卸载至空闲且计算资源充裕的其他终端，该空闲终端提供辅助计算服务，进而将计算结果反馈回电力物联网设备。对于如图 4-26（c）所示的边缘计算模式，邻近边缘节点的电力物联网终端直接将任务卸载至边缘服务器进行辅助处理，对于部署较远或通信链路较差的终端则可以通过 D2D 中继，将任务以多跳的方式卸载至边缘节点。如图 4-26（d）所示的端边云协同计算模式，电力物联网终端产生的任务被切分为本地计算和卸载两部分，卸载至基站的任务可分配至基站配置的边缘服务器进行边缘计算，也可分配至远端云服务器进行云计算。总之，D2D 辅助的多级协同传输方法为各类电力物联网终端的差异化任务需求提供了适配的解决方案，对于不同模式的选择，主要依赖电网服务质量需求、终端和网络的状态和条件。

**2. 无人机辅助的多级协同传输方法**

将无人机集成到端边云多级协同网络中，具有在复杂地形中灵活部署、缩短传输距离、提高计算性能等优势。此外，对于部署在偏远地区的电力物联网终端，其数据上传与任务卸载通常由于地面网络覆盖得不完善而面临挑战，而无人机能够提供灵活的空中接入能力，同

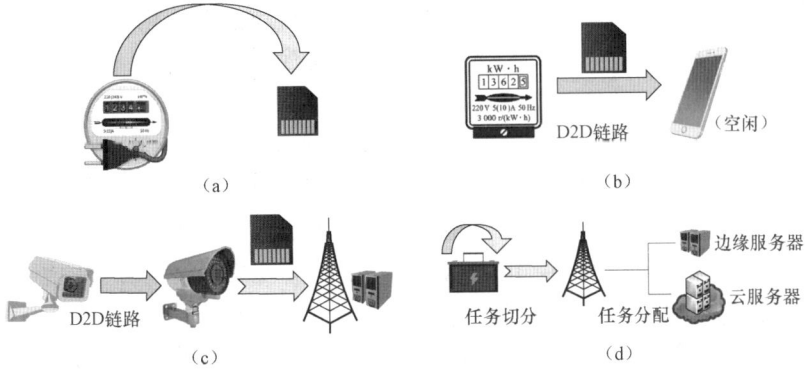

图 4-26　D2D 辅助的端边云多级协同传输方法

（a）本地计算；（b）邻近终端辅助计算；（c）基于 D2D 中继的端边协同计算；（d）端边云协同计算

时执行任务的边缘处理。图 4-27 展示了无人机辅助的端边云多级协同传输方法。基于无人机所扮演的角色，支持无人机的协同网络有三种模式。第一种为无人机充当电力物联网终端设备，典型的应用场景为无人机巡线。由于无人机通常仅配备有限容量的电池，无法执行大量的计算任务（如实时线路监测视频分析），因此需要将其任务转移到地面边缘服务器执行。第二种模式为无人机充当轻量级边缘服务器，可辅助地面用户执行计算任务。该模式适用于无人机具有较强的储能和计算能力，并且服务区缺乏地面边缘服务器的场景。第三种模式为无人机充当无线中继器，用于协助地面电力物联网终端将其计算任务卸载至边缘服务器。该模式适用于无人机不具有可观的计算能力，但与终端之间的无线链路质量较佳的情况。

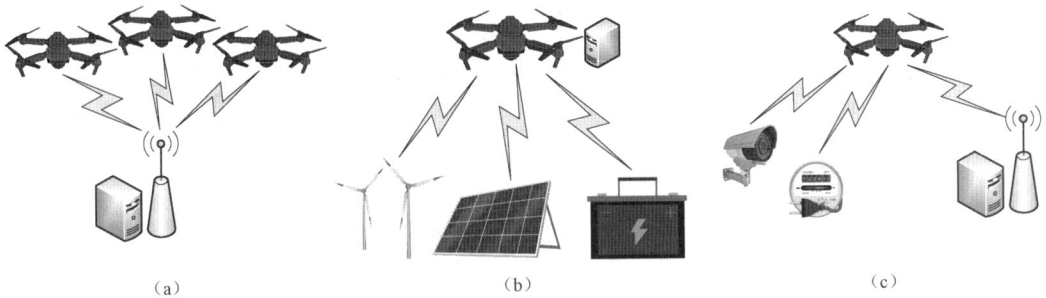

图 4-27　无人机辅助的端边云多级协同传输方法

（a）无人机充当电力物联网终端设备；（b）无人机充当轻量级边缘服务器；（c）无人机充当无线中继器

### 4.3.3　电力物联网端边云协同未来研究方向

端边云多级协同范式有望实现电力物联网海量异构任务的高效处理，从而满足电网差异化的业务需求。然而，目前电力物联网端边云多级协同还主要处于学术研究阶段，距离实际的工程应用还有一段距离。为此，本小节介绍三个电力物联网端边云协同的未来研究方向，分别是电力用户侧数据应用、多域资源跨层优化方法以及终端协同激励机制。

1．电力用户侧数据应用

用户侧作为电力系统大数据的主要源头之一，是端边云多级协同计算赋能电力物联网的重要一环。随着智能电网的发展，用户侧的数据越发向多源化、异构化发展，同时数据量急剧增加。为此，从用户侧数据中挖掘蕴含的潜在信息和规律是电力物联网大数据应用的重要方向。例如，通过聚类方法描述不同类型电力消费者（如居民、商业、工业）的用电行为，进而辅助电网企业实现精准营销等商业活动。

如图 4-28 所示为一种云边端多级协同的用户侧数据应用框架。其中用户终端作为数据源头与用电决策者，一方面将本地的数据发送到智能决策系统优化调度其用电方式，如灯光调控、室温调节等；另一方面要将数据上传至边缘节点或云平台，进而获得区域需求响应策略及实时电价等信息，综合调控各类智能电器的运行方式，实现经济、高效地用能。边缘节点接收用户终端的数据之后，进行实时的数据处理与存储，计算结果既可面向电网层业务，如分布式能源调度，支撑局部电网的安全经济运行，还可面向需求侧业务，如生成用电情况报告，帮助用户了解和改善用电习惯。云中心则负责汇聚各级的多元化数据，进而对这些数据进行分析处理，以完成系统层面的运营管理和对外合作业务。

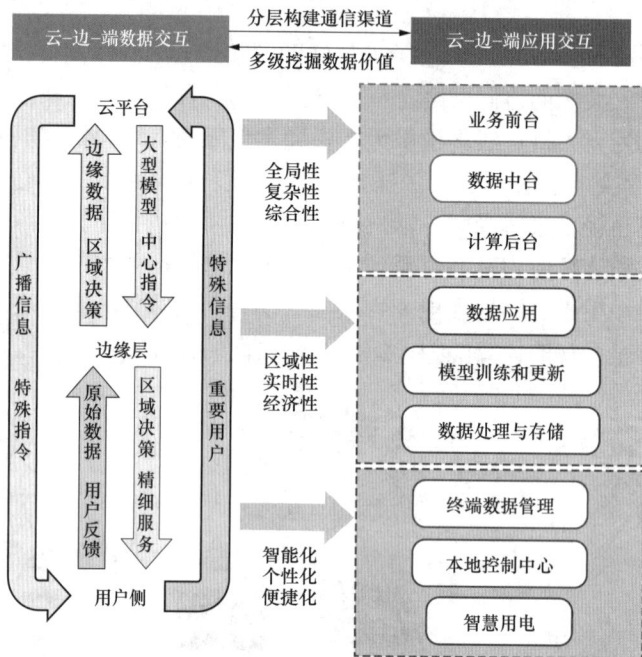

图 4-28　云边端多级协同的用户侧数据应用框架

2. 多域资源跨层优化方法

电力物联网端边云多级协同架构涉及多域资源的联合优化问题，此外针对业务需求的多样化、综合化特征，协同网络传输方式不尽相同，资源优化方法也需要进行多方面的考虑。具体而言，一方面，端边云多级协同网络牵涉多种异构功能，比如感知、通信、计算和存储，并且这些功能是由与之关联的多域资源支撑的。目前，电力物联网中的多种功能是相互割裂的，并没有实现真正的集成化、协同化。为此，需要研究多域资源的协同优化管理方法。另一方面，多级协同网络中端边云多层资源之间往往是高度相关、彼此牵制的，当终端状态、无线环境发生变化时，网络资源的使用更需要进行联动反映。对此，还要研究电力物联网端边云协同网络的多层资源进行联合调度方法。

然而，电力物联网拥有分布式感知、传输、计算和存储能力，不同网络节点与终端节点的资源、能力、约束等状态特征存在较大差异，业务需求的差异化使得多域资源的跨层优化目标难以统一。此外，由于电力物联网无线通信所涉及的信道条件、接入方式均较为复杂，无线资源优化维度较高（涵盖空、时、频、功率、设备），因此联合感知、通信、计算和存储的跨域优化问题具有极高的复杂度；而对于实时在线任务，需要设计考虑时变特性的在线优化方案。如何基于复杂任务特征、建立保障综合服务质量需求的多级多域资源高效配置方法，实现任务和资源的动态适配是目前的研究难题。

3. 终端协同关系与激励机制

目前电力物联网的建设中，对于智能终端的关注点主要在于安装、维护及应用，而在多级协同网络架构中较少涉及终端节点辅助的协同方案。随着电网智能终端（如电动汽车）的计算、存储等性能逐步提升，终端侧的大量闲置资源未得以充分利用。此外，现有研究对终端辅助的协同传输与任务处理方法也较少涉及。究其原因，一是现阶段对终端协同关系的发掘不够深入，难以为用户寻找合适的辅助对象；二是电力企业缺乏有效的激励机制推动电力物联网用户侧的资源共享，使得用户无法通过参与网络协同赚取回报。

为此，亟待对终端协同关系与激励机制进行研究。对于终端设备之间的协同计算和存储，需要构建终端协同关系以便更合理地选择"合作者"，满足终端设备对延迟、内容适配和安全性等服务体验方面的要求。终端协同关系以用户间的社交关系、终端设备的计算和存储能力、地理位置或场景的一致性为基础进行构建。另外，对于终端协同计算和存储，系统需要给予合理的补偿以激励设备之间进行协作，否则将由于可能存在的干扰而缺乏动力启用协作模式。现有的研究常采用博弈论、拍卖理论等经济学的经典理论与方法，并结合电力物联网的具体特征设计终端参与网络协同的激励机制。

# 4.4　人工智能与机器学习技术

近年来，电力物联网与 AI 的结合受到能源电力行业的高度重视，并将其视为全面改善电力生产、输送、分配和使用过程的有力手段。换句话讲，AI 技术作为智能电网范式的核心，在传统电网向智能电网革新的进程中扮演着至关重要的角色，赋予了电网前所未有的稳健性与高效性。此外，由于能源需求的不断增长，先进的机器学习（Machine Learning，ML）技术在电力物联网能源管理中发挥着重要作用，同时应保护新一代电网基础设施免受网络攻击，从而提升系统灵活性，并实现可观的经济效益。本节对电力物联网的人工智能与机器学习技术进行阐述，首先介绍人工智能在电力物联网中的关键作用，其次介绍主流的机器学习方法，进而说明人工智能在电力物联网的应用，最后对电力物联网人工智能应用进行展望。

## 4.4.1　人工智能在电力物联网中的关键作用概述

1. 引言

什么是 AI？从本质上讲，AI 是为了模仿人的智能而开发的一套技术科学。人脑具备生物神经系统，因此拥有与生俱来的智能，即学习、推理和理解的能力。而计算机能否独立思考并做出明智的决定，即能否实现计算智能，一直是一个有争议的话题。诚然，计算机的智能远不如人类的自然智能，但它能为一些传统方法难以解决的复杂问题提供有效的方案。

1956 年，"人工智能"一词由麦卡锡等在达特茅斯会议上第一次给出，标志着 AI 学科的诞生。此后，AI 技术的发展经历了专家系统、反向传播神经网络、进化算法、机器学习等阶段。2016 年，谷歌公司研发的 AlphaGo 在围棋竞赛中击败了韩国著名棋手李世石，向公众展示了 AI 强大的学习与决策能力，这标志着人工智能步入了以深度学习为主的新演进阶段，同时也迎来了新的发展机遇。在过去的几十年中，AI 技术取得了巨大的进展，并已广泛应用于工业过程控制、地质、医学、信息管理、军事系统、太空探索、金融、营销等众多领域。因此，以机器学习为代表的新一代人工智能技术能否在能源电力行业获得广泛且深入的应用，是备受关注也值得期待的话题。

近年来，AI 技术与电力物联网的融合越来越紧密。从 20 世纪开始，我国的研究人员就尝试将专家系统应用于电力系统运行控制与电网故障诊断，研究如何利用专家经验来解决上述领域所存在的复杂非线性问题。随后，得益于人工神经网络（Artificial Neural Network，ANN）强大的分析及预测能力，学者开展了将 ANN 用于电力系统故障诊断及负荷预测等方面的研究。此外，一系列启发式的进化算法也在求解电力系统非凸规划问题中崭露头角。近年来，随着深度学习、强化学习和迁移学习等技术的不断发展，AI 在电网紧急控制、自动电压调节、可再生能源发电控制等方面也取得了一定的应用。目前，国内外学者正在积极探索知识分析与数据挖掘相融合的机器学习范式，并试图采用人机协同混合来进一步增强 AI 方法的智能性。

综上所述，利用人工智能技术解决电力系统各领域的难题已取得阶段性成果，对应用于电力物联网的主流 AI 方法进行了解是十分有必要的。此外，机器学习技术在电力系统各领域的广泛应用，以及 AI 与电力物联网的深度融合仍处于一种初级的探索阶段。因此，将 AI 的新兴技术方法与电力物联网的差异化业务场景进行有效对接，进而充分发挥 AI 高效的数据分析、模式识别与运行决策能力，从而解决电力物联网的新兴难题是势在必行的。

**2. 机器学习技术分类与应用简述**

机器学习是目前 AI 的主要流派，在此对其分类与应用进行简述。如图 4-29 所示，机器学习技术可以分为四类。下面分别简述监督学习、无监督学习、半监督学习和强化学习。

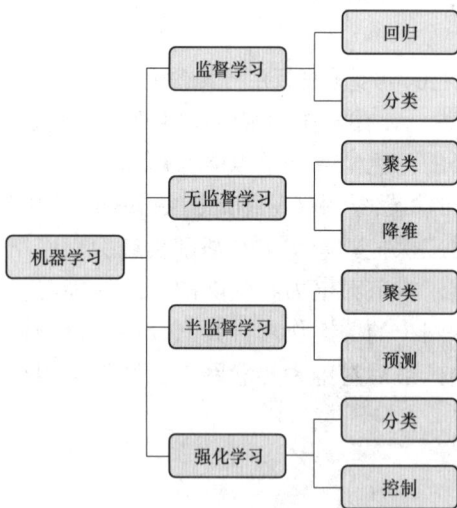

图 4-29　机器学习技术的分类

（1）监督学习。监督学习是指将带有标记的数据输入进机器学习模型中，这些标记包含数据类别、数据属性及特征点位置等。此外，标记可以用来评估预期的效果，不断修正机器的预测性能。更具体的，通过输入大量带有标记的数据，机器将预测结果与期望结果进行比对，之后根据比对结果来修改模型中的参数，再一次输出预测结果，然后将预测结果与期望结果进行比对，重复多次直至收敛，最终生成具有一定鲁棒性的模型来达到智能决策的能力。常见的监督学习有分类和回归，其中分类是将一些实例数据分到合适的类别中，它的预测结果是离散的；回归是将数据根据离散数据生成拟合曲线，因此其预测结果是连续的。

（2）无监督学习。无监督学习表示机器学习的数据是没有标记的。因此，机器需要从大量这类数据中找出潜在的联系。常见的无监督学习有聚类和降维，其中聚类是通过分析数据样本在特征空间中的分布，从而将相似的数据聚为一类，并将不同类型的数据分开；降维则是根据数据的属性特征，考虑主要影响因素，舍弃次要因素，从而降低数据的维度。

（3）半监督学习。半监督学习的数据集包含未标记数据以及标记数据。其中无标记数据占多数，以学习其内在的统计规律。目前大多数半监督学习算法是（1）和（2）中所述算法的结合。

（4）强化学习。强化学习是一类重要的机器学习框架，用于解决策略优化问题。具体而言，通过与环境交互来做出决策，同时优化策略的主体称为智能体。在强化学习的过程中，智能体以试错的方式进行学习，根据当前观测到的状态执行动作并获得的回报，从而探索出实现长期累计回报最大化目标的策略。强化学习可赋予智能体不断学习摸索合理决策的能力，著名的 Alpha Zero 就采用强化学习作为核心算法，使其在没有大量学习人类棋谱的情况下，也能在与环境交互的过程中有效探索出超越人类棋力的战略战术。

AI 技术在传统电力系统向智能电网的演进过程中发挥着至关重要的作用，因此受到了高度重视。例如，AI 具备强大的自主决策能力，可以实现自动且高效的电网调控与设备运行控制。此外，AI 能够赋予电网安全性与鲁棒性，从而在面对网络威胁时做出必要保护。再者，AI 为电力物联网的数据管理与应用平台提供了强大的数据分析、信息挖掘与状态预测能力。总之，AI 与机器学习技术已经成功应用于电力物联网的负荷预测、故障辨识、辅助决策等业务场景，这将在后续进行详细介绍。

### 4.4.2　电力物联网中主流的机器学习方法介绍

近年来，国内外学者致力于应用各类 AI 方法解决电力物联网的建设与运行问题。图 4-30 展示了 2019—2020 年各类 AI 模型应用于智能电网领域的占比。可见 ANN 和集群智能仍然是热门的研究课题，因为它们已经相对成熟，能高效地解决电力系统的具体问题。根据电力物联网应用场景与预期目标的不同，应该灵活地选取合适的 AI 方法，以获得最优的性能。例如，深度学习具备独特的神经网络结构，在故障特征辨识中拥有显著优势。基于上述应用占比，本小节针对目前主流的机器学习方法进行介绍，一方面简述经典的机器学习方法，包括 ANN、模糊逻辑、专家

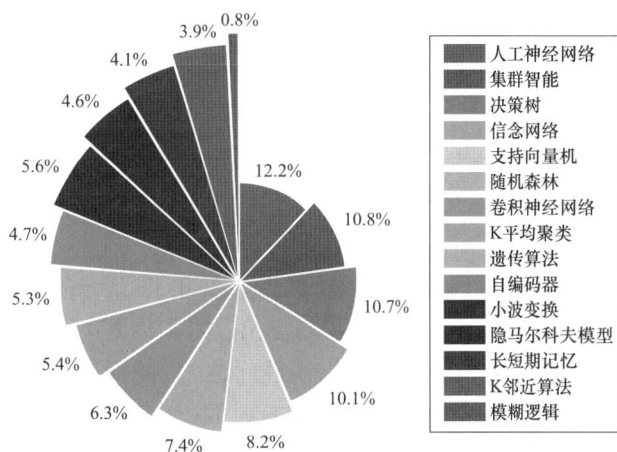

图 4-30　2019—2020 年电网领域中应用各类 AI 模型的比例

系统和支持向量机，另一方面聚焦高级机器学习方法，包括深度学习和强化学习，最后对主流方法进行性能比较与适用场景的说明。

1. 人工神经网络

ANN 是通过模仿人类大脑的神经元而建立的模型，用来完成数据处理功能。神经网络的构成单元是节点（神经元）。这些节点相互连接构成完整的神经网络，从而完成相应的运算功能。用权重表示每两个节点间的连接关系，当信号通过该连接时，通过权重对信号进行加权

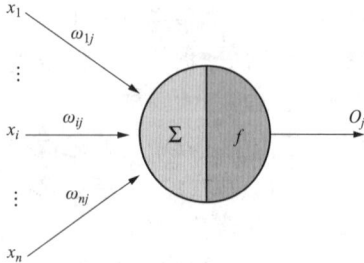

图 4-31　神经元模型

运算。此外，每个节点采用激活函数对加权值作进一步映射，从而得到输出结果。因此，神经网络的连接方式、权重和激活函数共同决定了输出。

（1）神经元模型。神经元模型是一种数学模型，其结构是对人脑神经元结构的抽象。神经元模型于 1943 年由心理学家麦卡洛克和数学家皮茨合作提出。神经元模型也名为 M-P 模型。如图 4-31 所示为 M-P 模型，该模型的输入与输出之间的数学关系见式（4-2）。

$$net_j = \sum_{i=1}^{n} w_{i,j} x_i \qquad (4-2)$$

式中：$j$ 为神经元的索引，无量纲；$x_i$，…，$x_n$ 为 $n$ 个输入信号，无量纲；$w_{i,j}$ 为权重，表征每个输入信号对神经元的影响；$net_j$ 为是输出信号，是对 $x_i$ 的加权求和运算而来，无量纲。此外，当存在激活函数时，式（4-2）可写作式（4-3）。

$$O_j = f\left( \sum_{i=1}^{n} w_{i,j} x_i \right) \qquad (4-3)$$

式中：$f$ 为激活函数，向神经网络中引入了非线性关系；$O_j$ 为输出信号，无量纲。

（2）激活函数与多层感知器。神经网络节点接收外界各种各样的信号后，通过激活函数来调整信号对应的函数曲线，进而输出与期望值相符合的结果。如图 4-32 所示，ANN 通常采用三类激活函数：阈值函数、分段函数、双极性连续函数。

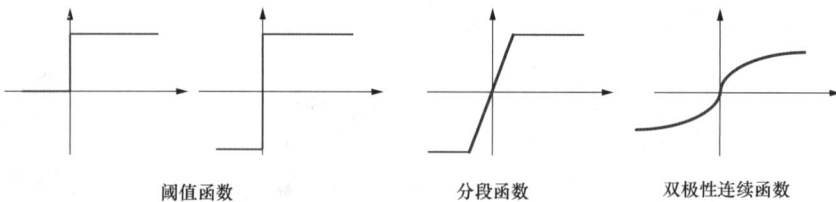

阈值函数　　　　　　　分段函数　　　　　　　双极性连续函数

图 4-32　神经网络的激活函数

上述神经元模型可以扩展为如图 4-33 所示的多层感知器模型，其中输入层与输出层之间加入了隐藏层，可以解决更多复杂的非线性问题。但隐藏层权重的训练问题困扰了研究学者很长时间，因为对于各隐藏层的节点而言，它们并不存在期望输出，所以也无法通过输出值来调节多层感知器的隐藏层权重。

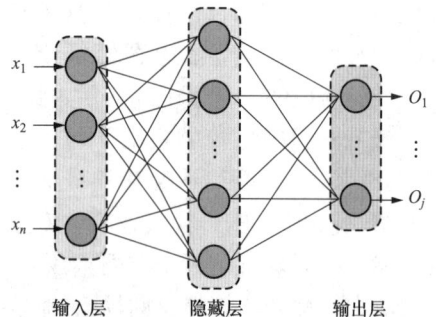

图 4-33　多层感知器模型

（3）训练算法。ANN 的训练实则是一个调参的过程，即根据神经网络的外部环境对神经网络的参数（如连接权值）进行适应性调整，使神经网络更好地应对外部环境。对于上述多层感知器模型，误差反向传播（Back Propagation，BP）算法的提出解决了其训练问题，采用 BP 算法的多层感知器称为 BP 神经网络。如图 4-34 展示了 BP 神经网络的双向信息流，BP 算法的核心思想是由输出层得到输出结果和期望输出的误差来间接调整隐层的权重，其学习过程包含信号的前向传播与误差的反向传播。

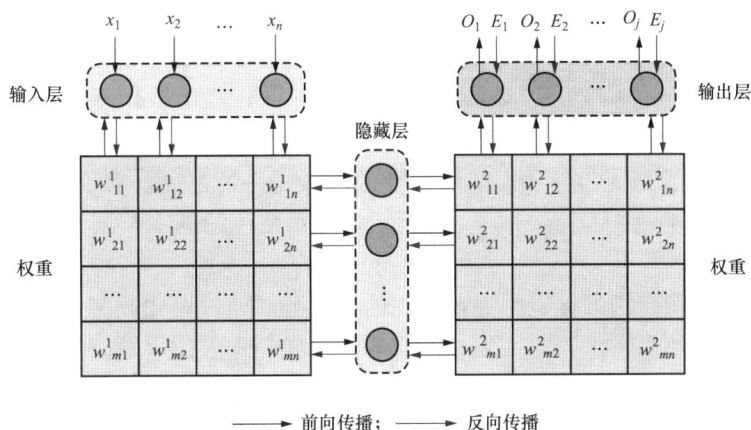

图 4-34　BP 神经网络的双向信息流

1）前向传播时，信号进入输入层，并通过隐藏层进行运算，最后由输出层传出。在 ANN 训练不充分时，其输出结果一般与期望输出有一定差距，此时需要通过反向传播对 ANN 的参数进行调整。

2）反向传播时，ANN 的输出与期望输出之间的误差从输出层经隐藏层向输入层传递，各神经元都能接收到该误差，进而对 ANN 各层的权值进行修正，通常采用梯度下降的方式将权值向误差减小的方向调整。

2. 模糊逻辑

传统的数学方法旨在给出明确的定义，而人类对外界事物的认知往往是通过一系列模糊的概念，并不会给出精确的界限和定义。著名的"沙堆问题"指出，由于"沙堆"这个概念是模糊的，没有一个清晰的界限将"沙堆"与"非沙堆"分开，因而人们无法解释在不断拿走沙子的过程中，什么时候"沙堆"不再是"沙堆"。因此，在处理一些问题时，过于追求精确性的数学方法可能不再奏效，而采用模糊性的思路能够有效解决，例如物体识别问题。为解决该矛盾，模糊逻辑是一类有效工具。该机器学习方法试图模仿人脑对不确定的概念进行判别和推断，对于模型未知或极为复杂的系统，可以应用模糊的理念来表达界限不清晰或定性的知识经验，从而解决因"排中律"的逻辑破缺产生的种种不确定问题。

二值逻辑通常将"假"和"真"分别用 0 和 1 来表示，因此任一命题的判别结果只能是假或真。而模糊逻辑不再用确定且对立的关系来描述一个命题，而是用隶属度表示一种过渡的状态。例如，对 10mm 的降雨，二值逻辑可能判定其为小雨、中雨或大于，而模糊逻辑则给出其隶属于小雨的隶属度为 0.5，中雨的隶属度为 0.4，大雨的隶属度为 0.1。模糊逻辑要解决的问题是根据几个输入数值，以及一组自然语言表述的经验规则，来决定输出。例如我们在夏天往往会根据外界的温度和湿度，决定空调设定的温度。如图 4-35 所示，模糊逻辑的计算过程包含模糊化、决策规则、推理方法和去模糊化四个模块。模糊化是获得输入的模糊集隶属的过程，其中需要用到隶属度函数。模糊规则库是指自然语言表述的经验规则，例如温度低、湿度大时自动控制系统的运转时间应为长，一般由专家给出。推理方法用于对模糊

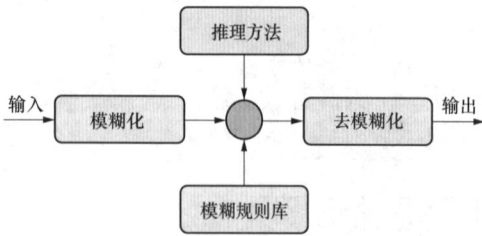

图 4-35　模糊逻辑的计算过程

集的隶属度进行推理，从而导出模糊结论。去模糊化则是将模糊结论变换为精确的数值结果的过程。

3. 专家系统

专家系统是通过 AI 技术方法来模拟领域专家的思维，从而构建出掌握专业知识并拥有充足经验的智能系统。该系统可用于解决各领域的知识密集型问题，并且达到领域专家的水平。如图 4-36 所示为专家系统的基本结构，下面对其主要组成部分进行介绍。

（1）知识库。知识库指领域专家提供知识的存放处，通过对知识库中的知识进行学习，使机器能够模仿专家的思考。因此，知识库是专家系统的输入，也是影响其判别性能的重要因素。一般而言，知识库需要专家系统的使用者来维护和完善，从而增强专家系统的能力。

（2）解释器。解释器用于向专家系统的使用者解释该系统的行为逻辑，解释器通常能够解释生成当前决策或结论的前提条件。

（3）推理机。推理机是根据知识库中存储的知识，对当前问题进行推理求解，从而获得决策或结论。

（4）人机界面。人机界面是专家系统与使用者之间沟通的媒介，能够输入使用者的问题，并给出推理结果及相应的解释。

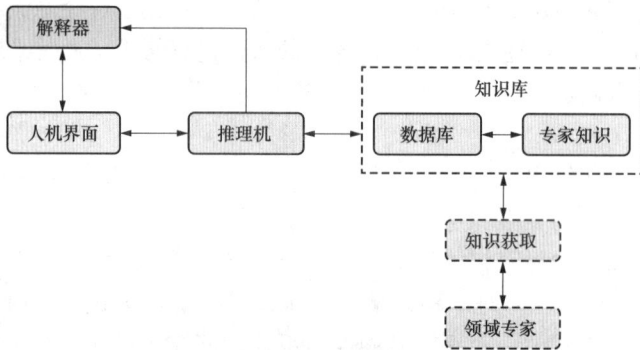

图 4-36　专家系统的基本结构

4. 支持向量机

支持向量机是用于分类任务的机器学习模型，其通过学习样本来找出一个超平面，该超平面能够最好地将不同类的样本分割开来。该方法根据数据样本是否可分采取不同的分类目标和训练技巧，来学习出不同的支持向量机模型。更具体地，支持向量机模型包含三类，分别是线性可分支持向量机、非线性支持向量机和线性支持向量机。

（1）线性可分支持向量机。该支持向量机模型用于线性可分样本集，如图 4-37 所示，线性可分样本集

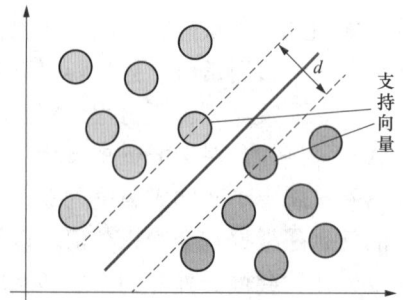

图 4-37　线性可分样本集

是能在二维空间中可以找到一条线，将两个不同类别的样本划分开来。类似的，对于三维

空间则是找到一个超平面进行样本的划分。为此，线性可分支持向量机的目标是寻找一个分类效果最好的超平面 $w^Tx+b=0$，该平面与支持向量的间隔 $d$ 最大，该目标的数学描述见式（4-4）。

$$\min_{w,b} \frac{1}{2}\|w\|^2 \tag{4-4}$$

$$s.t. y_i(w^Tx_i+b) \geqslant 1, \quad i=1,\cdots,m$$

式中：$x_i$ 和 $y_i$ 指样本点，无量纲；$m$ 为样本总数，无量纲；$w$ 和 $b$ 为超平面的参数，无量纲。此后，该规划问题可以通过拉格朗日对偶分解直接求解，从而获得用于分类的超平面。

（2）非线性支持向量机。对于如图 4-38 所示的数据样本，显然不能采用线性可分支持向量机进行分类，而是应借助一个非线性的曲线进行样本分割。然而，求解一个非线性的模型是十分困难的，对此可以将训练样本从原始空间映射到特征空间。该空间的维度虽然更高，但样本却是线性可分的。假设该映射函数为 $\varphi(x)$，则在特征空间所求的超平面为 $w^T\varphi(x)+b=0$。由于特征空间的维度可能很高，故而引入核函数 $\kappa(x_i,x_j)$ 来表示样本 $x_i$ 和 $x_j$ 在特征空间的内积 $\varphi(x_i)^T\varphi(x_j)$。在实际应用中，$\kappa(x_i,x_j)$ 会从一些常用的核函数里选择，例如多项式核 $\kappa(x_i,x_j)=(x_i^Tx_j)^d$，其中 $d$ 为核函数的参数。

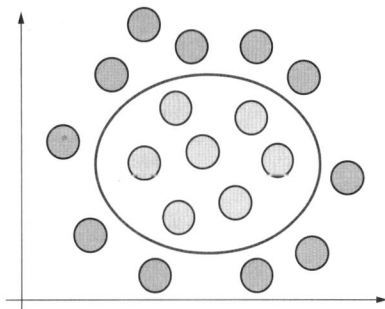

图 4-38　线性不可分样本集

（3）线性支持向量机。在样本空间或者特征空间中线性可分时，前述介绍的向量机模型可以完成分类。然而，实际上合适的核函数是很难确定的，同时还面临了过拟合问题。为此，引入软间隔的概念，即允许最终求出的超平面发生少量的分类错误，只要它能够保证将大多数样本分类正确就可以了。因此，线性支持向量机的学习问题可以描述为式（4-5）。

$$\min_{w,b} \frac{1}{2}\|w\|^2 + c\sum_{i=1}^{m}\xi_i \tag{4-5}$$

式中：$c>0$ 为惩罚项，表征对分类错误的惩罚，无量纲；$\xi_i>0$ 表示松弛变量，用来表征样本不满足约束的程度，无量纲；其余参数与式（4-4）一致。

以上介绍的四个 AI 方法属于传统机器学习的范畴，它们已相对成熟，并且在数据集较小的应用场景中，拥有轻量级、模型简单、预测准确度高等技术优势。

5. 深度学习

目前，深度学习已成为大多数 AI 类型问题的首选技术。作为 ANN 领域的延伸，深度学习利用多层神经网络以及多样化的连接结构，提升了 ANN 的并行计算与数据表征能力，从而基于海量、高维样本训练出性能优异的神经网络模型。典型的深度学习模型具备不同的特征与网络结构。例如，循环神经网络（Recurrent Neural Network，RNN）、卷积神经网络（Convolution Neural Network，CNN）、生成对抗网络（Generative Adversarial Network，GAN）、深度信念网络（Deep Belief Network，DBN）、自编码器等。这些深度学习方法可以解决电力物联网领域的很多复杂问题，表 4-3 总结了主流深度学习架构的优点、缺点，以及在电力物联网的应用举例。

表 4-3 主流深度学习架构的优缺点及应用

| 深度学习架构 | 优点 | 缺点 | 电力物联网应用 |
|---|---|---|---|
| 门控循环单元 | 简单有效的门结构<br>能够解决复杂问题<br>训练快速<br>能分析时序数据<br>提取时间相关特征<br>缓解梯度消失问题<br>提取时序特征 | 空间特征的提取效果差<br>难以实施<br>参数调节困难 | 设备健康监测<br>光伏发电预测 |
| 松弛自编码器 | 训练无须无标签的数据<br>特征描述过程优异<br>自动降维<br>高层特征的提取与表征性能优异<br>容易跟踪误差函数<br>容易实施 | 处理时间长<br>超参数优化困难<br>无法考虑信息的相关性<br>误差消失会影响训练效果 | 故障诊断 |
| DBN | 非监督训练<br>特征提取性能优异 | 无法处理高维数据<br>训练低效 | 负荷预测<br>故障检测 |
| 受限玻尔兹曼机 | 能够学习输出的概率分布<br>自上而下地反馈<br>对少量输入数据的高效推断 | 重建困难<br>分析推断的时间复杂度高<br>超参数优化困难 | 风速预测 |
| 胶囊网络 | 克服最大池化的不足<br>采用并行架构避免梯度爆炸<br>训练时间短且可以处理大量数据 | 实验设置中不易应用<br>只能学习负值代表同一类输入的问题 | 故障检测 |
| 图神经网络 | 保留拓扑结构中节点的连接关系<br>可以对图结构信息建模<br>对不同拓扑的结合能力优异而不需重复训练 | 不同标签类数据的表征性能差<br>不同特征提取的低精度<br>对于下游任务不能检测和计算图的子结构信息 | 分布式经济调度 |
| 深度残差网络 | 能够跳过神经网络连接以避免梯度消失和爆炸<br>时空相关性的提取能力强 | 特征重用消失问题<br>层数较多时训练时间长 | 负荷预测 |

下面对三种深度学习方法进行更加详细的介绍。

（1）循环神经网络 RNN。常规 ANN 只能根据输入数据推测相应的输出结果，当输入数据有时序性时，网络无法了解数据的时序关联关系。为此，RNN 在隐藏层中引入了网络对先前信息记忆的循环，也称隐藏状态，网络的输出由当前的输入和隐藏状态共同决定。此外，隐藏状态随着数据的输入而不断更新，从而模仿人的记忆累积方式，由此 RNN 可以提取时序数据的关联特征。然而，RNN 在反向传播训练的过程中面临着难以收敛的问题，因而无法对长时间序列的特征进行提取。

为了解决 RNN 的弊端，学术界提出了其改进架构，即长短期记忆（Long-Short Term Memory，LSTM），可用于挖掘数据的长期依赖关系，典型应用场景包括上下文语义推断、状态预测等。如图 4-39 所示为 LSTM-RNN 的架构，它分为主线和支线。LSTM 网络的全局记忆保留在主线中，称为细胞状态 $C_t$，隐藏状态 $h_t$ 则作为支线，与输入数据 $x_t$ 共同控制全局记忆。LSTM 采用门控单元，包括遗忘、输入、输出控制，其神经网络权重分别为 $W_f$、$W_i$ 和 $W_c$ 以及 $W_o$，来控制细胞状态中信息的增减，从而有效延长其记忆性能。

（2）卷积神经网络 CNN。前述 RNN 具备提取时序特征的关键优势，而 CNN 在提取空间特征上具备优异性能，因此被广泛用于图像识别的场合。如图 4-40 所示，CNN 结构中存在多个卷积层和池化层，其中卷积层用于提取输入图像从低级到复杂的多维度特征，池化层则是对特征图进行特征压缩，从而降低计算量。此外，CNN 采用了"局部连接"和"权值共享"的机制，大大减少了网络参数的数量，有效解决了传统全连接神经网络参数多、训练难的问题。

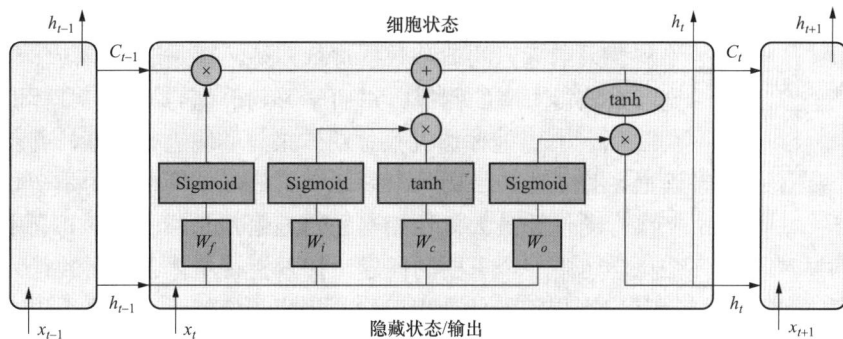

图 4-39　长短期记忆循环神经网络的架构

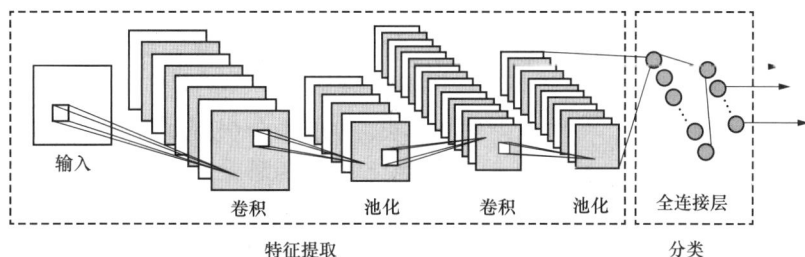

图 4-40　卷积神经网络架构

　　然而，CNN 必须以二维平面图像作为输入，也只能对"二维平面图像"进行分类辨识。将 CNN 应用于电力物联网领域时，所面对的问题必须具有"平面化"特征。不幸的是电网运行状态通常是高维、非平面化的。因此，基于 CNN 的深度学习应用于电力系统的一个关键问题就是如何将电网运行状态进行"平面图形化"的转化与表达，这也是 CNN 在实际应用中的关键性技术约束。

　　（3）生成对抗网络 GAN。GAN 模型通过框架中的两个主要模块，即生成器和判别器的互相博弈来学习产生更好的输出。目前，GAN 主要应用于样本数据生成、图像修复、图像转换等方向。如图 4-41 所示为 GAN 的架构，其中生成器是通过机器来生成数据，并且尽可能不让判别器区分出数据的真伪，而判别器则是用于判断数据是真实数据还是生成器生成的数据，目的是尽可能鉴别生成器生成的伪数据。由此可见，生成器和判别器形成了一个动态对抗或博弈的过程，随着训练/对抗的进行，生成器生成的数据越来越接近真实数据，判别器鉴别数据的水平越来越高。在理想的状态下，生成器可以生成与足够接近真实数据；而对于判

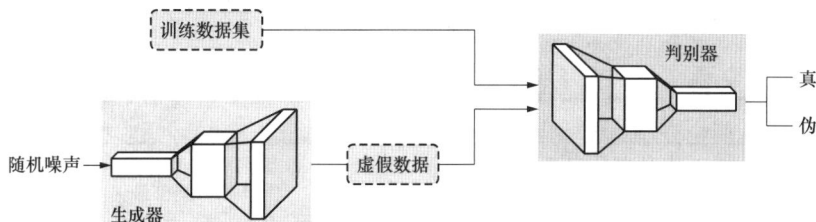

图 4-41　生成对抗网络架构

别器而言，它难以鉴别生成器生成数据的真伪。训练完成后，得到的生成器模型可以用来生成接近真实的数据。

### 6. 强化学习

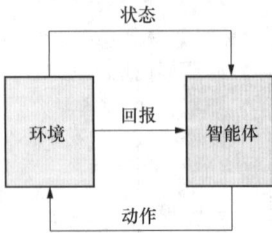

图 4-42　强化学习架构

强化学习算法是人工智能领域中十分重要的机器学习算法，它不需要采用标记的训练数据进行训练，而是通过智能体与环境不断交互来获得对应的回报，进而学习到最优的策略。具体而言，如图 4-42 所示，智能体通过执行动作来与环境进行交互，并获得相应的回报。智能体的目标是学习一个策略，该策略指的是初始状态下如何执行动作并最大化预期奖励的过程。此外，探索和利用的平衡是强化学习中一个重要的问题。探索指智能体尝试新的行为以发现更好的策略和更高的奖励，而利用则指智能体使用已知的策略和价值函数来获得更高的即时奖励。两者之间的平衡可以影响智能体的长期表现和奖励。

Q-learning 算法是一种经典的强化学习算法，它使用 Q 表来存储智能体在每个状态下执行每个动作的期望累积回报。Q 表中的每个元素称为 Q 值，Q 值越大表明在该状态下相应执行动作获得的期望回报就越大。因此，该算法的核心是构建一张 Q 表来存储不同状态-动作组对应的 Q 值，然后根据 Q 值执行动作从而获得更好的收益。在算法的训练过程中，首先初始化 Q 表，然后基于贝尔曼方程不断地更新 Q 值，直到收敛到最优的 Q 表，可以指导智能体做出合理的决策。

然而，很多实际应用中状态空间与动作空间的维度都非常高。例如在电网电压调控中，变电站无功调节措施的制定需要综合考虑负荷变化、电网运行情况、无功调节资源剩余等多维的要素，同时随着时间的推移状态的累计量非常之大。因此，对复杂系统的状态描述以及动作设计很容易造成 Q-learning 方法中 Q 表的维数灾难。为此，学者在强化学习的基础上引入深度学习技术，将赋予智能体有效感知复杂系统运行状态的能力，从而根本上解决在经典强化学习过程中出现的"维数灾"问题。

近年来，国内外研究人员积极研究深度强化学习方法在电力物联网领域的应用。主流算法包括深度 Q 网络（Deep Q Network，DQN）、演员-评论家网络（Actor-Critic，AC）、深度确定性策略梯度（Deep Deterministic Policy Gradient，DDPG）等。总体而言，虽然深度强化学习是深度学习及强化学习两个先进人工智能技术的集大成者，但这类方法对神经网络架构、超参数设计、应用场景等因素的要求通常较高，同时也不具备严格的性能保证，因此在电力物联网中的应用仍需谨慎论证。

### 7. 机器学习方法总结

本小节介绍的所有机器学习方法在超参数设置、训练复杂度的数据要求方面都有其优缺点。表 4-4 对上述方法进行了总结，并给出了其各自的优势劣势。

表 4-4　　　　　　　　　　　　　　机 器 学 习 方 法 总 结

| 机器学习方法 | 优点 | 缺点 |
| --- | --- | --- |
| ANN | 近似连续可导函数的能力<br>给出高质量结果的能力<br>错误容忍能力<br>为计算提供分布式内存 | 容易过拟合<br>容易陷入局部最优<br>低精度<br>无法解决复杂、大规模问题 |

| 机器学习方法 | 优点 | 缺点 |
| --- | --- | --- |
| ANN | | 收敛慢<br>对权重初始化值敏感<br>无法解释网络的行为<br>随着隐藏层增多训练复杂度提高 |
| 模糊逻辑 | 高灵活性和连贯性<br>计算高效<br>广泛的近似能力<br>精确且实际<br>准确地处理定量/定性信息和不确定性 | 难以确定最优的模糊规则<br>高复杂度<br>待调节参数繁多<br>面临维数灾难问题 |
| 专家系统 | 针对复杂问题的一致解决方案<br>有逻辑的理解与合理的解释能力<br>鲁棒且快速的适应性，可以应对扰动<br>高可靠性 | 缺乏共识<br>实施和维护成本高<br>创造推断规则困难<br>消耗时间长<br>泛化能力差<br>需要连续的更新<br>知识获取困难 |
| 支持向量机 | 内存占用小<br>有效应对高维空间<br>泛化能力强<br>可扩展性强<br>基于少量训练样本就可以处理高维数据 | 核函数选取困难<br>数据集较大时收敛困难<br>应对多任务场景时低效<br>计算成本高<br>对噪声敏感 |
| 深度学习 | 提供非监督式的特征分析提取功能<br>高鲁棒性和可靠性<br>强大的泛化能力，可处理大数据集，并且应对干扰具备鲁棒性 | 需要大量训练数据标签<br>需要对系统的先验知识<br>结果难以理解<br>神经网络层数多难以训练<br>占用内存大<br>时间消耗大<br>网络结构难以确定<br>依赖硬件<br>超参数调节困难 |
| 强化学习 | 无须训练数据集<br>强大的决策能力<br>能够解决高维复杂的优化问题<br>具备应用前景 | 采样效率低<br>回报设计困难<br>缺乏性能保证<br>难以避免陷入局部最优 |

### 4.4.3　人工智能在电力物联网的应用

为了在电力物联网中充分发挥 AI 技术的优势，需要将 AI 技术特点及优势与电力物联网的业务需求相结合。AI 以数据驱动为特征，擅长解决一些特定、复杂的规则化或模式识别（去模型化）问题，比如：①具有明确规则且耗费大量人力的工作；②目前基于模型机理分析并不能很好解决的任务。电力物联网业务涉及感知、分析及决策等业务场景，其中预测类、图像识别、故障辨识等任务具有应用 AI 技术的潜力，但是在模型和算法的选择方面需要充分考虑所应用业务的特有技术特点以及数据规模。本小节选取三个典型场景说明 AI 在电力物联网的应用，包括负荷预测、电力系统故障诊断和电网智能辅助决策。

1．负荷预测

电力负荷时序曲线具有一定的不确定性、非线性和随机性等特点，加之影响电力系统负荷预测的因素众多，难以用确定统一的数学模型来表示。电力系统负荷预测是根据已有的历史数据，通过寻找其中的规律来预测未来电力负荷的变化趋势。基于海量数据驱动的人工智能技术在解决此类非线性问题具有技术潜力。

早期传统机器学习算法采用 ANN、支持向量回归以及决策树模型等方法进行负荷预测，但由于缺乏对多源影响因素（例如气象）的考虑，预测精度不高。随着深度学习的广泛发展，学者尝试利用深度学习模型解决负荷预测问题，应用方法包括 DBN、LSTM-RNN 等，实现了对历史时序负荷数据的信息挖掘与特征提取，进而预测未来的负荷趋势。

为提升 AI 技术的负荷预测精度与效率，还可以从如下两个方面做出提升：①考虑影响负荷曲线的多源因素，同时通过相关性分析来判断影响负荷变化的重要因素，并将其作为预测模型的重要输入特征；②针对负荷数据时序性特点和负荷训练数据的规模，需要选择合适的神经网络结构和模型，提高预测精度并控制训练开销。

2. 电力系统故障诊断

电力系统故障诊断指在判断系统潜在的故障位置和类型，判别依据来源于各级各类设备的运行信息（如设备报警信息、电网运行参数），从而为系统故障恢复提供依据。然而，随着电网规模的不断扩大以及感知终端的泛在接入，仅靠人力无法分析海量的故障数据，进而导致了故障诊断的低效性。为此，AI 技术可以提供强大的数据处理和分析能力，进而做出故障诊断决策。

从 20 世纪 80 年代开始，学者就深入研究了 AI 技术在电力系统故障诊断路由的应用，主要方法包括专家系统、贝叶斯网络、ANN 等。此后，为了应对传统机器学习方法维数灾难以及对输入数据敏感的弊端，研究人员对电力系统故障诊断的 AI 方法进行改进，同时尝试采用新兴的方法。特别的，电力系统故障前后电网潮流存在明显的时空变化特征，CNN 模型恰好拥有强大的图像处理能力，可以提取电网状态特征并进行故障的判断。

3. 电网智能辅助决策

随着电网结构的日趋复杂，仅运行调度人员的个人经验进行电力系统的运行调控与故障处置有很大的弊端。为此，AI 技术能够学习文本等形式的调度业务相关知识，快速给出辅助性决策信息，协助调度人进行故障处置工作，从而有效降低大电网调控决策和系统失控风险。

电网智能辅助决策可以采用自然语言处理、知识图谱等技术。具体而言，自然语言处理技术可以对操作规定、预案等文本形式的数据进行信息提取、推理与总结，从而建立电网运行的语料库与语义模型，最终形成计算机可识别的机器语言和决策结果。知识图谱则可以清晰地描述知识间的联系，从而促进知识的检索、推断和分析。然而，电力系统知识图谱作为行业知识图谱，具备较强的专业背景和特点，因而还有待进一步地开发。

### 4.4.4　电力物联网人工智能应用展望

AI 是引领传统电网向智能电网过渡的重要手段。通过 AI 技术，可以将传统模型驱动方法改进为模型与数据的混合驱动，从而提升电力物联网应用的效率和服务质量，引领能源电力行业的智能化发展。然而，AI 在电力物联网的应用仍处于"弱人工智能"阶段，还存在很多待提升的空间。首先，如何将电力物联网的差异化业务需求与 AI 模型相结合，同时融入专家知识，开发适用于各类应用场景的 AI 方法面临极大的挑战。其次，通过 AI 对电力系统相关数据进行挖掘以及自主学习，进而利用深度神经网络强大的数据分析性能挖掘出内在规律是未来的发展方向之一，这有望弥补物理模型分析方式存在的不足。最后，对 AI 模型应的全生命周期管理也至关重要。通过对模型优劣的评估，对模型进行持续的训练与迭代升级，进一步增加模型的准确性以及泛化能力，最终全面提高电力物联网业务的智能化水平。

## 4.5 区 块 链 技 术

截至目前，能源电力市场持续采用中心化的电力营销模式。随着电力交易主体以及交易数据的持续增长，该市场结构十分低效，其主要原因有：①中心化营销的能量与信息流都是单向的，这限制了供应与需求的灵活匹配；②中央控制的电力交易算法不利于交易主体之间打破数据壁垒，容易引发多方主体与电网企业之间的信任危机；③该模式无法适应不断增长的分布式能源，包括光伏、风电、涡轮机、电池储能系统等，也不能灵活调用具备可再生能源产生、储存和运输潜能的电动汽车。为了解决上述问题，能源交易市场从中心化向分布式的过渡被视为一项关键战略。

区块链技术作为一项前沿的数据库技术，将分布式存储、点对点通信、节点共识和加密机制等一系列技术进行融合。其具备去中心化、公开透明、可追溯和不易篡改性等技术特点及优势。此外，电力物联网对多主体参与和互动的能源交易平台有如下需求：①在去中心化的前提下保证电力交易的安全可靠；②应确保交易数据不可篡改；③该平台架构需具备可扩展性。由此可见，区块链技术特征与电力物联网的新型交易平台需求十分契合，因此区块链为电力交易提供了一种新的可行范式，有利于提升电力交易的安全性以及用户参与度，同时有助于电网公司精细化地管理电力交易，从而实现节能减排、降低能源成本并保障电力物联网安全稳定运行的目的。对此，国内外专家学者开展了大量对电力物联网背景下区块链技术的研究工作，图4-43 展示了区块链技术在能源领域不同应用的占比，可见分布式能源交易是最热门的研究课题。

图 4-43　区块链技术在能源领域不同应用的占比

在本节中，首先介绍区块链技术的相关知识。其次聚焦区块链在电力物联网的应用，主要讨论电力交易与需求侧管理两个典型的应用场景，同时提出应用展望。

### 4.5.1 区块链技术架构

区块链技术的概念源于一种点对点的电子现金交易系统。简而言之，区块链是一种分布式的存储库。它通过密码加密技术生产出一系列具有相互关系的数据块，并将它们串联成一个可验证的链条，链条上每个区块都是不易篡改且具有可追溯性的。此外，区块链采用分布式共识机制控制数据的生成或修改，没有人能单方面地控制共识过程，因而区块链技术常与可追溯性、安全性、隐私性等特征联系在一起。

如图 4-44 所示，区块链的技术架构分为六层。每层包含的内容不同且分工各异，同时架构下层需要为上层提供技术与理论支撑。下面对区块链架构的每层进行介绍。

1. 数据层

数据层是最底层的数据结构。其包含了区块链的数据区块、密码学理论、区块数据、哈

图 4-44　区块链的技术架构

希函数和默克尔树结构。数据层既利用密码学相关技术保证了链上数据的安全性与可靠性，同时可以赋予区块链可扩展性。

**2. 网络层**

网络层包含了区块链网络结构、数据的传播与验证机制。在网络层中，所有参与网络活动的节点共同构成了区块链网络节点群，该节点群是高度动态的，即允许节点的增减。此外，每个节点都存储了完整的区块链数据账本，且网络中并不存在一个中心服务器，所以区块链网络具有去中心化的特征。

**3. 共识层**

共识层是区块链技术中最为关键的部分，涵盖了各类区块链共识机制。对于区块链的共识算法，大致可以分为工作量证明类、权益证明类、拜占庭类等几种主流类型。共识机制涉及记账权以及新区块的产生，所以其从根本上决定了区块链的基本特质。

**4. 激励层**

激励层包含区块链的具体激励机制。激励机制的中心思想在于通过经济手段对链上数据的广播、记录、共识过程等产生正向影响，从而达到提高链上速率、保障数据安全的目的。具体来说，区块链将会依据激励机制对遵守规则且有贡献的节点予以经济奖励，对恶意节点采取相应的惩罚措施，从而让区块链网络呈现良性发展趋势。

**5. 合约层**

合约层包括智能合约及其算法，也包括一些脚本文件，使能区块链的可编程特性。智能合约可以理解为发布在链上的应用模块，它由特定语言编码完成，理论上可以实现任何功能。

**6. 应用层**

应用层封装了区块链的各种应用场景和案例。诸如可编程货币、可编程金融以及可编程社会服务都是建立在区块链应用层上，这一层面所涵盖的范畴也正在日益扩大，并且内容也日渐丰富。

### 4.5.2　区块链基础结构

区块链的基础结构是由数据区块在一条逻辑上的链以一种特殊的方式连接起来，下面分别介绍区块链的数据结构与网络结构。

**1. 数据结构**

区块链的数据结构如图 4-45 所示，可见由多个区块相连而成。每个区块单元具有一个独一无二的编号，且包含 Header 和 Body。区块链开始于第一个区块（又称创世区块），后续每个区块需要链接到前一个区块的头部，由此整个链条就会无限延伸下去，从而形成区块链的链式结构。

对于每个区块而言，Header 和 Body 的存储内容不同。Header 主要存储区块编号、默克尔树根、时间戳等有关区块产生和便于区块链延长的数据字段。特别的，后一区块的 Header 中会存储前一区块 Header 的哈希值，由此保证了后续区块的合法性与区块链本身的扩展性。此外，Body 的主要功能是存储交易数据，如交易计数器、交易列表等。

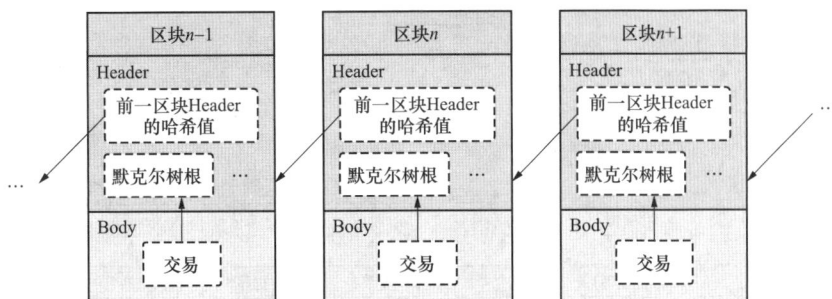

图 4-45　区块链的数据结构

2.　网络结构

如图 4-46 所示，区块链的网络结构是一种点对点（Peer-to-Peer，P2P）网络结构。该结构采用分布式的网络通信与数据传输方式，且网络中所有节点均为 Peer 节点，并通过 P2P 协议进行数据交互。此外，网络中任何节点都可以随时加入或者离开 P2P 网络集群，而不会对区块链网络产生影响，因此也不需要特意去修复集群中的故障节点。

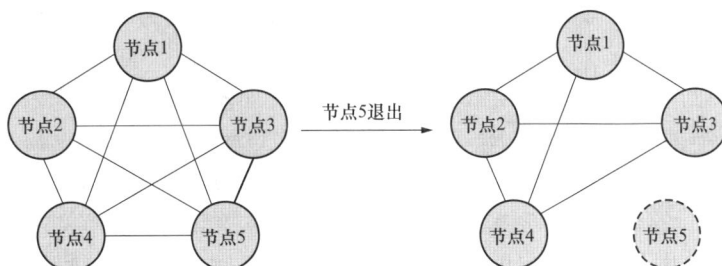

图 4-46　区块链的网络结构

### 4.5.3　区块链相关技术原理

1.　默克尔树

如图 4-47 所示，默克尔树采用二叉树的结构，其最底层为叶子节点，对应了每一笔交易，叶子节点的上方则存放着交易的哈希值。此后，每两片叶子节点的哈希值再经哈希运算得出新哈希值，进而存放在叶子节点中的上层父节点中，以此类推。由于默克尔树为二叉树结构，经过逐层运算后会得出一个最终的根哈希值，存放于根节点中。如果某层的叶子节点数为奇数，则多余的单个节点就和自己进行哈希运算，得到其父节点哈希值。

基于上述结构，默克尔树具备这样的特性：当任意叶子节点的值发生变化，这棵树的根哈希值也会随之发生变化。因此，将默克尔树应用在区块链技术中可以防止数据被恶意篡改。除此之外，默克尔树还有如下优势：只有根哈希值被存储于每个区块的 Header 中，这占用的存储空间很小，因此区块链节点可以部署于智能终端或物联网设备上，这显著提升了区块链的可扩展性与执行效能；采用根哈希值对交易数据的合规性加以检测，从而使网络中的轻量级节点不需要在本地存储完整的区块链账本，这支持了"简化支付验证"协议。

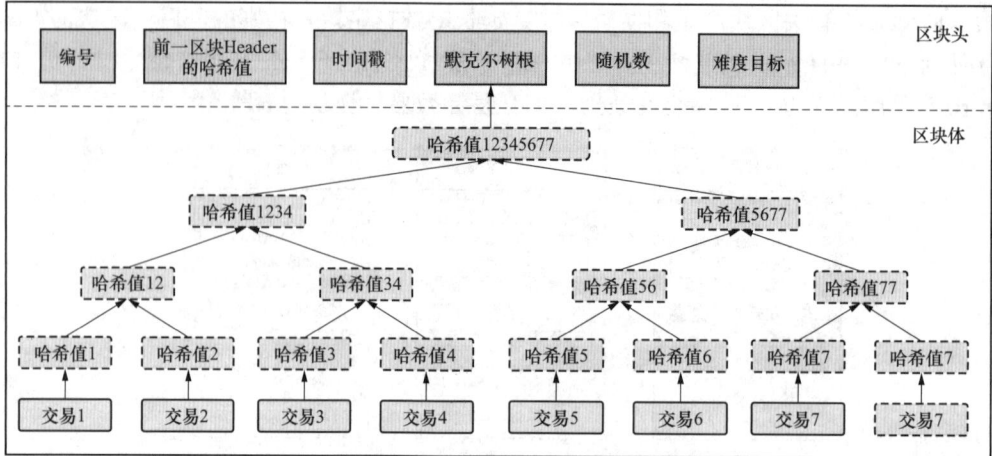

图 4-47　默克尔树结构

2. 数字签名

　　数字签名是指为每个区块链节点都添加一个标识，在信息交互的过程中任一节点可以通过该标识（即数字签名）对其他节点的身份与信息内容进行验证。数字签名的具体实现是基于非对称加密算法，其执行流程如图 4-48 所示。对于网络中每一个节点，都会被分发两个密钥，即公钥和私钥，分别用于对数据进行加密运算和解密运算，并且只有两两配对的公私钥对才能实现这一可逆过程。非对称加密算法实现数据加密、解密分为两个过程，分别是签名过程和验证过程。具体而言，当节点 A 要向节点 B 发送信息时，首先节点 A 对待发送的信息进行哈希运算得到散列值，之后用 A 的私钥对散列值加密，获得待发送信息的数字签名，进而将信息与签名同时发送给节点 B，该过程称为签名过程。此后，B 收到带有数字签名的信息，并执行验证过程。在此过程中，节点 B 对 A 发送的数据信息进行哈希计算求得散列值，同时利用 A 的公钥对签名进行解密操作，随后将自己计算的散列值与解密得到的散列值进行比较。若两者相符，则代表这一信息在传递过程中未被篡改，反之该信息被篡改。由此，数字签名保证了节点之间传递信息的完整性。

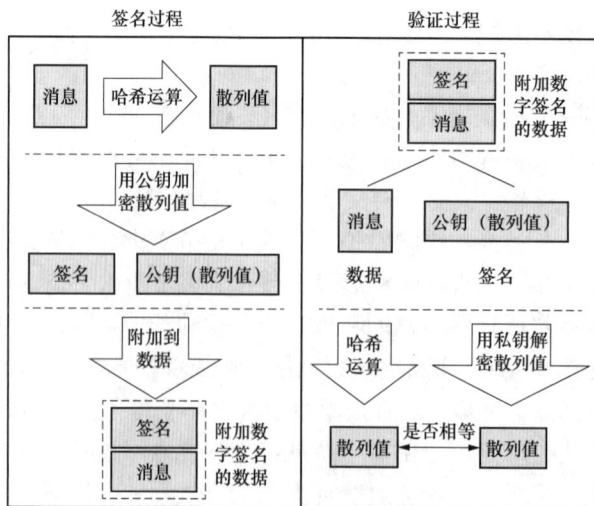

图 4-48　数字签名的执行流程

　　综上所述，通过鉴别数字签名的信息可以核实签名者的身份。区块链采用数字签名技术，一方面可以保证账本信息的可靠性，另一方面标识节点无法造假，从而保证了区块链的去中心化特性。

　　3. 智能合约

　　在区块链中，智能合约是一段程序代码定义的承诺。如图 4-49 所示为智能合约的结构，可见智能合约中包含了预置的触发条件与响应规则，并且被存放于区块中。因此，智能合约同样有一经发布不可篡改的特点。此外，由于区块链是由分布式的多个节点共同维护的，故智能合约的施行允许所有节点共同监督，以保证智能合约的合法性与区块链网络的安全性。

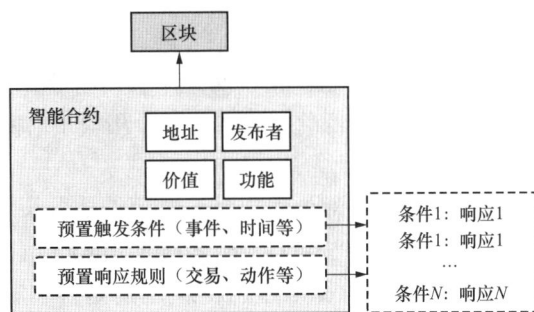

图 4-49　智能合约的结构

### 4.5.4　区块链类型与共识算法

　　1. 区块链类型划分

　　本小节首先介绍区块链的类型划分，不同区块链类型的适用场景以及相应的共识算法是迥然不同的，因此根据电力物联网的业务场景确定区块链类型，进而选择共识算法至关重要。

　　最常用的区块链类型划分规则是根据区块链对外界的开放程度进行划分，由此可以将区块链分为公有链、联盟链和私有链。这三个区块链类型的对比总结于表 4-5 中。

表 4-5　　　　　　　　　　　　　不同类型区块链对比分析

| 区块链类型<br>特征 | 公有链 | 联盟链 | 私有链 |
|---|---|---|---|
| 参与者 | 任何节点自由进出 | 联盟成员 | 个体或组织内部 |
| 共识机制 | 证明类共识算法 | 分布式一致性算法 | 分布式一致性算法 |
| 记账人 | 所有参与者 | 联盟成员商议 | 自定义 |
| 激励机制 | 需要 | 可选 | 不需要 |
| 中心化程度 | 去中心化 | 不完全去中心化 | 不完全去中心化 |
| 突出特点 | 完全透明化 | 适用性强、效率高 | 可溯源、安全性高 |
| 承载能力 | 3～20 笔/秒 | 1000～10000 笔/秒 | 1000～10000 笔/秒 |
| 典型场景 | 数字货币 | 支付结算、金融 | 审计、政务 |

　　（1）公有链。公有链指人人均可参与的区块链网络，且网络中任何节点都可以参与区块链数据的维护和读取。因此，公有链的系统开放程度最高，因而具备较强的包容性和较高的透明度，容易实现应用程序部署或是节点的自主加入或退出，某种意义上实现了完全的去中心化。

　　（2）联盟链。联盟链指在联盟中注册并获得准入许可才能访问的区块链。联盟链中联盟的规模上至国家与国家之间组成的联盟，下至不同企业机构或是个体组成的联盟。在联盟链中，组织内部成员可以分享信息和资源，这虽然在一定程度上牺牲了去中心化属性，但联盟内部成员更容易管理，且恶意行为更易被发现，因而联盟链相比公有链有更高的效率和安全性。

（3）私有链。私有链是某一国家、组织或机构独自占有的区块链，只为内部成员提供服务，完全不对外开放。由于网络中的所有节点都来自同一组织，各节点可能存在较大的权限差异，甚至具有中心化属性。因此，相较于前两种区块链，私有链的效率更高，也更加安全。

2. 区块链共识算法

区块链的共识算法可以划分为证明类共识算法与分布式一致性共识算法两大类。证明类算法的基础共识算法包括工作量证明（Proof of Work，PoW）与权益证明（Proof of Stake，PoS）。分布式一致性共识算法中广泛使用的是拜占庭容错（Practical Byzantine Fault Tolerance，PBFT）。表 4-6 对上述主流共识算法做了对比分析。总之，近年来共识算法领域的发展较快，新的共识算法层出不穷，在此限于篇幅，不对区块链共识算法进行详细展开。感兴趣的读者可查阅参考文献。

表 4-6　　　　　　　　　　　　　区块链主流共识算法的对比分析

| 特性　　　　　　　　　共识算法 | PoW | PoS | PBFT |
|---|---|---|---|
| 是否挖矿 | 是 | 是 | 否 |
| 是否使用代币 | 是 | 是 | 否 |
| 资源消耗 | 大 | 中 | 小 |
| 去中心化程度 | 高 | 高 | 高 |
| 安全性 | 高 | 高 | 高 |
| 容错率 | 50% | 50% | 1/3 |
| 吞吐量 | 低 | 低 | 高 |

### 4.5.5　区块链在电力物联网的应用

在目前的电力物联网中，区块链技术的主要应用场景包括电力交易与需求侧响应。在电力交易方面，区块链可以支持产消者与电网以及对等节点的电力交易；在需求侧响应方面，产消者可以基于区块链技术实现用能的优化。为此，本小节对这两个应用进行介绍。

1. 电力交易

据不完全统计，截至 2019 年，全世界实现落地的电力交易系统超过百余项，其中 57 项涉及区块链技术。由此可见，区块链技术所具有的分布式、透明化、难以篡改和可溯源的特点与能源市场交易的需求相吻合，因此被广泛用于电力交易中。如图 4-50 展示了基于区块链的分布式电力交易架构。区块链技术将电网公司、金融公司、发电厂商、监管部门、负荷用户等一并接入，完成点对点交易，并采取相关技术保证了交易的安全可靠和公开透明。

基于区块链的分布式电力交易流程可以描述为：①区块链平台计算各节点的信誉值并区分信誉等级，同时平台收集买方、卖方的报价信息，进而广播各节点可选择的交易范围；②节点选择是否交易，确认交易则产生符合条件的智能合约，并由买卖双方认定合约的执行，在交易完成后费用立即到账，拒绝交易则系统提示节点是否调整报价或交易量，之后进入下一轮交易。

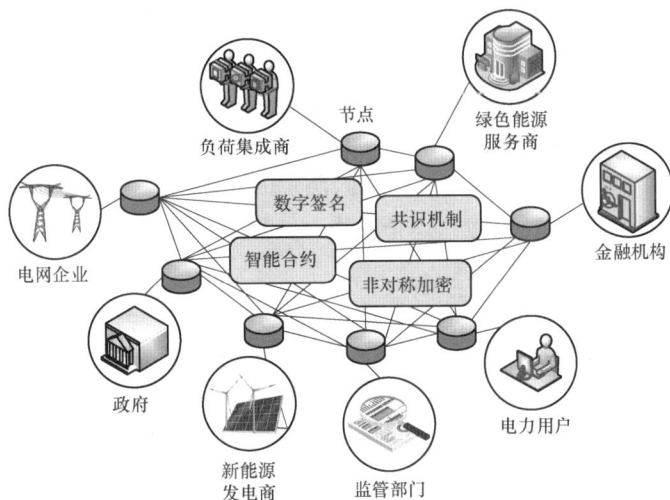

图 4-50　基于区块链的分布式电力交易架构

然而，基于区块链的电力交易还存在如下局限性，可以作为未来改善的方向：①区块链设备高昂的投资成本桎梏了这类电力交易体系的建设，如何降低区块链的实际应用成本是需要解决的问题；②区块链技术依赖于存储大量的历史数据，这增大了交易系统的存储开销；③区块链节点之间的通信效率和性能不高，这是因为区块链烦琐的验证机制和记账流程导致，因此可以考虑在实际应用中进行简化。

2. 需求侧管理

随着可再生能源尤其是光伏发电系统的大量渗透，大规模集中式发电站供给电能与用户实际电力需求（指负荷减去可再生能源电力）的不匹配度日益升高，出现了白天发电量大于需求量，而傍晚电力需求急剧上升的现象。为此，需求侧管理旨在优化用户的用电行为，以改变其负荷需求的模式和数量，从而平衡供需并降低电力成本。在此过程中，大量负荷聚合商、服务供应商以及电力用户作为需求侧资源参与电网的互动环节。区块链技术可以赋能分布式的需求侧资源交易，使广域分散的需求侧资源持续、可靠地为电网调度提供支撑。

基于区块链的需求侧管理资源交易流程为：①需求侧响应的供应方/需求方提交某一时段的资源供应量/需求量以及价格；②根据智能合约撮合供需双方的订单，进而达成交易共识，并确定需求侧响应量以及价格；③响应事件结束后智能电表等智能表计自动将数据上传至区块链，进而对响应效果进行分析计算；④智能合约根据智能表计上传的供应方实际响应数据执行资金转移。

## 4.6　确定性服务

近年来，随着超高清实时视频流与工业机器控制等业务激增，传统网络"尽力而为"的数据传输方式越来越难以满足未来互联网应用对差异化、确定性、低延时网络的需求。例如，电力物联网中传感器、执行器和控制中心之间的通信需要 $1\sim10\text{ms}$ 的确定性延时，将延时抖动控制在微秒级。然而，传统的网络只能将端到端的延时减少到几十毫秒，更无法满足未来网络业务的确定性服务质量需求。因此，面对延时敏感性业务的迫切需求，如何从"尽力而为"到"准时、准确"地控制端到端的延时对网络提出了新的挑战。

基于上述背景，确定性网络与确定性服务的概念应运而生。具体而言，确定性网络是在以太网的基础上为多种业务提供端到端确定性服务质量保障的一种新技术。确定性服务质量是指精确的数据传输服务质量，包括低延时（上限确定）、低抖动（上限确定）、低丢包率（上限确定）、高带宽（上下限确定）、高可靠（下限确定），表4-7总结了典型应用场景的确定性服务质量要求。确定性网络的特征包括以下几点。

（1）能够提供确定性服务质量；

（2）灵活切换确定性服务和非确定性服务；

（3）自主控制提供确定性服务质量的等级。

因此，通过确定性网络技术提供确定性服务质量可以全面赋能产业升级，支撑大规模机器通信、机器视觉、远程操控、人工智能、工业互联网、智能服务业的需求。

表 4-7            典型应用场景的确定性服务质量要求

| 应用场景 | 端到端延时（ms） | 抖动 | 传输速率（Mb/s） | 可靠性（%） |
|---|---|---|---|---|
| 远程控制 | 5 | — | 10 | 99.9999 |
| 离散自动运动控制 | 1 | 1 | 1 | 99.9999 |
| 离散自动化 | 10 | 1 | 10 | 99.99 |
| 过程自动化远程控制 | 50 | 20 | 1~100 | 99.9999 |
| 过程自动化监控 | 50 | 20 | 1 | 99.999999 |

在电力物联网领域，确定性网络的应用前景非常光明。一方面，发电厂、新能源电站、各级变电站以及电力用户可以通过确定性网络互联互通，进而满足实时数据采集和智能电子设备控制（如自动化本地站的断路器控制器、自动化变电站的电压调节器和其他自动化设备）的极低延时要求。另一方面，确定性网络技术可完成电力信息的精准同步，同时提高电力系统信息的交换与同步速度，可以实现实时的供需平衡、机组经济调度、对负荷曲线的削峰填谷，从而降低能量消耗，助力碳达峰碳中和目标的实现。

限于篇幅原因，本节不再对确定性网络的技术原理做深入介绍，感兴趣的读者可以查阅参考文献。

# 第 5 章　电力物联网安全技术

由于电力物联网存在大量的异构终端、分散的网络部署、灵活的接入方式、多样的用户需求等特点，决定了其除传统移动通信网络的安全问题之外，还具有一些特有的安全问题，涉及物理环境安全、终端安全、边界安全、通信安全、数据安全、应用安全等多个方面。对于电力企业来说，如果物联网的安全防护不到位，使得其基本安全受到威胁，势必会引发一系列的连锁反应，造成难以挽回的损失。因此，加强电力物联网的安全防护，是电力企业发展的重点问题，也是新时期电力企业实现创新升级的重要依托。本章从可靠性、安全监测、安全访问与控制、信息物理系统四个方面介绍了电力物联网安全技术。

## 5.1　可靠性保障技术

可靠性是电力系统安全的核心要素之一，主要体现在硬件、软件、人员和环境等方面。它要求电力系统在限定条件和时间内，可靠地完成所需功能。电力物联网的可靠性是通过采用相应技术手段对电力物联网系统数据传输、信息处理、故障检测、故障定位和故障恢复等方面进行有效保障，进而保证电力物联网系统安全、可靠、稳定和高效地运行。这些技术主要包括数据、通信网、系统可靠性保障技术。

### 5.1.1　电力数据可靠性保障技术

#### 1. 备份与故障恢复

备份是电力在线监测系统网络安全的必要前提，通过备份技术实现对数据和系统的多级备份，保障数据的安全。如果电力信息数据因某些软件故障、外部攻击和误操作而损坏，可以使用此备份系统恢复系统数据。数据备份除了可以应对网络工具给电力设施带来的损害之外，还具有一定的防范能力。虽然外部基础设施的破坏会影响在线电力监测系统的网络安全，但由于数据备份，电力系统可以在多个级别上进行保护，以避免逻辑损坏。

数据库备份，包括在线热备份和冷备份两种方式。

（1）热备份是在数据库打开的情况下做的，所以在备份前必须保证数据库的完整性。失去完整性的数据库是无法恢复的。

（2）冷备份是在数据库正常关闭后进行的，因此无须考虑完整性（正常关闭后的数据库必定是完整的）。

电力监管信息系统中各个子系统可以采用以上两种备份方式并存的模式。一般地，将关键数据集中存放在本地备份系统的磁盘阵列上，此磁盘阵列提供一定时间内的在线数据备份，并定时自动地将磁盘阵列上的数据存储在备份系统的磁带库上，磁带库提供离线数据备份。

备份的方式可以分为全备份、增量备份、差分备份等。

（1）全备份。全备份要求每次备份全部预先定义好的数据。其优点在于能够实现快速恢复，但缺点是备份数据量巨大。尤其是在数据量庞大的情况下，进行一次全备份可能需要相当长的时间。

（2）增量备份。增量备份是指对上次备份后产生更新的数据进行备份，优点在于每次只需备份少量的数据，但是，它存在一个不足，即在进行还原的时候，必须要有完全的备份和多份的递增备份。

（3）差分备份。备份自上一次全备份以来更新的全部数据。

容灾备份是当灾难发生时，系统仍能提供服务。在全国电力监管信息系统中，为保证重要业务的正常开展和系统的可靠运行，必须建立一套容灾备份系统。

建设异地容灾备份中心能够保证当主中心发生灾难性事件时，由备份中心接管所有的业务。备份中心和主中心之间以高速通道为传输手段，在数十公里到数千公里范围内可以建立一个具有完整数据同步的容灾解决方案。为那些需要不间断服务、可靠数据恢复和远程站点实时备份的系统提供有效支持。

数据容灾是为了避免数据的损失，采取容灾是为了保证整个系统的正常运转。

对于关键性应用系统，必须能够有效规避各种故障的发生，这些故障范围包括应用程序错误、数据库系统故障、网络端口故障、磁盘系统介质故障、系统瘫痪和灾难情况等。一旦上述故障发生，能够依据事先制定的策略迅速恢复系统，保证系统继续正常运转。故障恢复措施主要包括以下几点。

1）群集技术。多台计算机组成集群结构，使整个系统不存在单点故障，即使其中一台服务器出现了故障，也不会影响整个业务系统正常工作。

2）双机热备份。当任何一台设备失效时，按照预先定义的规则快速切换，原来连在故障机上的用户将自动连接到一台主机上，无须人工干预。对于以前运行在正常主机上的用户将不受影响。

3）磁盘镜像。对主机设备的磁盘采用镜像技术，部署两台服务器通过光纤连接共享磁盘阵列，实现主机系统到磁盘系统的高速连接，确保在其中一块磁盘出现故障时，系统的运行不受任何影响。

2. 数据传输可靠技术

先进的数据传输技术是构成电力物联网的关键因素，它能够为收集到的各种用电信息提供安全高效的传输渠道，从而保障电网的正常运行，便于对其进行计算和分析，为发布控制、检修类信息提供了一种实时、可靠的载体，同时也为对内对外分享各类电力数据搭建了一条桥梁。一般情况下，数据传输分为有线和无线两种方式，用于进行远程、本地数据传输。

（1）有线传输方案。有线传输主要包括光纤、电力线载波、以太网及总线等技术。在早期，对数据的采集和控制需要通过总线或者以太网来实现。在服务信息的传递上，采用的是电力线载波、工业以太网等技术。在电力工业中，光纤技术以其高速率、高带宽、高可靠性、高实时性等优点而得到了广泛的应用，为了适应电网采集、控制、业务信息流等不同业务场景对数据传输的可靠性、实时性等提出了更高的要求。有线通信标准可以提供一定程度的安全保护，如互联网安全协议（Internet Protocol Security，IPsec）、媒体接入控制安全（Media Access Control Security，MACsec）数据传输的安全。有线控制系统标准与无线工控系统标准相比，具有更宽松的使用条件和更丰富的资源，因而提供了安全防护功能，可以看作是安全防护的延伸。大多数安全扩展的主要作用是发现系统中的错误和危险，确保通信的错误率在一个可接受的范围内。有线网的安全扩展还可以利用循环冗余校验码（Cyclical Redundancy Check，CRC）来检验数据的完整性，利用连续数技术监督信息广播的延迟。

到目前为止，各种有线传输方式都已经被广泛使用，基本可以满足电网中的数据传输需求，但存在着布线、改线烦琐的问题，同时通信网络的扩充和升级都会受到限制。另外，在传输过程中，还存在着线路噪声，线路容易老化损坏等问题，这将大大提高产业的生产成本，降低生产效率。因此，有线传输方式在某种程度上限制了电网发展的灵活性。

（2）无线传输方案。无线传输以其可扩展性、可嵌入性、价格低廉等优势，结合物联网技术在电力行业中逐步取得良好应用，同时在采集、控制与业务信息传递三种不同的场景中替代了一些有线传输方案。目前，电力工业采用 230MHz 无线电力专用网，3/4/5G 蜂窝技术，卫星通信技术，Wi-Fi，ZigBee，蓝牙，低功耗广域网（LPWAN）等技术。在应用的最初阶段，无线传输技术选择了 Wi-Fi，ZigBee，Bluetooth 等技术，以取代局域通信网中采用有线模式的收集类服务。然而，目前已有的几种无线传输方法都存在着传输距离短、传输速率受限等问题，仅适用于某些基本类型的数据，无法满足对带宽要求很高的图像和视频等服务。一些无线传输技术的主要性能参数见表 5-1。

表 5-1　　　　　　　　　　　　短程无线传输技术性能对比

| 无线方案 | ZigBee | Wi Fi | Bluetooth |
|---|---|---|---|
| 传输速率（Mbit/s） | 0.1～0.25 | 11～600 | 1～25 |
| 理论延迟（ms） | 45 | 1000 | $3000～10^4$ |
| 有效传输距离（m） | 10～100 | 100 | 5～10 |
| 功耗 | 低 | 高 | 高 |

表 5-1 中，ZigBee 技术的延时可达毫秒级，因而能够满足一些对延时要求不高的短程控制类型业务的需求，所以 ZigBee 技术也常被应用于一些自动控制类业务中。随着蜂窝技术、卫星通信、低功耗广域网（Low-Power Wide-Area Network，LPWAN）等技术的快速发展和电力行业对电力无线专网的大力建设，在覆盖范围、设备功耗和可靠性上，无线传输策略有很大的提高。其中，伴随物联网技术发展而出现的 LPWAN 技术以其低功耗、覆盖面积广等优势受到广泛关注。根据使用频谱是否被授权，LPWAN 技术可以划分为基于蜂窝技术、基于运营商授权频谱下的窄带物联网（Narrow Band IoT，NB-IoT）技术、增强型机器类通信（enhanced Machine-Type Communication，eMTC）和工作在未授权频谱的远距离无线电（Long Range，LoRa）技术和 Sigfox 技术，这些技术的主要性能指标对比如表 5-2 所示。

表 5-2　　　　　　　　　　　　LPWAN 技术特点对比

| LPWAN 技术 | NB-IoT 技术 | eMTC 技术 | LoRa 技术 | Sigfox 技术 |
|---|---|---|---|---|
| 理论传输距离（km） | 35 | 1～2 | 3～8 | 3～10 |
| 抗干扰能力 | 强 | 强 | 弱 | 弱 |
| 单网节点容量 | 约 20 万 | <1000 | 5000～10000 | <1000 |
| 平均传输速度（kbit/s） | 250 | 1000 | 400 | 0.8 |

NB-IoT 技术与 eMTC 技术凭借其与运营商的绑定关系，加上传输距离长、容量大、抗干扰能力强等特性，通常与 3/4G 蜂窝技术、230MHz/4G 电力无量线专网结合，共同完成数据采集工作和密级较低的控制类、电力业务信息传递类业务。而在一些偏僻的地方，比如长距

离的输电线路，则需要通过卫星通信与 LoRa/Sigfox 技术相结合的方式来实现。

对于无线通信，以智能电网领域为例，在 2010 年 9 月，国际电工委员会（International Electro-technical Commission）将 WirelessHART 接纳为第一个无线通信的国际化标准，主要规范了无线传输的控制数据交换。基于有线网的控制数据传输标准更为丰富，有基于现场总线通信的自动化技术 PROFIBUS，有开放式的工业以太网标准 PROFINET，有能够同时处理控制数据和信息数据的高速现场网络 CC-Link，还有关于标准化以太网的实协议 Powerlink。这些通信协议本身就能对工控网络的安全起到一定的增强作用。比如，基于总线的协议可以定期对网络中的各个部件和相关设备进行检查，当通信被干扰或者数据传输被干扰时，机器或者电厂将被关闭。其他的关于智能电网的标准还定义了常见的，诸如错误序列、损失、无目的重复、未经允许的延时等通信错误。

统一、开放标准的发明和使用为采取通用的安全与保密措施提供了可能。就工控网络而言，其安全措施主要关注两个方面：一个是安全防护，另一个是安全。前者是指有计划或有预谋的攻击引起的安全问题，涉及的内容包括权限、保密和信息完整性检查；后者针对的则是随机发生的安全事故，更多的是为了维护系统的可靠性。

以智能电网为例，目前在无线工控网络中主要有两种安全防护保护机制，一种是 WirelessHART，另一种是 ISA100.11a。这两类机制可以对两种类型的信息进行加密和认证保护，第一类是为数据链路层提供逐条的保护，可以防止外部攻击；第二类类是为传输层和网络层提供端到端的保护，可用于防御在源端和接收端之间的攻击者，例如中间人攻击。

无论是有线还是无线传输方式，数据在传输过程中都可能出现丢包、延迟和重复等问题，从而影响数据的完整性和一致性。为确保数据的可靠与完整，必须采用高速稳定的通信网络和传输协议，并对传输过程中的数据进行加密和验真等操作。

3. 数据处理可靠技术

电力物联网中的数据质量和可靠性是至关重要的。数据可能存在各种错误或偏差，这可能会导致不准确的分析和不可靠的决策。为了保证数据的实时、准确，必须采用一定的数据清理、校正等技术。

（1）数据清洗。数据清洗也叫数据预处理，用于检测和纠正来自各种数据源的错误、不一致性。例如，数据清洗可以用于去除无效或重复的数据，检测和修复丢失数据帧的问题，以及纠正存在的错误。一般来说，要完成一个数据清理，要经历如下七个阶段：选择子集，列名重命名，删除重复值，缺失值处理，一致化处理，数据排序处理，异常值处理。在这些过程中，需要使用算法和模型对数据进行分析和预测便于发现异常和趋势，从而提高数据的可靠性，同时更好地利用数据分析结果。

（2）纠错技术。其中，以正向误差校正（FEC）等为代表的多种误差校正编码方法，利用冗余信息提高了数据的可靠性。FEC 编码能在数据遗失或损毁时，协助复原遗失的数据。

4. 数据验证技术

数据验证技术能够帮助确定数据在传输过程中的完整性和准确性。为了确保数据没有被篡改或意外更改，电力物联网系统中通常会使用多种验证技术，包括校验和、序列号、确认机制。

（1）校验和技术是一种简单但有效的验证技术。在每个数据包中添加一个校验和，接收方将计算接收到的数据包的校验和，确保它与发送方计算的校验和相同。

（2）序列号技术是一种用于跟踪传输过程中数据包的顺序和完整性的技术。每个数据包都有一个唯一的序列号，当接收方收到一个数据包时，它将检查序列号来确保接收到的数据包的顺序和完整性。

（3）确认机制是用于确定数据是否已成功接收的一种技术。接收者收到发送者的报文后，马上就会传回一条确认信息，表明报文已被接收。若接收者未传送一个确认信息，则传送者必须再次传送数据。

5. 数据重传技术

在电力物联网环境下，数据的传递存在着信息丢失、错误和延时等问题。为了确保数据传输的可靠性和完整性，数据重传技术是非常重要的，具体技术包括停止等待、选择性重传等。

（1）停止等待协议是一种简单但基本的数据重传技术。发送方发送数据包并等待接收方返回一个确认消息。如果发送方没有收到确认消息，则会重复发送数据包。

（2）选择性重传协议是一种更复杂的数据重传技术。在选择性重传协议中，接收方将收到的所有数据包存储在缓存区中，并发送一个带有最后接收到的数据包确认消息。如果发送方收到未确认的数据包，则会重新发送它们。

### 5.1.2 电力通信网可靠性保障技术

电力通信网是电力部门与变电站、发电厂等单位机构进行信息交流传递的主要方式，它的可靠性不仅决定着电网的稳定与完整度，而且在很大程度上影响着电网的运行状况，还体现着网络的生存力、可用性和网络对用户需求的适应性。根据其研究目的，将通信网络的可靠性研究划分为可靠性分析评估和可靠性保障提升，如图 5-1 所示。其中，可靠性分析评估是可靠性工程的基础，可靠性保障提升则是可靠性工程的目的，也是保障通信网络可靠性的技术手段。

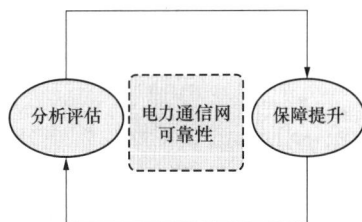

图 5-1　电力通信网可靠性模型

1. 安全路由协议与可靠技术

随着电力物联网的不断发展，无线通信的非安全性、节点容量受限等因素对路由的安全性提出了更高的要求。电力物联网中的路由需要连接各种各样的网络，因此保证从源端到接收端的信息选择路径合法且能被正确发现，同时接收方能够验证发端身份的真实性与每条信息的完整性至关重要。通常，传统网络中按照路由算法的实现方法划分，有洪泛路由、以数据为中心的路由、层次式路由、基于位置信息的路由。但是，这些路由算法只是对网络性能进行了完善，并未考虑路由的安全问题。同时，考虑到物联网中的每个节点都可能具有路由的功能，因此极容易受到攻击。例如，攻击者可能通过欺骗、更改和重发路由信息形成虚假路由信息，导致网络分割或端到端延时增加。还有黑洞攻击中恶意节点吸引从一个区域几乎所有的数据流，女巫攻击中一个恶意节点违法以多个身份出现，破坏了信息的真实性等。虽然通过链路层加密可以阻止外部攻击者对网络的访问，但是内部攻击者可以利用路由协议的特征侵犯网络安全，所以需要路由协议自身采取相应安全措施以提高路由和整个电力物联网的安全可靠性。下面给出了两种典型的安全路由协议与可靠业务路由分配技术。

（1）安全信源中继路由协议。安全信源中继路由协议是一种基于信任和安全的路由协议。它利用信源节点的潜在安全性来保护数据传输的可靠性。在这种协议中，源节点首先选择一个可信的中继节点，然后将数据包发送到中继节点。中继节点将数据包转发到目标节点，同时对数据包进行验证和验证源节点的身份。这种方法在电力物联网中非常有用，因为它可以防止攻击者通过伪装成中间节点来盗取数据。此外，因为源节点是可信的，所以接收节点可以确保数据是来自相应的源节点并且未被篡改。

（2）基于信誉度的安全路由协议。在这种协议中，每个节点都有一个信誉度，也即节点的可信程度。这些信誉度可以通过测量节点的性能，例如延迟、吞吐量、数据可靠性等来计算。当某一节点接收到一个数据包后，它会选择具有较高信誉度的下一节点去转发。如果某个节点的行为不可信或不可靠，则其信誉度可能降低，并且其他节点将不再选择该节点作为下一个中继节点。基于信誉度的安全路由协议可以有效地防止攻击者欺骗节点以获取数据。由于每个节点都有自己的信誉度，所以攻击者无法通过单独攻击某个节点来破坏整个系统的安全。

2. 业务路由优化分配技术

业务路由路径的选取，对电力通信网的优化、服务路径的优化、对信息数据库的检索与汇总等都具有重要意义。在电子通信网中，主要采用基于优先遍历的服务路由搜索算法，例如网络中存在 A、B 两端点需要进行信息交互，首先需要查询从 A 端点到 B 端点线路上的所有路由，将 A 作为起始端点，再将关键词输入到数据库中进行信息查询，从而得到与 A 有关的终端信息和全部路径，其中包含 A 到 B 路径中的所有路由的相关信息，然后对电力通信网中的路由进行了全面的研究，并对路由进行了优化，使得路由的选择更为合理。在选择路径时，必须根据实际条件，以保证电子通信网络的服务路线满足区域的实际需求，提高其实用性。

电力通信网可靠性的业务路由优化分配方法一般采用 NSGAL（Naval Security Group Activity Locator）的路由优化分配方法。NSGAL 的路由优化分配方法属于遗传算法，利用这种方法计算出的数据，能够为最优路由配置提供科学的数据支持，确保最优的路由配置，进而提升电子通信网络系统的运作效率。使用 NSGAL 遗传算法时需要对一些关键的细节做好处理，例如对染色体编码和解码这两个关键的节点对路由分配优化具有重要意义。通过对基因节点进行编码，可以有效地提高路由的可靠性，对基因节点的处理也有一定的优先性，并使路由指数的优化更加科学合理。

总之，路由可靠性技术对于电力物联网中的数据传输和通信至关重要。安全信源中继路由协议、基于信誉度的安全路由协议和业务路由优化分配技术等都能提高电力物联网中的数据传输的可靠性和安全性。

### 5.1.3 电力系统可靠性保障技术

电力系统运行可靠性是一个系统的概念，主要包含充裕度和安全性两个层面。定量化的评价指标通常包括缺电概率、缺电时间期望、缺电频率、缺电持续时间、期望缺供电力、期望缺供电量、元件敏感度等，表征了电网的稳态性能。

同时，电力物联网系统采用主动检测和自适应调整技术，在出现故障时，能够及时发现故障并进行故障定位和修复。具体技术包括故障检测与定位、自动切换与恢复、数据恢复与备份、多层次备份和恢复、网络维护和管理等。

1. 故障检测与定位

自愈网络技术可以通过监测电力设备的运行状态，自动检测到设备故障，并通过定位技术快速找到故障点。这个过程可以通过大数据和人工智能等技术实现，提高故障检测和定位效率。

2. 自动切换与恢复

当一个设备发生故障时，自愈网络技术可以自动避免故障设备对电力系统的影响，将其从电力系统中切断，并自动切换到备用设备上，保证电力系统的持续供电。同时，在故障设备修复后，自愈网络还可以自动将设备重新连接到电力系统中，实现故障后自动恢复。

3. 数据恢复与备份

自愈网络技术还可以实现数据的自动备份和恢复，保证数据不丢失，并能够在设备故障后快速将备份数据恢复到新设备上，保证数据的完整性和连续性。

4. 多层次备份和恢复

自愈网络具有多层次的备份和恢复机制，可以将数据备份到多个地方，同时可以在多个备份中进行数据恢复，保证数据的多重安全性。

5. 网络维护和管理

自愈网络技术还可以通过网络维护和管理功能，实现对电力系统的实时监测和管理，对设备的运行状态、故障信息等进行实时监控和分析。

## 5.2　安全监测技术

电力系统是一个多领域系统，其涉及电力生产、变电、输电、配电等多个环节。电力系统信息安全防护又包括电网发送数据、电力负荷控制、继电保护和配电网自动化，以及电气系统销售安全装置和继电保护，其安全稳定运行直接影响到整个电力系统。做好电力系统网络安全防护工作，可以避免病毒、特洛伊木马以及各种网络安全漏洞对电力系统网络安全造成严重威胁，因此，提高电力物联网网络安全监测技术很有必要性。

### 5.2.1　电力物联网监测架构

电力物联网分析和监测架构由感知层、网络层、平台层和应用层组成，以数据通信为导向，满足业务协作、数据交互和统一管理的要求，如图 5-2 所示。感知层主要负责局部放电信号的采集、处理；网络层主要通过无线通信收集传感设备采集到的局部放电数据，以及实现数据收发。平台层和应用层主要进行大数据的计算、存储，以及监测数据的多样性展示。

电力物联网监测可以实现对设备各种状态和环境的全方位感知，还能够对各种监测数据进行查询、分析、预警和综合展示。其中，设备状态监测主要是对变压器、输电线与母线状态、环网柜进行监测。

（1）变压器的监测。变压器是电力系统中的关键设备之一，对变压器进行监测是在变电站运维过程中非常重要的一个环节。由于变压器本身的结构特殊性，采用传统的巡检技术进行检测通常需要较长的一个周期，会耗费大量的时间与成本。而在物联网技术的帮助下，可以借助红外成像技术实现变压器进行成像检测，使用不同类型的传感器，能够实时监测电压、电流、温度、噪声、油位等参数，运维人员只需要通过数据中心及手机终端 App 就能实时地了解变压器运行状况。如果数据出现异常，就会自动发出告警，从而极大地提高了运维效率。

（2）输电线与母线状态的监测。输电线路作为电网系统中非常重要的部分，对其进行检测能够为电力系统的安全运行提供可靠性保障。对输电线路的检测与发电机、变压器等检测

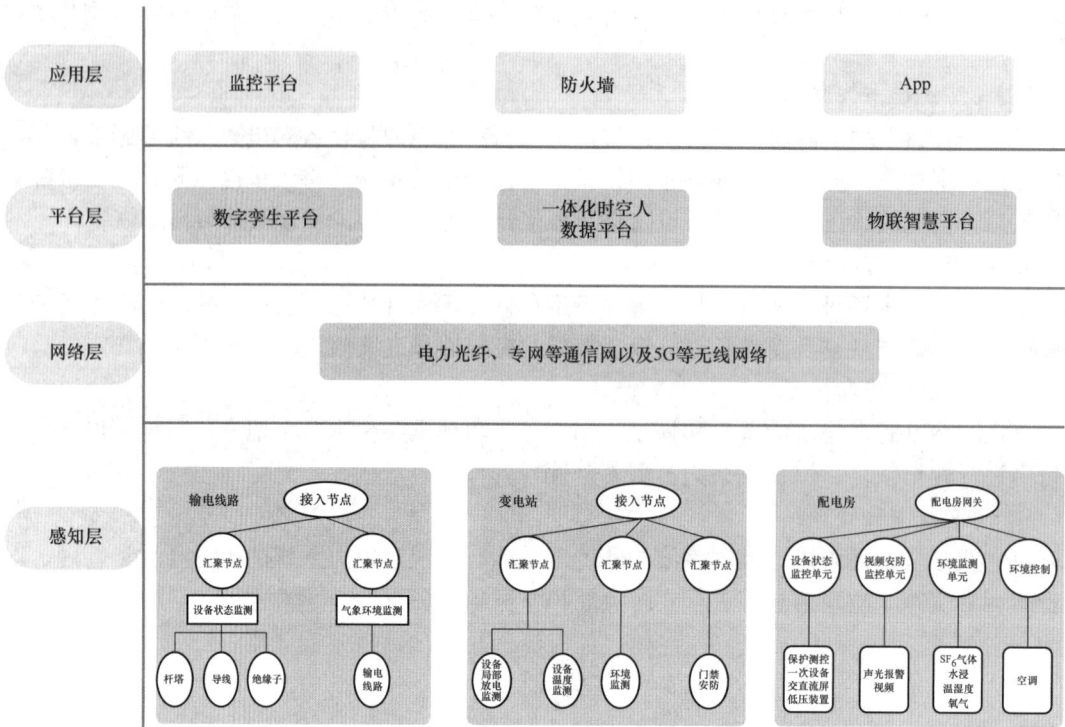

图 5-2　电力物联网在线监测系统架构

不同，由于自身线路布置的特殊性，线路铺设较广且涉及范围较广，因此在对输电线路进行检测的过程中，工作复杂，检测困难。而物联网技术在输电线路监测中的运用，利用高精度传感器实时采集线路数据，通过处理后的数据与专家系统比对，对线路状态进行分析。变电站母线质量的好坏直接影响到电力系统的安全性与可靠性，尽管变电站中的母线出现故障的概率较低，但其一旦发生故障，其检修过程将会较为麻烦，且对人们的生命与财产造成较大的影响。因此，为了能够降低变电站中母线故障率，需要对其进行定期的检测，而通过物联网技术能够实现对母线状态如电压、电流、温度等电气参数的实时监测，对异常提前预警，避免了发生故障后的维修困难问题。

（3）环网柜的监测。环网柜是一种用于城市环网线路上环进环出的链接和控制设备，当发生故障时，通过断开该分支线路，将该故障线路隔离，从而减少停电范围，提高供电可靠性。传统环网柜的运维采用人工巡检的方式，需要浪费较多的人力物力，效果也不尽理想，往往在故障发生后才能发现，缺少有效的监测手段。随着高精度传感技术的发展，通过物联网技术对其赋能，可实现设备本体以及配网运行状态的精确感知与控制，具体应用包括：无源无线射频识别（Radio Frequency Identification，RFID）技术在电缆插头测温的应用、超高频（Ultra High Frequency，UHF）局部放电检测技术在环网柜局放监测中的应用、边缘计算技术在数据传输单元（Data Transfer Unit，DTU）中的应用等，通过物联网技术实现了实现环网柜设备状态与电网运行状态的全息感知与高速处理，从而大幅提升配网的供电可靠性。

## 5.2.2　电力设备状态监测技术

电力设备的种类和数量繁多，其中任何一台设备故障都可能导致电网瘫痪，造成重大经济损失，因此必须采取有效的监测手段对电网中的各种电力设备进行监测，从而提高电力设备安全运行的可靠性。电力设备在工作过程中，由于环境因素和电场畸变等因素的影响，绝缘层极易劣化，导致出现局部放电的现象。据欧美相关数据统计，15%～30%的电机故障与定子绕组绝缘有关，70%～80%的变压器故障都是由于绝缘内部局部放电引起的。因此，电力设备的绝缘状况与电力物联网系统的安全可靠运行息息相关。所以，局部放电检测是一种发现设备绝缘故障以及潜在隐患的重要手段，通过监测局部放电可以对电力设备的绝缘状态进行有效监测。

局部放电往往伴随着声、光、热、气体等复杂的物理现象，因此可以通过对这些物理参量进行监测进而诊断电力设备故障。常用于监测电力设备绝缘状态的方法有以下几种。

### 1. 超声法

超声法是利用局部放电的声波传播振幅衰减或相移来检测和定位局部放电源的位置。通常情况下，声发射信号需要经过放大、过滤，最后由声发射分析仪或系统馈送和记录，从而实现对局部放电超声信号的采集、处理、分析、监测和定位，如图 5-3 所示。

局部放电源位置可以通过测量声波到达时间来估计，位置信息可以通过多个传感器联合确定，或采用声束算法确定。这使得声发射传感成为较为理想的局部放电信号实时测量的工

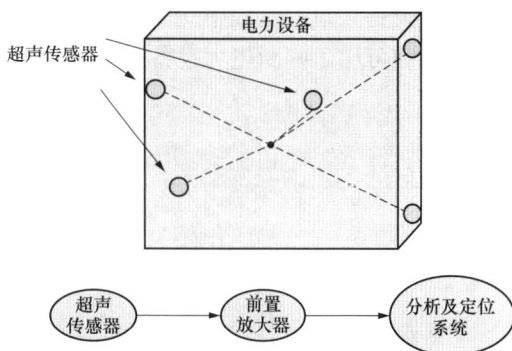

图 5-3　声发射系统及定位布置

具。使用声学方法进行局部放电监测的另一个优点是其具有更好的抗噪性，可用于在线实时应用。然而由于环境噪声对信号的干扰、退化，声学方法难以定位局部放电的精确测量原点，这使得其应用受到了影响，且分析处理过程较为复杂，检测信号强度低、价格高。此外，其缺点是信号通过不同介质时快速衰减，导致变压器绕组中的局部放电源无法定位。随着超声技术的发展，它也被应用于电机定子绝缘局部放电方面的检测，对于绝缘老化诊断具有辅助作用。

### 2. 脉冲电流法

脉冲电流法是目前最有效、应用最广泛的局部放电检测手段之一，通常利用耦合阻抗或罗哥夫斯基线圈或耦合电容器从设备中性点或者接地点处检测局部放电脉冲电流，然后对其放电量大小、相位等进行分析，从而定量分析局部放电程度。实践证明，该方法在检测绝缘内部局部放电时具有较高的灵敏度和准确性。国际电气与电子工程师协会和国际电工委员会都采用该方法计算局部放电引起的电荷水平，以确定绝缘的条件水平。

### 3. 超高频法

UHF 局部放电检测技术是用于分析局部放电产生的电磁波的一种方法，其检测频带位于整个 UHF 频带范围（300～1500MHz）内，从而消除了局部干扰。现有的 UHF 检测传感器主要有圆锥、螺旋和 Moore 分形天线等。其中，Moore 分形天线适用于两种类型（内部型和外部型）传感器的气体绝缘全封闭组合电器（Gas Insulated Substation，GIS）中进行在线局部放电检测（见图 5-4、图 5-5），具有更精确、更快速地响应，同时拥有更高的识别灵敏度。

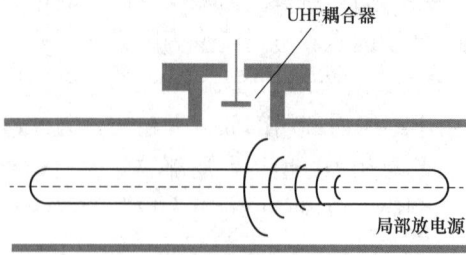

图 5-4　内置型

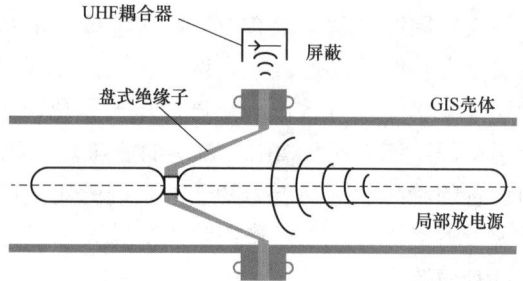

图 5-5　外置型

## 4. 振动检测法

电力设备在运行过程中受到电磁力作用时会产生有规律的振动，因此通过对振动物理参量进行监测可用于判断电力设备是否正常运行。变压器故障识别模型工作流程如图 5-6 所示。

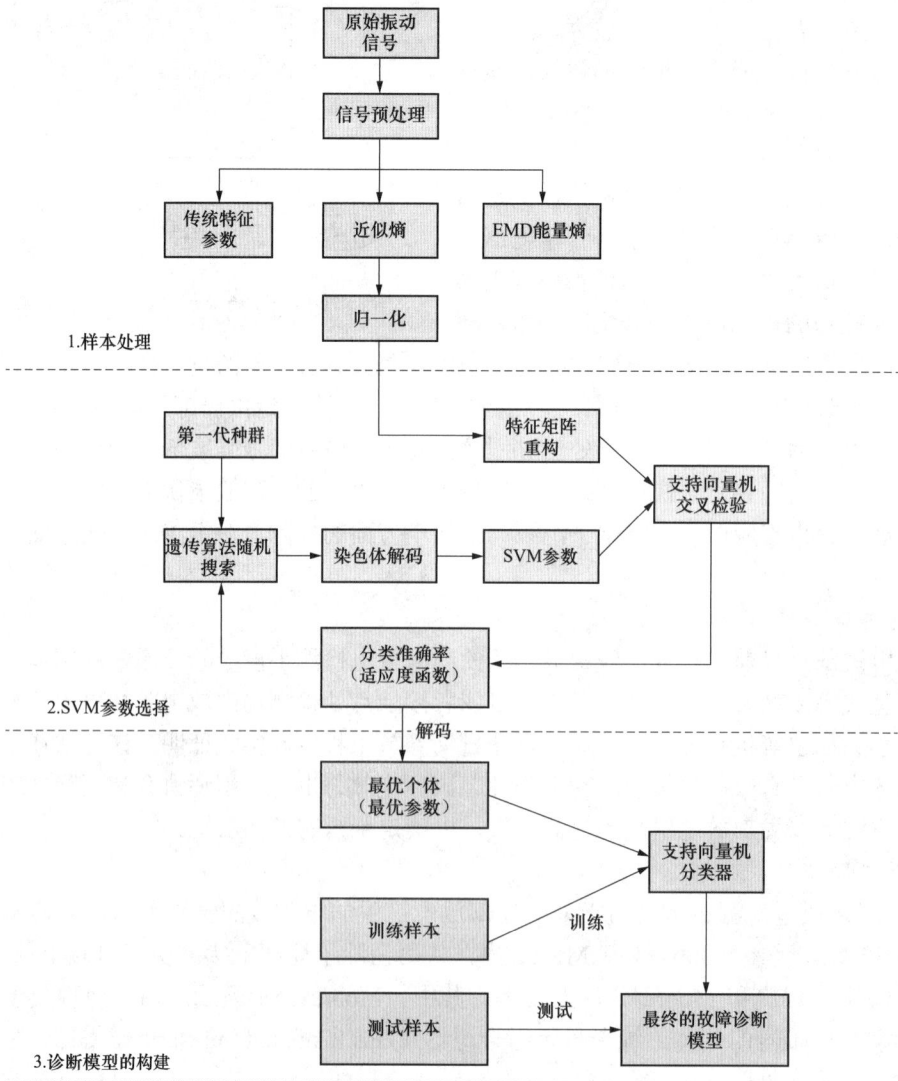

图 5-6　变压器故障识别模型工作流程

利用振动法检测变压器机械状态，原理是将待检测变压器与正常运行变压器做横向对比，结合振动信号低频振动成分，基于各频率能量的组合关系，建立变压器故障诊断模型。既可以识别变压器铁芯和绕组的机械故障，又能够对故障位置进行初步定位，因此具有较强的诊断能力。

### 5.2.3　环境监测技术

#### 1. 温度检测

在正常操作条件下，电力设备不同部分的温度会随着时间的推移而升高，直到达到与稳态热状态对应的值。此时，电力设备释放的全部热量被释放到环境中。当热过载加速了老化过程时，就会降低电力设备关键部件的寿命，包括绕组、导线、定子、转子、铁芯、绝缘和轴承等。其他温度实时监测对象包括对等相母线、开关设备和变压器，在故障条件下确定馈线电缆温升，以及测量托盘电缆和架空输电线路温度。

温度传感器需要与被监测部件直接接触进行热传导，导致传输响应的速度相对较慢。另外，电压绝缘要求和将温度信息传输到数据采集中心以进行处理所需的大量电缆，使得它们无法成为监测电气设备热状态的首选。有的使用无线设备监测电气设备的热应力，可以早期识别导致故障的关键情况。然而，有的温度传感器不能安装在一些关键部件上，且对电磁干扰敏感，因此其应用范围有限。

基于红外热成像（Infra Red Thermography，IRT）的温度监测已经成为一种较为成熟且被广泛应用的技术，与其他类型的传感器监测相比具有许多优点。该技术利用光学系统采集被监测设备发出的热辐射，经采样系统和检测器转换为电信号、温度分布图像，从而能够在安全距离上发现电气设备中的热点。红外热成像技术在电力设备监测中主要针对线路、断路器、隔离开关等外部设备故障。采用红外热成像技术可以准确地获得装备的热信息，并将其与正常工况下的热像进行比较，进而对装备的工作状况进行分析。红外热成像监控系统基本结构如图 5-7 所示。

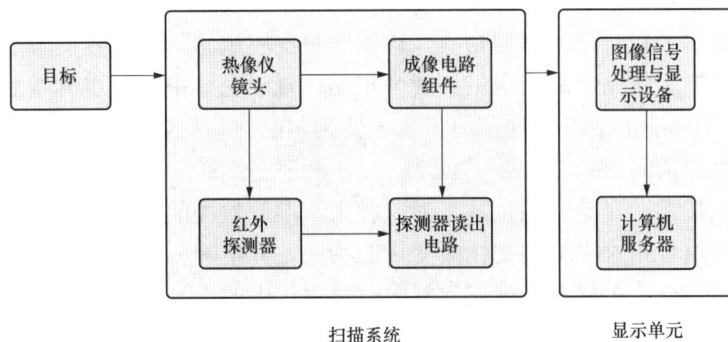

图 5-7　红外热成像监控系统基本结构

可以看出，红外热成像监控系统主要包含扫描系统和显示单元两大部分。

（1）扫描系统：主要包括热成像仪镜头、红外探测器、探测器读出电路、成像电路组件等。热像仪镜头用于收集传入的红外辐射，并将其聚焦在探测器上，而热辐射可使探测器做出一个可测量的反应，然后经过电子处理就能生成一个电子热图像。

（2）显示单元：由红外图像信号处理与显示设备、计算机服务器两大模块组成，主要任务是对图像进行处理和实现相应的诊断算法，为工作人员处理判断故障提供有效的信息。首先，检测终端将采集到的图像进行压缩，然后通过传输系统将其传输到计算机服务器中处理，并存储图片以及故障信息。结合故障类型的特征，可以根据故障温度值和阈值的对比，以及设备的相对温差来判别故障，具体诊断流程如图 5-8 所示。

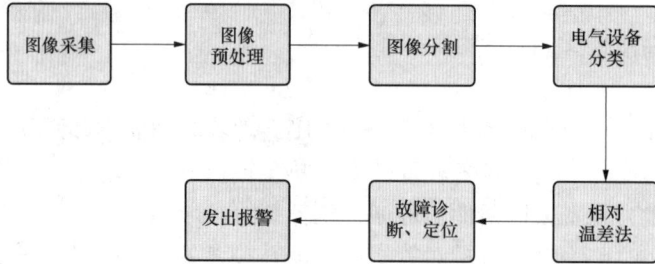

图 5-8 红外热成像诊断流程

使用红外热像仪进行温度测量需要将测量的红外辐射转换为温度，变电站高压电气设备在故障发生前受热、温度升高，发射肉眼无法察觉的红外光谱热辐射。红外热像仪将这种辐射转化为清晰的热图像，这种非接触式热数据可以实时显示在监测器上，也可以发送到数字存储装置中以便进行分析。

2．湿度检测

电力设备中的湿度也是影响设备安全运行的一个关键指标，如变压器绝缘中的含水量会降低其电气特性与机械强度，从而劣化变压器绝缘。电力变压器的绝缘湿度通常使用离线监测系统进行检测。离线检测方式有露点技术、卡尔·费舍尔法、介电响应技术等。

（1）露点技术。通常用于预测电力变压器的含水量，IEEEC57.93—2007 指出，电力变压器绝缘系统中的湿度应约为 0.5%。但由于受温度等诸多因素的影响，露点测量不准确，只能作为辅助监测手段。

（2）卡尔·费舍尔法。卡尔·费舍尔法是一种用于湿度检测的传感器技术，其基本原理是利用一种称为卡尔·费舍尔晶体的物质，该物质对湿度敏感，其电容值随着相对湿度的变化而变化。该技术的工作原理是将卡尔·费舍尔晶体置于空气中，通过测量晶体的电容变化来确定湿度水平。在实际应用中，通常将卡尔·费舍尔晶体与电容计和温度传感器结合使用，以消除温度对湿度测量的影响。

（3）介电响应技术。介电响应技术是另一种用于湿度检测的传感器技术。基本原理是利用材料的介电常数随着相对湿度的变化而变化的特性。介电响应传感器通常包含两个电极和一层介电质材料。当介电质材料暴露在空气中时，空气中的水分会影响介电常数，从而改变传感器之间的电容值。通过测量电容值的变化，可以准确地测量相对湿度。

介电响应传感器可以在广泛的湿度范围内工作，且对湿度变化非常敏感。这使得其成为电力物联网中湿度检测的常用技术之一。但是，介电响应传感器在温度变化较大时可能会受到干扰，因此在实际应用中需要进行温度补偿。

3．电力通信工程环境监测

电力通信工程环境中，主要包括控制网络和管理网络两个部分。控制网络则安装在变电站内，包括过程层、间隔层与控制层。管理网络即调度监测管理网。电力通信工程环境安全监测方法的技术架构如图 5-9 所示。

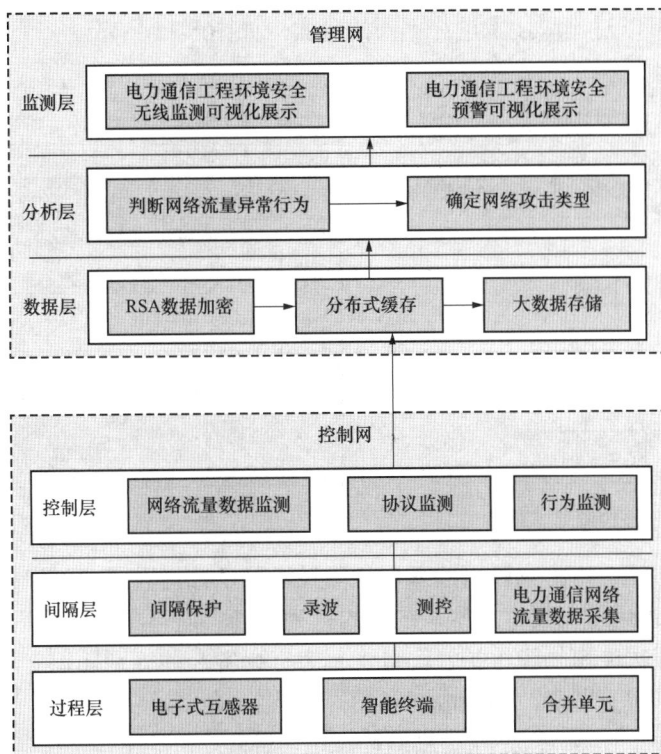

图 5-9 电力通信工程环境安全监测方法的技术架构

控制网利用过程层收集电力通信工程环境的原始数据，并通过间隔层来确保数据采集的安全性，利用控制层提取采集数据内的电力通信工程环境的网络流量数据、协议数据和行为数据，并将其传输到管理网。

管理网中，数据层利用 RSA（Rivest-Shamir-Adleman）算法对接收到的电力通信工程环境相关数据进行加密，并将其存储在数据库内，提升数据存储安全。

分析层利用时间序列图挖掘法，对电力通信工程环境网络流量异常行为进行判定，并对出现异常行为的网络流量间的相关特征进行分析，从而检测出网络攻击类型，实现对电力通信工程环境安全的无线监测。

通过监测层可视化呈现电力通信工程环境安全无线监测结果，根据无线监测结果进行可视化安全预警。

### 5.2.4 网络入侵监测技术

电力物联网入侵监测是一种通过对电力网络中的数据流实时监测，从中识别出可能存在的网络攻击和入侵行为，并对其做出快速安全响应的动态防护技术，因此，它被认为是继防火墙之后，对网络进行监控的第二道大门，可以在保证网络正常运行的情况下，有效地预防和缓解网络受到的威胁。它的功能主要包括识别入侵者、识别入侵行为、检测和监控已经被攻破的安全漏洞、为对抗入侵提供重要信息，阻止事件的发生和事态的扩大。

为了确保电力监管信息系统网络平台的安全运行，必须要建设入侵检测系统，基于网络和主机系统进行实时安全监控，主动对来自内部和外部的非法入侵行为执行及时响应、告警和记录日志等操作。入侵检测的基本原理如图 5-10 所示。

从不同的角度可以对检测技术进行不同的分类，如图 5-11 所示。

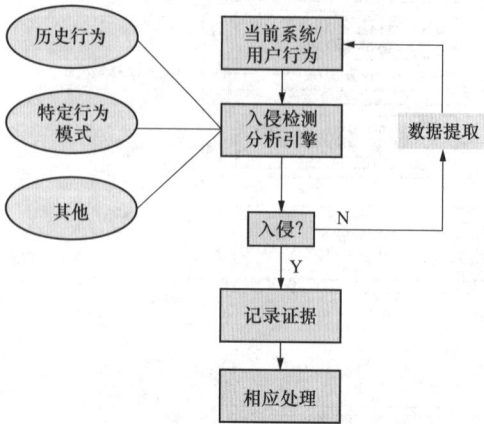

图 5-10　入侵检测基本原理

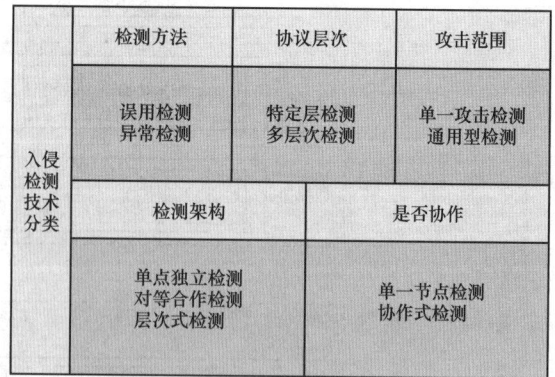

图 5-11　入侵检测技术分类

（1）根据检测方法，电力物联网的入侵检测技术可以分为误用检测和异常检测。

1）误用检测。误用检测技术观察系统内的行为，抽象出一组设定的签名，如＜IP 地址、权限、操作＞，并根据专家知识维护一个包含恶意行为签名的规则知识库，将观察的行为签名与知识库中的规则进行匹配，如果成功匹配，那么就判定发生了入侵。这种检测方法可以高效地检测已知的攻击行为，但是在物联网环境中，新型攻击的出现需要频繁地更新知识库，并且随着时间的演进，知识库中的规则会越来越多，这对于存储空间有限的物联网感知设备是很大的挑战。

2）异常检测。异常检测将当前主体的活动与正常活动描述相比较，它认为任何一种偏离正常或期望模式的行为都可能是入侵行为。相对于误用检测，异常检测可以检测出未知的攻击，更具通用性，但是相应的误检率也会增加，常用的异常检测方法有统计分析法、数据挖掘、人工智能、基于博弈论的检测、基于图的检测等。

（2）根据检测架构，可以分为单点独立检测、对等合作检测和层次式检测。

1）单点独立检测。节点独立监测网络发现攻击，这种方式需要检测节点的通信及存储能力较强。

2）对等合作检测。网络中的每一个节点或部分节点上都部署检测程序，由节点自身处理一定的入侵行为，再通过合作的方式协作判定入侵。

3）层次式检测。在电力物联网中网络多为异构的，节点类型和功能各不相同，担负的职责也不尽相同，例如，在簇形分层网络中，簇头的功能高于成员节点，汇聚节点的功能高于簇头，层次式检测方式考虑了节点的差异性，从节省能耗的角度出发，在成员节点上部署简单的检测模块，成员节点以协作的方式为上层节点（簇头、汇聚节点）提供信息，检测及判决模块由上层节点来实现。

（3）根据安全机制保护的协议层次，可以分为针对特定层的检测和针对很多层的检测。入侵检测系统（Intrusion Detection System，IDS）可以针对协议栈的某一层（现有的大部分研究针对网络层或应用层），也可以同时针对很多层。

（4）根据攻击范围，可以分为针对单一攻击的检测和通用型检测。IDS 可以针对一组特定的攻击进行检测，也可以设计成通用的检测系统。

（5）根据是否协作，可以分为单一节点检测和协作式检测。

1）单一节点检测。节点间没有信息的交互，仅处理自身获得的信息。

2）协作式检测。在分布式和混合式架构中，节点可以通过合作检测入侵，或者直接向上层节点报告检测结果。

在实际应用中，入侵检测系统是一种可以对网络中的异常数据进行实时监测、及时预警、及时处理的一类安全设施。不同于防火墙，入侵检测系统不连接到任何链路，所以不需要通过网络数据就能工作。IDS 应当挂接在所有被关注流量（从高风险地区接入的业务以及需要统计和监控的网络数据包）都必须流经的链路上。所以，在交换式网络中，入侵检测系统的选址通常是离攻击者越近越好，离被保护的资源越近。通常情况下是服务区域的交换机、Internet 接入路由器之后的第一台交换机、重点保护网段的局域网交换机等。

入侵检测系统的功能有以下几点。

1）监测并分析用户和系统的活动。

2）核查系统配置和漏洞。

3）评估系统关键资源和数据文件的完整性。

4）识别已知的攻击行为。

5）统计分析异常行为。

6）操作系统日志管理，同时识别违反安全性原则的终端活动。

### 5.2.5　电力监测系统应用

**1. 电力监测网络安全管理系统**

电力监测网络安全管理系统由两部分构成：分别是主站端的安全管理平台和厂站端的网络安全监测装置。其中，厂站端的网络安全监测系统如图 5-12 所示。该平台分布在网、省、地三级调度侧，设备分布在变电站和发电厂。系统根据设备自感知、监测设备分布式采集、统一管理、管理平台控制的原则，建立了一个三级网络安全监测系统技术体系，包含感知、采集、控制三部分。为确保电网运行的可靠性，构建一个统一的电网终端网络安全监控体系是有必要的。

借助监测体系，整合现有的安全技术手段，可以及时发现在线电力监测系统中存在的网络安全漏洞，并展开模拟病毒攻击测试，从而筛选出安全漏洞情况进行及时查杀，更深入完善电力系统配置，消除安全漏洞。此外，还需要结合电力企业的运营要求，定期对网络漏洞进行扫描，合理限制多名员工的权限，防止出现人为破坏的情况。同时，对信息网络建设进行安全检查，建立数据备份中心，确保电力在线监测系统网络安全运行。

**2. 温、湿度监控系统**

用电设备的工作环境对温、湿度均有较高的要求，高温或低温会造成元件故障，或高湿度造成漏电。因此，及实时检测变电站中温度和湿度的变化，对于预测变电站故障的发生和发展非常重要。为了对开关站内的温度和湿度进行实时监控，可以在重要位置安装温度和湿度传感器。

**3. 水浸控制系统**

在持续下雨或排水不良的情况下，开关站内的电缆沟中就会出现积水，从而导致安全问题。安装电缆沟内水位监测装置，并配合水泵抽水系统，能够对电缆沟内的积水问题进行有效的处理，确保电缆工作环境的安全性。

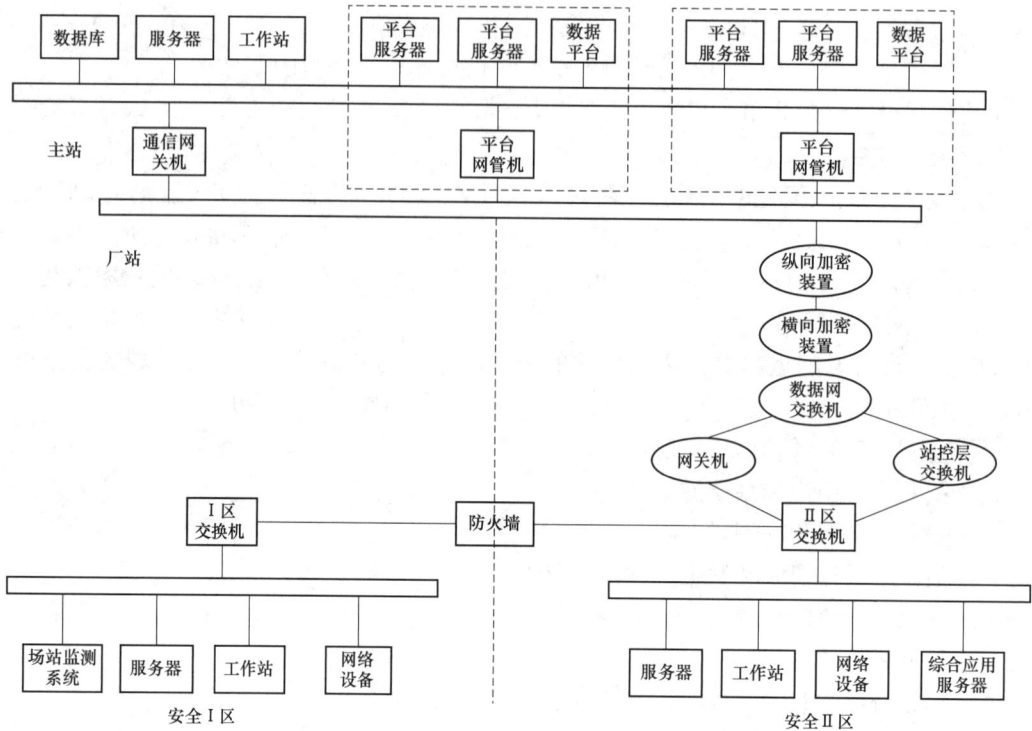

图 5-12　电力厂站端的网络安全监测系统应用环境架构

4. 臭氧及 $SF_6$ 监测系统

当前，开关站中的开关柜多以 $SF_6$ 为绝缘介质，一旦 $SF_6$ 开关站安装臭氧、$SF_6$ 等气体检测探头，并按规定时间向系统传输有关参数，可以极大地保障开关柜的安全可靠工作。

## 5.3　安全访问与控制技术

电力物联网的安全访问与控制技术主要是指对物联网系统的访问接入进行授权和监管，确保系统安全运行。具体来说，访问控制是指对用户和终端设备是否能够进入系统进行控制，并对输入的数据进行读取和写入，实现对数据的分配、交互和共享。访问控制保障电力系统安全稳定运行的重要手段之一，其安全模型通常由主体、客体，对其进行身份验证的子系统和控制实体同访问的参考监视器三部分构成。

电力物联网的终端层包含了大量异构、计算能力不均的终端设备，如现场采集设备、传感器、智能电能表等，这些终端分别属于不同的业务系统，采用的数据模型和通信协议也各不相同，而且有许多终端不具备远程通信能力，因此需要边缘物联代理网关进行通信连接来实现终端与平台间的数据传输。接入认证是物联网终端设备接入电力物联网系统实现其功能的第一步，实现对物联网设备的可信认证以及对于操作者身份的可信确认，在此基础上，可以确定该用户对电力物联网资源是否拥有相应的访问和使用许可，进一步确保可以可靠、高效地执行物联网系统的访问控制策略。

认证机制是以服务基础设施的形式使通信数据接收方能够确认物联网中所有接入设备和人员的数字身份管理、授权、责任追踪等真实身份信息，从而确认信息在传送过程中是否被篡改。在配电物联网智能终端中，认证技术主要应用于 RFID、无线传感器等环境中，只有通过安全认证的终端设备和用户才能正常使用客体资源利用密码学技术、双因素认证等方式，确保用户身份的可信和安全。一般而言，认证机制需要实现的以下安全目标。

（1）真实性：电力物联网能够验证数据发送者身份的真实性，防止恶意节点伪装成受信任节点；

（2）数据完整性：确保特定数据的有效性，并能够验证数据内容没有被伪造或者篡改；

（3）不可抵赖性：确保节点不能否认它所发出的消息。实体要求一个服务、触发一个动作或者发送一个分组必须是唯一可识别的；

（4）时效性：确保在规定时间接收到数据，没有重放过时数据。

同时，基于认证对象的不同，电力物联网认证机制可以划分为实体认证和消息认证两类。

1. 实体认证

实体认证也叫身份认证、身份识别或身份鉴别，用于对用户身份真实性和有效性的确认，它是整个信息安全体系的基础，是实施访问控制、安全审计、入侵防范等安全机制的前提。通常，对消息发送方的实体认证通常称为消息源认证，对消息接收方的实体认证通常称为消息宿认证。

实体认证主要的目的是防止伪造和欺骗，主要有以下两个方面。

（1）电力物联网对新加入节点的认证。为了让具有合法身份的节点加入安全网络体系中并有效地阻止非法用户的加入，必须要采取实体认证机制来保障网络的安全可靠。

（2）电力物联网内部节点之间的认证。内部节点之间认证的基础是密码算法，具有共享密钥的节点之间能够实现相互认证，从而建立一种真实通信。

2. 消息认证

消息认证是接收者能够确认所收到消息的真实性，主要包括两个方面内容：第一，接收者确认消息是否来源于所声称的消息源，而不是伪造的；第二，接收者确认消息是完整的，而没有被篡改。

实现消息认证有以下三种方式。

（1）消息认证码（Message Authentication Code，MAC），它使用密钥产生一个固定长度的数据块，然后在消息之后加上该块，消息认证码可以用于消息源认证和完整性认证。

（2）消息加密（Message Encryption），将整个消息的密文作为认证标识。

（3）Hash 函数（Hash Function），利用公开函数将任意长度的消息映射到一个固定长度的 Hash 值作为认证标识。

### 5.3.1 基于区块链的电力物联网认证模型

针对电力物联网中庞大的设备数量，以及在大数据时代用户身份的敏感性，用户和应用商对系统提出了隐私保护的需求，可采用去中心化的安全体系，构建轻量级的密钥管理系统。区块链是一种在对等网络环境下，根据透明和可信规则，建立可追溯的块链式数据结构，进而实现和管理事务处理的模式。它具有弱中心化、防伪造和防篡改、公开透明、安全可靠等特点，能够有效解决物联网发展中面临的大数据管理、信任、安全和隐私等问题，从而推进物电力联网发展到分布式、智能化的高级形态。

1. 电力物联网接入认证模型

合法接入的电力物联网终端基于配置的不同，可以分为主节点和从节点两类。其中，电力物联网业务系统的每次合法接入都会形成一个区块，当新的物联网节点申请加入时，主节点会从区块链上随机选择符合阈值数量的合法接入节点形成认证组。认证组则通过共识算法进行分布式认证，在认证通过之后，会生成新加入物联网节点的数字证书，并将接入过程记录在一个新的区块中。物联网节点在成功接入之后，将通过链上部署的智能合约实现业务功能。所有合法的电力物联网终端节点的接入过程存储在可方便查询、无法篡改的区块链分布式账本中。区块保存节点接入业务系统的时间、业务类型、权限和状态信息。

区块包含区块头和区块体两个部分，其中区块头包括前一区块的 hash 值、时间戳、随机数、目标区块 hash 值和 Merkle 根等内容，通过前后的 hash 值形成可追溯的链状结构。而区块体则负责存储接入认证所需要的信息，包括物联网终端节点 ID、公钥和证书、运行状态、接入时间、业务类型和权限等级。

当电力物联网终端节点需要进行接入认证时，首先会向主节点发送认证请求，然后在主节点上首次对其验证，并将认证请求进行封包。同时，还会对接入认证区块链中合适的节点进行检索，从而构成一个分布式认证组。合适节点首先应当满足一定的合法性，即节点已经成功接入到业务系统中。其次，应该满足认证性，例如与待接入节点属于同类业务或同小区的业务。然后，还应满足功能要求，即有足够的电量和处理能力运行认证算法。随后，主节点通过组播方式将请求发送给认证组，发起分布式认证。在认证过程中，将投票式共识算法与待接入节点的公钥证书相结合，构成一个新的区块。接入认证过程如图 5-13 所示。

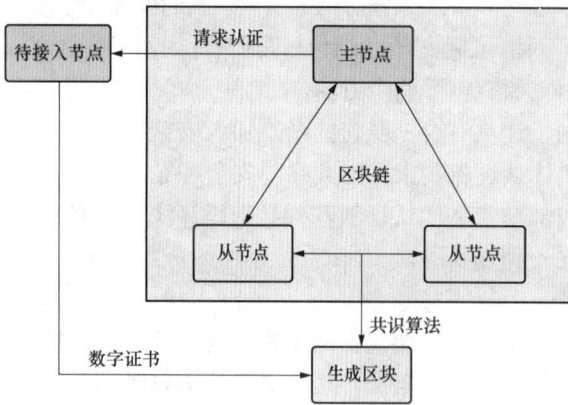

图 5-13　接入认证流程

2. 电力物联网身份认证服务模型

从当前中心化管理系统面临的问题出发，考虑各方需求，采用跨域、跨联盟的联盟链框架，如图 5-14 所示。

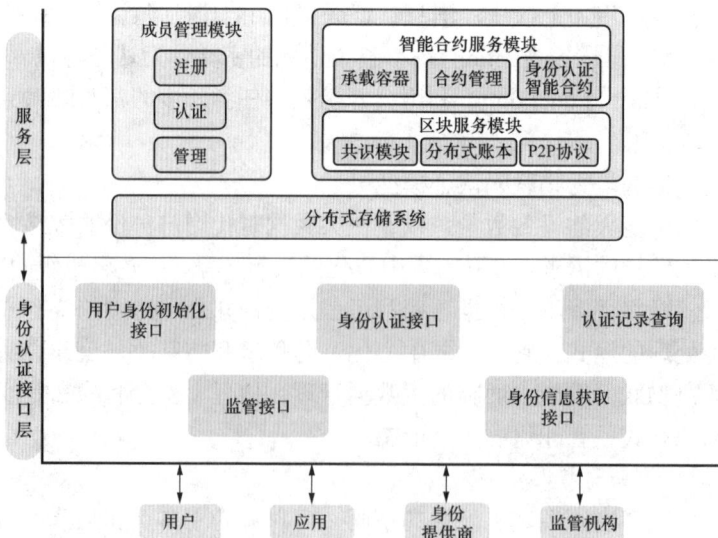

图 5-14　身份管理工具模型

接口层为上层提供了基本区块链操作接口，并设定了用户、应用、身份提供商、监管机构等多个实体，从而使接口层可以对外提供基本的身份认证服务，具体包括对应用、用户提供认证接口，对监管机构提供监管接口。同时，还可以与身份提供商接口对接，实现初始身份鉴别及登记。

服务层提供了基础区块链服务，其中包括三类逻辑结构，分别是区块链服务模块、智能合约服务模块、成员管理模块。它通过系统中的时间或事件触发不同的模块，比如新节点加入就会触发成员管理模块的注册功能。

接口层和服务层作为信任服务模型为外部应用提供基础的区块链服务，基于该模型将彻底改变现有中心化身份管理体系的现状，同时兼顾到用户隐私保护需求与监管需求。

### 5.3.2　认证关键技术

1. 区块结构

区块链是由一个个区块组成的链。每个区块分为区块头和区块体（含交易数据）两部分。区块头一般包括版本号、前一区块的 Hash 值（Hash 指针）、随机数、目标 Hash 值（本区块的 Hash 值）、Merkle 根，有时还会有用于 PoW 的计算困难门限值 Difficulty 等。区块体保存的是若干条记录以及由每条记录的 Hash 值构成的二叉 Merkle 树。根据不同的应用，块头和块身的数据项也会有所不同。

2. 分布式结构

区块链建立的物理网络基础是点对点的分布式网络，这与中心化的"客户端/服务器"网络架构差别较大，它是一种去中心化的网络，这种分布式结构不再让数据集中在服务器上，而是使数据能够分散地存储在不同的节点上。当节点想要写入数据时，需半数以上其余节点通过共识机制确认该节点的身份，才能够将数据写入到节点中。因此传输效率得到了提升，与传统的集中式体系结构相比，该体系结构具有更高的安全性。

3. 公钥基础设施（Public Key Infrastructre，PKI）技术

目前，电力物联网接入认证大多采用基于公钥证书的中心化认证方式。PKI 可以为数据加密、数字信封、数字签名等各种服务需要的各种应用系统提供密钥和凭证管理的能力。PKI 提供的功能对用户透明，能极大地保障信息在网络中传输的安全性、完整性和不可抵赖性。在 PKI 认证系统中，用户的私钥的产生有两个途径，一个是由可信权威机构证书中心生成，另一个是由用户自己生成。CA 是 PKI 的核心组成部分，CA 能够对公钥和用户的身份信息认证和签名，然后形成证书，并能利用证书对其进行身份确认。PKI 体制中，身份认证的前提是通信双方都需对第三方持有共同信任，这个可信第三方正是 CA。

### 5.3.3　电力物联网访问控制模型

数据访问主体包括企业应用或服务、感知层数据输入与分布式存储集群中其他对等节点。任意一个访问主体在发出数据资源访问请求时，都需要提供一个全局唯一的用户标识、服务标识或设备标识。

访问请求以业务流或数据流的形式到达策略执行点（Policy Enforcement Point，PEP），PEP 进程首先基于请求主体发出的数字证书，或设备指纹库进行身份认证，数字证书和密钥签发由 PKI 完成。在通过认证之后，对资源访问请求进行归一化描述，然后转发至策略管理器（Policy Administrator，PA），并最终到达 PE 所在的判决平面。在判决平面中，包含网络安全情报库（来自外部源）、用户、应用、服务数据库，数据访问日志，电力基础设施/设备

信息库，策略数据库，信任评估引擎等组件。然后，PE 根据访问客体和判决平面组件做出策略判决，并将是否允许访问的决策反馈给 PA。同时，PE 将访问判决结果写入数据资源访问日志，用于后续基于上下文的动态信任评估。PEP 在收到 PA 授权后，将解析后的数据库访问请求发送至数据平面，获取数据内容后转发至访问主体，以此完成数据访问流程。

　　基于属性的访问控制模型使用不同的属性权威将接收的原始访问请求定义为基于属性的访问请求，并以此对访问请求的主体、资源、动作和环境进行了描述。在零信任架构中，对数据资源的访问控制模型是建立在策略引擎和策略执行点的协同工作基础上的，即策略执行点通过访问代理获取访问请求中的相关静态属性，策略引擎基于本地信息源进行部分属性的动态信任判决，汇聚为访问请求与策略集进行比对，从而确定是否允许访问。图 5-15 描述的是访问控制策略模型基于零信任访问控制组件。访问主体以部署在数据资源前端的零信任架构（Zero Trust Architecture，ZTA）控制组件作为访问媒介，因此需要向 PEP 处的代理提供主体属性集合。PE 在获取到 PEP 经由 PA 发送的主体属性与动作属性后，在数据库中获取对应数据资源属性集合与环境属性集合，生成一条访问属性元组（Access Attribute Tuples，AAT）后，在本地的策略库进行访问策略的评估。

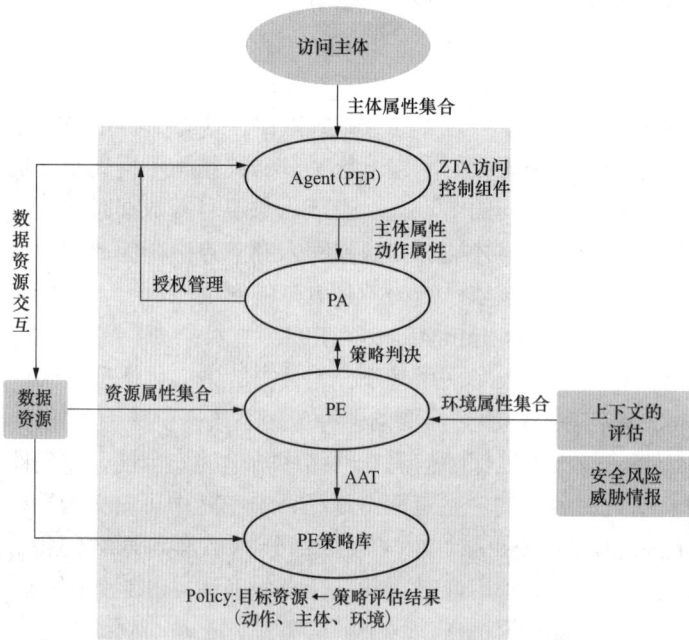

图 5-15　基于 ZTA 的细粒度访问控制模型

### 5.3.4　访问控制技术

1. 签名技术

　　电力物联网终端层中存在的大量信息交互节点给攻击者提供了庞大的攻击范围，攻击者通过对合法终端进行端口扫描，发起网络攻击，将会对电力物联网主站安全构成严重威胁。而数字签字是一种应用较为广泛的信息认证系统，又可称为公钥数字签字。该技术利用公钥加密以及数字摘要技术来实现对电网运行中数据的检测和鉴别，能够进一步保证电网内数据的真实性与有效性，其在应用的过程中类似于手写签名的纸质证明文件。

　　数字签名技术可以确定数据的发出方为签名方发出，由于第三方用户以及不法分子无法知道数据发送的密钥，因此不可能实现对数据的伪造与发送，故而能容易识别出通过冒名进行的数据发送。在数字签名技术实际应用的过程中签名加密算法输入待签名消息的 HASH 值，当该条信息遭受到修改以及篡改之后 HASA 的数值也会随之发生改变，没有正确的 HASA 数值则该信息不能完成签名认证，而被视为垃圾数据或危险数据。

　　综上可知，签名技术可实现电力物联网终端的身份识别以及身份信息完整性校验。通过对终端的签名进行验证可以实现对终端身份的识别，只有获得相应终端的公钥后，才能完成对签名的验证，从而实现对终端身份信息的完整性确认，并且对危险信息与垃圾信息进行过滤和处理。因此，数字签字技术在电力系统物联网中得到了大规模的推广与应用。

　　目前，使用最广泛的公钥密码数字签名算法包括 RSA、DES、DSA 以及椭圆曲线等。这些算法安全性较高，适用性强。

　　（1）DES（Data Encryption Standard）算法——对称加密算法。DES 算法将要加密的明文分组，每组 64 位，采用 64 位的密钥，循环移位 16 次得到 16 个子密钥（实际用到了 56 位，第 8、16、24、32、40、48、56、64 位是校验位，使得每个密钥都有奇数个 1）。

　　DES 算法的入口参数有三个：Key、Data、Mode。其中 Key 为 7 字节共 56 位，是 DES 算法的工作密钥。Data 为 8 字节 64 位，是要被加密或被解密的数据。而 Mode 是 DES 的工作模式，形式分为加密、解密两种。DES 解密的特点是明文和密文等长，每次对 8 位加密，并且解密和加密是互逆的。

　　3DES（Triple DES）是由 DES 到 AES 演变的一种新的加密方法，采用 3 个 56 位的密钥对数据进行三重加密，是 DES 的一种更具安全性的改进。该方案采用 DES 作为数据包的基础模块，采用组合成组的方式来实现数据包的加密。

　　（2）RSA 加密算法——非对称加密算法。RAS 是一种非对称加密算法，即加密、解密使用不同的密钥。因此通常是先生成一对 RSA 密钥，其中之一是保密密钥，由用户保存。而另一个为公开密钥，可对外公开。

　　RAS 的特点在于其安全性对大数分解有很强的依赖性，而现有的 RSA 的一些变种算法已被证明与大数分解等效，因此需要避开使用。RSA 算法的保密强度随着密钥的长度增大而增强。然而，密钥越长，其加密、解密需要耗用的时间也越长，因此实际运用中需要综合计算成本考虑。但是，在大数计算的条件下，RSA 算法在软硬件上都要慢于 DES 数倍以上。

　　（3）椭圆加密算法。椭圆加密算法（Ellipse Curve Ctyptography，ECC），其安全性设计是利用椭圆曲线上的有理点构成 Abel 加法群上椭圆离散对数的计算困难性。在某些情况下，ECC 相比其余方法采取较小的密钥，可以提供同等甚至更高级别的安全性，例如，大概 160 位的椭圆密钥与 1024 位的 RSA 密钥安全性相同。在私钥的加密解密速度上，ECC 算法比 RSA、DSA 速度更快，对存储空间及带宽要求更小。

　　电力系统物联网中存在着庞杂的信息和数据交互，因此首先需要提倡所有的电网用户使用统一的公用密钥，并确保用户所使用的密码能够和统一椭圆曲线的参数统一，从而在进行数据检测时，只需要提取组织好的报文中的具体内容即可。同时，对已经提取的内容进行椭圆曲线数字签名算法的推演，进而判断该信息是否具有有效性，以及实现危险数据的隔离处理。在实际的检测过程中，对于报文发送方的检测，首先需要提取电力系统物联网中通信报文 APDU 选项中的具体内容，这部分的内容被称为 M。系统会使用算法对 M 进行 HASH 的运算，从而得到该则报文中具体的 HASH 的 H 数值。在此基础上，使用发送方的密钥对 H 所采用的 ECC 算法进行加密，可以得到发送方的数字签名 S。S 将会在报文发送的过程中进行填充，从而报送系统来验证该则消息的真实性与有效性。当系统检测完成后，确认该则报文的安全性即可通过信息系统传送给接收方。此外，系统还需要对报文的接收方进行检测。当接收方接收到含有发送方数字签名 S 的报文后，系统会提取报文中 APDU 部分的内容，这部分的内容被称为 M1，并且根据系统中的 HASH 算法来对该则报文中的 H 值进行计算，将发送方的 H 值与接收方的 H 值进行比较一致才能够解除报文的限制。随后会提取出报文中的校验域部分的内容，这部分的内容被称为 S1，如果各项数值与发送方的一致，那么数字签名认证即可算作通过。

2. 权限控制管理技术

电力物联网是一个高度分布式的系统，它由许多物理设备和软件组件组成，它们需要进行安全的访问控制以保护系统免受未经授权的访问和攻击。其中权限管理技术是电力物联网的一项重要安全访问控制技术。它是一种用于控制用户如何访问系统资源的方法，通过定义角色、权限和资源等概念来确保只有授权的用户可以访问系统资源。

权限管理是指对用户访问电力物联网资源的权限进行管理和控制。主要包括以下几种。

（1）基于角色的权限管理技术。基于角色的权限管理技术是指将权限分配给角色，以该角色在组织中的职能为基础，用户通过分配角色来获得相应的权限。该技术适用于组织架构清晰、角色分工明确的组织。在电力物联网中，基于角色的权限管理技术可以将不同的权限分配给不同的角色，例如，系统管理员、数据操作员、数据查询员等。通过这种方式，可以保障不同角色的用户能够拥有相应的系统权限，从而更好地完成任务。

（2）基于策略的权限管理技术。基于策略的权限管理技术是指通过制定规则，来限制用户的权限。该技术强调访问控制，以规定的策略为准，对用户的访问进行限制。在电力物联网中，基于策略的权限管理技术可以通过访问控制列表（Access Control List，ACL）、访问控制矩阵（Access Control Matrix，ACM）等方式来实现。这种技术可以实现对数据的精细化控制，提高安全性。

（3）基于 ACL 的权限管理技术。基于 ACL 的权限管理技术是指通过在文件或者目录上设置访问控制列表，来限制用户的权限。ACL 是一种针对特定对象，管理访问权限的一种机制，在电力物联网中，可以通过 ACL 来限制用户对数据的读、写、执行等权限。该技术具有简单、易用、安全性高的特点，是一种常用的权限管理技术。

## 5.4　信息物理系统安全技术

电力信息物理系统（Cyber-Physical Systems，CPS）是由大量的计算设备（服务器、计算机、嵌入式计算设备等）、数据采集设备（传感器、嵌入式数据采集设备等）和物理设备（大型发电机组、分布式电源、负荷等）三部分构成的。设备之间依次由两个较大的网络连接起来。在这些设备中，不同的信息设备（计算、感知、控制）通过通信网络互相连接，而不同的物理设备（电源和负荷）通过输电和配电网络互相连接。电力 CPS 不同于常规电网控制体系，它的特点如下。

（1）具有远大于智能电网的信息采集范围。

（2）其通信网络是有线网络和无线网络的结合。

（3）包括大量分布式计算设备。

（4）在电力 CPS 系统中，各类负载设备及分散电源均通过网络接入，并可直接受其控制。

电力 CPS 能够和其他 CPS 子系统互联，进而实现协同工作。比如，电力 CPS 和交通 CPS 等，能够实现对电动汽车的协同控制。一方面，利用车载无线感知与控制技术，能够实现对电动车的遥控，达到防撞、防拥堵、节能减排等目的。另一方面，电动汽车既是一种用电设备，同时也可以作为一种分布式电源，因此未来将是电力系统的重要组成部分。通过车载传感器获取的车辆位置、电池状态等数据，不仅可应用于道路交通信息系统，还可应用于电网的负荷预报、发电计划等。除此之外，在交通 CPS 进行车流量调度时，通过把对电力系统的影响考虑在内也将促成实现在更广的范围内的节能减排目标。

### 5.4.1　CPS 面临的信息安全威胁

相比于传统的电力系统，电力 CPS 所要面临的信息安全风险更大，其原因主要来自以下几个方面。

**1. 电力系统结构和功能的变化**

我国的电力通信网络在总体上呈现出一种"高压端强，低压端弱"的局面，对电力信息系统的安全问题也以发、输、变环节为重点。以往，因为配电系统中终端设备分布较为分散，且配电通信网络中传输的数据相对不是非常重要，因此从通信网络的建设和运行成本的角度出发，允许在配电侧的通信系统中使用公用通信网络作为主要的通信通道。然而，随着智能电网的发展，电力 CPS 中将涌现出大量的智能终端设备，并且不同设备之间可以通过信息的交互来实现控制策略的制定和控制动作的实施。此外，电网与用户间的交互将会越来越频繁。因此，攻击者可以通过配电通信网络中的公用网络部分向配电侧信息系统发动攻击，并借由配电侧信息系统和配电系统的紧密联系影响配电系统正常运行，甚至损害电网和用户收益。在这种情况下，配电通信网络中信息的共享和安全性之间的矛盾将变得更加突出。

**2. 通信网络的变化**

电力信息系统的通信网络可以划分为专用网络和公用网络两种。专用网络上数据的传输通常依赖于专业的、私有的通信协议。这些通信协议对于普通的网络攻击者而言是难以解析的，因此，"依靠难以理解获得安全"一直是传统电力信息系统中常用并且有效的一种手段。但是，为实现更广泛的数据共享和设备间的互操作，使用标准化的通信协议已经成为电力信息系统中一种共识。IEC、IEEE、NIST（美国的国家标准与技术协会）等研究机构针对这一问题也制定了一系列通信标准，国内的研究人员也在这方面做了一些研究。对公用网络而言，其在电力信息系统中的应用会变得越来越广泛。攻击者通过公用网络能更容易地获得电力系统运行的相关信息，甚至直接对电力系统造成影响，尤其是配电系统的运行稳定性。

**3. 安全威胁来源的变化**

信息系统的安全威胁可以分为无意威胁和有意威胁两类。无意威胁主要包括设备故障、操作人员疏忽大意、自然灾害等；有意威胁则主要来源于工业间谍以及网络黑客。主要来自以下几个方面。

（1）CPS 的感知层由无线传感器网络构成，大部分传感设备的通信、计算以及存储等能力十分有限，因此无法直接使用跳频通信以及公钥密码等传统安全机制。

（2）因为 CPS 系统利用未来网络作为核心承载网络，因此 CPS 网络规模的不断扩大和信息处理环境的分布，使其在拒绝服务（DoS）和拒绝服务（DDoS）攻击方面具有更大的脆弱性。

（3）由于 CPS 将网络化的特点融入控制系统中，使得非法的攻击者可以利用诱骗、阻塞、拒绝服务攻击等手段来造成控制指令的延迟或扭曲，从而导致 CPS 系统无法及时执行任务，甚至无法进入稳定状态。

4. 终端设备计算能力的不足

当前，在计算机网络环境下，存在着大量的访问控制、消息鉴别和身份认证等多种安全技术，其中大部分都是在进行加解密时，需要花费大量的时间。然而，电力 CPS 中终端设备的计算能力普遍不足，在这些终端设备上实现如计算机系统中那样复杂的加密或解密算法将花费更多的时间。考虑到电力 CPS 中的控制系统对实时性的要求很高，直接将这些计算机领域常用的安全防护技术应用到电力 CPS 中可能会违反系统对实时性的要求。为此，电力 CPS 中的安全风险更加难以防范。

5. 系统运维人员和设备制造商安全意识的不足

传统的观点是，采用安全隔离的方法，可以有效地防止信息系统遭受网络攻击。为此，电力系统运维人员中普遍存在着安全意识不足的问题。比如，运维人员经常采用系统的默认密码、不定期更新系统安全补丁、不认真执行安全规定等。设备制造商在安全意识方面存在一定缺陷。相比于计算机网络中的设备，电力信息系统中的终端设备往往有着更长的使用周期，其使用年限可达到 15～20 年。很多情况下，当设备制造商停止对某一设备提供安全服务支持时，该类型的设备仍在电力系统中应用。这样，就存在着难以为某些旧设备找到可用的安全补丁等问题。

### 5.4.2　CPS 安全机制

1. 保护机制

（1）发电机保护。发电机保护是确保发电机在运行过程中免受永久性损坏的重要措施。当电力系统频率超出正常范围，无论是过低还是过高，发电机都会自动与电网断开连接，以避免可能对发电机造成的永久性破坏。发电机保护系统通常包括：纵向差动保护、励磁回路接地保护、低励磁和失磁保护、过载保护、定子绕组的过电流保护、逆功率保护等。发电机保护的功能不仅在于确保发电机本身的安全运行，对整个电力系统的正常运行和电能质量也至关重要。考虑到发电机本身的昂贵性和重要性，保护措施尤为重要。电动机保护器则是基于检测线路电流变化的原理，包括正序、负序、零序和过流，以检测任何断相或过载情况。除了断相保护功能外，它还具备过载和堵转保护功能，以确保电动机在各种情况下的安全运行。

（2）低频减载（Under Frequency Load Shedding，UFLS）。又称自动按频率减负载、低周减载（Automatic Frequency Load Shedding，AFL），是保证电力系统安全稳定的重要措施之一。在电网发生大范围缺电时，通过切掉某些次要负荷，降低电网的有功缺额，使得电网的运行频率不超过事故允许的限度，从而确保重点负荷的可靠供电。如果电网频率过低，则启动受控减载。以一种可控的方式进行部分电力分配系统的断开，同时避免像医院、供水等安全关键负荷的中断。UFLS 的启动是为了提高电网的频率，防止发电机断开。

AFL 的基本要求为：①能在各种运行方式和功率缺额的情况下，有效地防止系统频率下降至危险点以下；②切除的负载应尽可能少，无超调和悬停现象；③应能保证解列后的各孤立子系统也不发生频率崩溃；④当变电站供电线路失效或变压器跳脱，负荷反馈电压出现频率下降时，必须可靠地闭锁低频负荷；⑤在电网中出现低频振荡时，不能误动；⑥电力系统受谐波干扰时，不应误动。

对自动低频减载闭锁方式的分析：

1）时限闭锁方式。该闭锁方式是通过带 0.5s 延时出口的方式实现，以前，它主要应用在电磁频率继电器、三极管频率继电器等低频负载设备中。但是，若电机在短时间内在负荷中所占的比例很大，那么在电机的反馈影响下，母线电压的下降缓慢，而电机的速度下降得很快，这时，即便是 0.5s 的延时，也会造成低频切负荷的误动；同时当基本级带 0.5s 延时后，对抑制频率下降不利。当前，该闭锁方式通常不再用于基本级，而是用在整定时间较长的特殊级。

2）低电压带时限闭锁。这种闭锁模式是在切断电源之后，通过电压和转速的降低实现对低频切负荷的闭锁。由于电动机电压衰减较慢，因此必须带有一定的时限才能防止误动。

（3）过流保护。是电流超过预定最大值时的电流保护装置动作。在流经被保护部件的电流超出预定值时，通过时序确保动作的选择性，从而实现断路器的脱扣或报警。很多电器是有额定电流的。当装置超出额定电流时，装置将被烧毁。

因此，这些设备都做了一个电流保护模块，在电流超出设定值的情况下，会自动切断电源，从而达到保护装置的目的。比如电脑主板上的 USB 接口，USB 过流保护一般都要保护主板不被烧毁，常见的过流保护电路方法有：电阻初级电流限制电路、基极驱动电流限制电路、无功率限流电路、555 定时器限流电路。过流保护分为两种：一种是具有给定电流、瞬时动作的短路保护。在电力系统中，常用的是电磁脱扣器（或继电器）和熔断器。

过载保护具有整定电流较小，反时限动作的特性。热继电器、延时型电磁电流继电器是常用的过载保护元件。熔断器也经常用作过载保护元件，冲击电流不大。

在 TN 系统（terra neutral system）中，当使用熔断器进行短路保护时，熔体额定电流不能超过 1/4 相短路电流。带断路器保护的断路器瞬时动作或短延时动作过电流脱扣器的整定电流不能超过单相短路电流的 2/3。

过流保护电路的基本原理为：当电流超过一定数值时，将会导致导体温度过度升高或危险升高，此时过电流保护装置将断开装置来保护电路。大部分过流保护装置都能对短路、接地故障电流值以及过载情况做出响应。当电网发生相间短路故障、负载异常增加、绝缘水平下降时，会导致电流急剧增大，相应电压会急剧下降。过流保护是根据线路选择性的要求来设定电流继电器的动作电流。在故障线路上，在短路电流达到动作值后，按照保护设备的选择要求，有选择地断开短路线，并经其接触点起动时间继电器。在规定的延时之后，时间继电器触头合上，断路器分闸，断路器分闸，断开故障线，与此同时，信号保护装置启动，信号板下降，照明或音频信号开启。在负载短路、过载、控制回路失效等非预期条件下，稳压管中的开关三极管将产生大量的电流，使其功率消耗增大，并发热。如果没有过流保护装置，一个大功率的开关晶体管可能会损坏。

（4）过/欠压保护。国家规定单相 220V 的供电误差不得大于 220V 的正负百分之十，也就是指定，当供电高于 242V，叫过压；低于 198V，叫欠压。过压会使设备绝缘破坏，引起电弧、放电、电晕等现象，给设备带来损坏，欠压则会使设备无法正常工作，影响设备的使用效果。此外，过压、欠压也会给电网带来不利的冲击，引起电压失稳，从而影响其他设备的正常运转。因此需要安装电压继电器，如果母线电压过低或者过高，能够自动快速切断电源。

2. 故障检测机制

通过故障检测、隔离和重新配置来保证其容错率。采用基于模型的检测系统或纯数据驱动系统来检测异常。隔离则是识别异常来源的过程，重新配置是从故障中恢复的过程，通常通过移除故障传感器来进行重新配置。

3. 鲁棒控制机制

鲁棒控制研究的是控制系统在运行中如何面对不确定性问题。这些问题可能来源于自然环境（如飞机运行时的阵风）、传感器噪声、未被工程师建模的系统动力学和系统部件随时间的退化。鲁棒控制通常选取最不利运行的条件来设计控制算法，使系统安全运行。

随着 CPS 安全成为主流领域，拥有保护机制和鲁棒控制机制的 CPS 也逐渐不能免受网络攻击。已有研究证实，电网中故障检测（坏数据检测）算法是如何被绕过的，通过发送与电网合理配置一致的错误数据即可进行绕过。攻击者在传感器中注入少量虚假数据，从而使故障检测系统无法将其识别为异常，现在已经有现实世界的攻击会针对这些用于预防事故的保护措施。

### 5.4.3　安全防护隔离技术

外部网络是电力系统的公共互联网，同时电力系统也是电力企业内部网络的一个重要组成部分。内部网络可以直接利用电力系统的防护手段，防火墙以及相关的网络入侵检测技术对于电力信息系统而言有着十分重要的作用与价值。站在主动的角度进行分析，隔离技术是保护电力系统安全的重要手段，隔离技术主要是利用物理隔离、协议隔离、防火墙隔离等技术。对于电力系统而言，安全装置中也有着十分重要的作用，其能够对电力信息系统的信息作出充分的安全保障。如图 5-16 所示为电力信息系统的隔离设备。

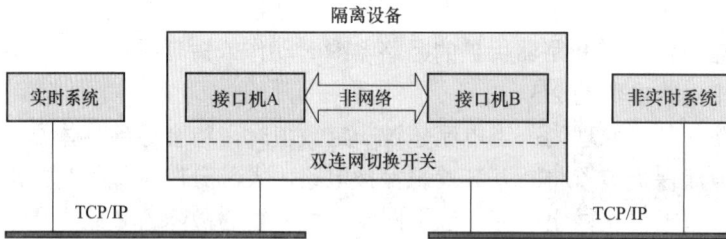

图 5-16　电力信息系统隔离设备

如图 5-16 所示，电力信息系统隔离设备的主要组成部分就是两个具备接口的计算机。该技术的应用能够保障计算机操作系统的安全加固功能得以充分提升，剔除一些常规性质的网络性能。这两个接口机 A 与 B，将非实时的系统以及实时性的系统进行充分的协调就是其主要的任务。在运行的过程中，接口机 A、接口机 B 分别是实时网络、非实时网络系统中的重要节点。接口机 A 和 B 的关联一般情况下都是标准网络联系方式，从而进一步提高了物理层面对电力系统的保护能力。

1. 物理防护隔离技术

在物理层面上对电力企业外部和内部网络进行保护和隔离，彻底地切断电力企业的内部网络以及外部网络，但是不管是利用直接或者间接防护措施，内部与外部网络之间都不能够实现真正的连接。而物理防护隔离技术应用主要目标就是为了最大程度避免因为病毒程序以及黑客的不法入侵的情况导致电力信息系统的安全性受到严重的影响，用外力隔离的方式来隔绝外来网络攻击。一般情况下，电力系统可以直接利用物理防护隔离技术对电力信息系统信息安全性做出充分保障。电力企业信息系统内部网络被物理防护隔离技术分为多个安全区域，并且每个区域都存在不同边界，可以增强电力系统的可控性和安全性。结合实时监测技术以及安全管理技术，若出现不同的网络攻击而言都能够对其出处进行明确，促使相关工作人员更为有效的查找网络攻击者。换而言之，物理隔离技术的应用能够切实保障外部网络通过连接对内部网络造成破坏的情况得到充分的避免，最大程度避免内部信息泄露的情况发生。通常情况下，人们将物理隔离技术区分为两个类别，包括时间隔离系统以及物理隔离技术。

（1）时间隔离系统：不会实时地访问电力信息系统中的信息与数据，反而是借助一系列设置的切换，建立一个完善的内部与外部网络信息交流条件。作为一种物理防护隔离装置和信息存储区域相组合的系统，同时其中还包含清除技术、病毒扫描、入侵检测技术以及防火墙技术等，以此为基础，时间隔离系统才能够真正为外部和内部网络构建有效的信息交流通道。

（2）物理防护隔离技术：在计算机上安全隔离卡是常见的应用手段，而将某一台计算机进行分身处理，促使其虚拟为两台计算机是安全隔离卡的主要作用，这两台虚拟的计算机分别处于安全状态以及公共状态，完全隔离这两种状态，以这种状态为基础，充分保障计算机系统可以更安全连接内部和外部网络。电力企业在应用隔离卡为电力系统提供保护时，相关计算机会自动出现一个公共区域和安全区域，这两个区域会同时受到安全防护隔离的监管，从而保证计算机系统可以与内部网络以及安全区相互连接，同时切断与外部网络之间的连接，并控制硬盘开辟公共通道，在相应公共环境下关闭安全区域。

2. 协议防护隔离技术

协议防护隔离技术工作原理主要是借助协议隔离器，将内部与外部网络进行隔离，从而保护电力系统信息安全。协议隔离器通过两个接口分别连接内部和外部网络，由于协议隔离器在连接网络时需要输入特殊密码，因此，在应用协议隔离技术的过程中，外部网络和内部网络之间是断开的，只有在有需求的情况下才能够进行外部网络和内部网络的连接。

3. 防火墙技术

防火墙技术就是屏障隔离技术，其主要是在内部和外部网络之间构建安全屏障，以拦截或者阻断非法入侵和恶意攻击。防火墙技术对电力系统信息安全的保护，主要是借助限制功能和检测技术，检测和拦截数据流，促使内部网络的结构与信息得以充分保障，为内部网络的安全运行奠定了坚实的基础。

### 5.4.4　系统层面的安全技术

1. 数据库系统隔离安全技术

数据库之中存储着电力信息系统的每一项关键数据，是电力信息系统建设的关键。因此，数据库的安全性对于整个电力信息系统的安全性而言有着十分重要的作用与价值。数据库的安全性主要体现在存储在数据库中的信息的安全和完整性，而对数据库的访问控制和安全管理方法则可以保证数据库的安全。在进行安全管理的过程中，通常采用集中管控和分散管控的方式，集中控制在应用的过程中借助一个授权的计算机对整体系统进行维护与控制，分散管控的方式主要是借助不同的管理程序对数据库的不同部分进行合理的控制。所谓的存取控制措施能够引导用户明确与自身相关的重要数据，不显示其他的数据。

　　2. 操作系统隔离安全技术

　　计算机系统对电力系统有着支撑作用，并且影响着整个电力系统信息安全性。因此，相关人员应该加强对操作系统安全的维护，并建立一套科学的安全机制来保证系统的安全。

# 第6章 新型电力物联网技术与工程实例

本章主要对天空地新型电力物联网体系架构、关键技术、演进路线进行介绍，最后介绍了几个典型的电力物联网应用和工程实例。

## 6.1 天空地新型电力物联网体系架构

针对电力物联网面临的"难以保障全覆盖""物联终端超海量""能耗问题成瓶颈""差异化跟不上"等现实问题，本章采用天空地新型电力物联网技术，研究未来电力物联网体系架构。图6-1左侧所示为天空地一体电力物联网网络结构，包括天基段、空基段、地面段3部分。其中，天基段包括地球同步轨道GEO卫星网络、中轨道MEO卫星网络和低轨道LEO卫星网络，轨道内部与轨道之间可通过星间链路实现互联互通。空基段由高浮空平台和低浮空平台组成。与大基段（如：LEO）拓扑动态变化和用户链路超大时空尺度相比，空基段更加稳定，延时更小，终端能耗更低。这对于天空地电力物联网中海量物联终端接入服务而言至关重要。地面段包括移动蜂窝网络和有线网。天空地网络边缘侧具备边缘云服务能力，以及时响应各类业务请求。

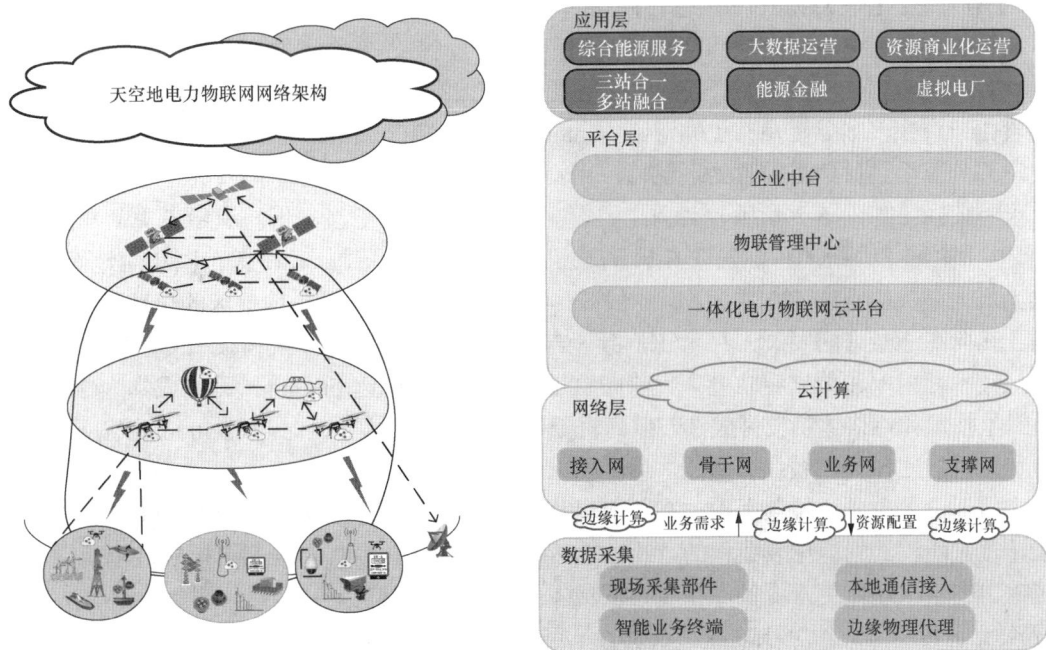

图6-1 天空地一体电力物联网体系架构

（1）数据采集层：天空地一体电力物联网物理设施和智能终端的感知模块可以持续采集获得大量网络/环境/业务数据。数据采集层本身具备基础的存储和计算能力，主要负责数据实时采集并上传。

（2）网络资源层：天空地一体电力物联网网络资源既包括网络带宽、计算、存储、频率、功率、IP 地址等传统资源，还包括卫星星座，频轨分配，空基路径、飞行高度、飞行速度等新资源要素。网络资源层一方面负责将数据采集层获取的数据通过网络基础设施传送至上层分析挖掘，另一方面统筹传统资源要素与新资源要素，基于天空地一体电力物联网全要素资源参数化表征和具体化描述，将天空地多维异构资源抽象为可按需调度、动态迁移的虚拟资源池。通过认知智能层实现资源与业务的高效匹配决策与动态映射。

（3）平台层：采集得到的数据经网络设施上传后，首先进行数据清洗等预处理，然后采用深度强化学习分析挖掘网络/环境/业务数据，训练获取业务需求并提取资源特征进行知识发现，学习结果在本地知识库存储，并可通过网络资源与其他节点知识库互动共享，认知智能层利用软件定义网络的全局视角进行业务需求匹配、空天地资源分配、异构资源动态协同等认知决策，发出整体最优控制命令，由网络资源层执行实施。

（4）典型应用层：负责天空地一体电力物联网典型应用业务的 QoS 和体验质量（Quality of Experience，QoE）处理与保障。应用层对电网数据进行解析、处理和存储，同时提供一体化展示功能，方便运维人员在可视化、图形化界面上对通信网络进行操作和监控。实现 5G 电力物联网的实时控制和数据处理。

天空地一体化电力物联网的网络架构的天基段、空基段和地面段之间相互协作，实现电力系统数据的远程传输和全球联网，为电力系统的智能化管理和控制提供了可靠的技术支持。下面将对这 3 个部分的网络架构进行详细介绍。

### 6.1.1 天空地电力物联网-天基段网络

典型的卫星通信系统由地面部分、空间段和空地间链路三个主要部分构成。地面部分一般包括各类电力物联网设备、信关站、卫星测控中心及相应的卫星测控网络、网络控制中心。空间段由一颗或多颗卫星及其星间链路（Inter-Satellite Link，ISL）组成，负责信息的接收、转发，部分卫星具备信号的再处理能力。用户段由各种电力物联终端构成。

天基段网络如图 6-2 所示，目前主要有高轨卫星、中轨卫星、低轨卫星三类，典型高、中、低轨卫星通信系统的特征见表 6-1。高轨卫星单颗星覆盖范围广，覆盖范围相对地面固定，单颗星最大可覆盖地球 42%的面积，一般 3～4 颗卫星即可完成除极地地区的全球覆盖。高轨卫星正在向高通量方向发展，利用 Ka 频段丰富的频谱资源及多波束和频率复用技术，提高了卫星频率利用率和数据吞吐量。目前高轨卫星系统容量可达 50Gb/s，系统成本为 30 亿美元，卫星技术和通信体制较为成熟。但高轨卫星的传输延时大，延时超过 500ms，卫星设计、制造和发射的门槛高，系统容量低，适合传统卫星广播业务。

中轨道卫星单颗星覆盖面积与高轨卫星相比要小很多，轨道高度 2000～20000km 的中轨卫星，覆盖面积约为地球表面积的 12%～38%，需要十几颗到几十颗卫星构成星座，完成全球覆盖。中轨卫星定位于提供高带宽、低成本、低延迟的卫星互联网接入服务，造价成本为 12 亿美元，传输延时约为 150ms，系统容量可达 15Gb/s。

低轨卫星单颗卫星成本低，覆盖范围较小，需要多颗卫星组成大型卫星星座完成全球的覆盖。星座设计总容量可达几十太字节每秒。低轨卫星轨道高度小于 2000km，由于轨道高度低，低轨卫星传输延时也较小，通常在 30ms 左右。目前低轨卫星的发展趋势为小型化、低成本、更密集组网、单独成形可控制波束，采用小型化、轻量化设计降低制造和发射成本，

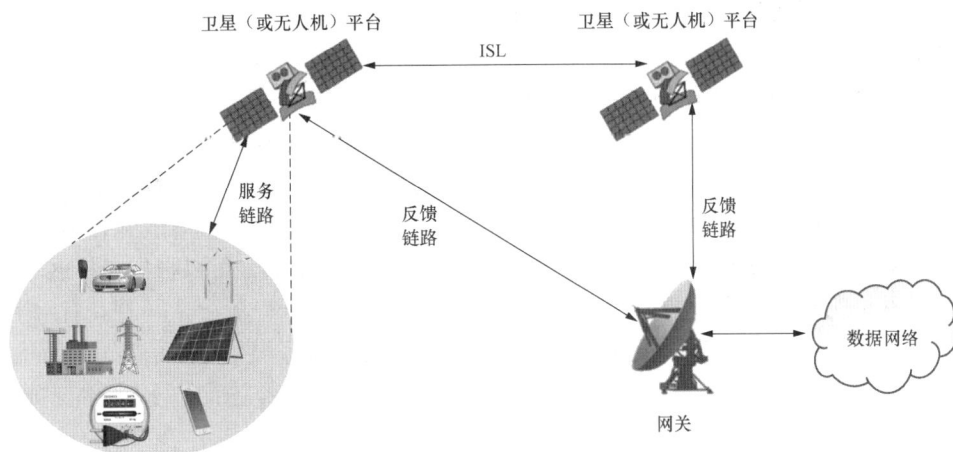

图 6-2　天基段网络

表 6-1 典型卫星通信系统特征

| 项目 | 高轨卫星 1 | 中轨卫星 | 低轨卫星 11 |
|---|---|---|---|
| 轨道高度 | 35860km | 8062km | 110~1325km<br>320~580km |
| 卫星数量 | 4 | 12 | 4409 |
| 系统通信容量 | 50Gb/s | 16Gb/s | 350Tb/s |
| 端到端延时 | 500ms | 约 150ms | 约 30ms |
| 系统容量密度 | 23.24bps/km$^2$ | 24.14bps/km$^2$ | 17Mbps/km$^2$ |
| 容量成本 | 6 千万美元/Gbit | 1375 万美元/Gbit | 1.84 万美元/Gbit |

组网更加密集以提供更大的系统吞吐量，并采用波束成形和波束调形功能将功率、带宽、大小和视轴动态地分配给每个波束，最大限度地提高性能并最大限度地减少对高轨卫星的干扰。大型低轨卫星星座是当前卫星通信系统的重要发展趋势，通过增加卫星数量可以大幅提升系统容量。目前多个国家提出了低轨卫星计划，频轨资源竞争激烈。软银、沃达丰、乐天等地面运营商也直接投资了低轨卫星星座。

表 6-1 为典型卫星通信系统的网络能力特征，相比于地面互联网，卫星网络具有以下几个显著的优势。

（1）覆盖范围广。理论上讲，3 颗 GEO 卫星几乎就可实现全球覆盖。虽然 MEO/LEO 卫星的覆盖范围不如 GEO 卫星，但通过部署一定数量的中低轨卫星，也能形成一个覆盖全球的卫星网络。而且随着沙漠太阳能、海上风电等可再生能源的快速发展，大量电力物联网设备被部署到偏远地区，以确保电力的安全可靠运行，依赖无缝的覆盖范围，卫星网络可以具有较大范围的机动性，在任何时间、任何地点都具备网络服务能力。

（2）支持大规模灵活通信。借助卫星的多波束能力、星上交换和处理技术，卫星可实现在指定区域内同时跟踪数百个目标，可对指定波束功率进行灵活调整，可按需实现点对点、一点对多点、多点对一点和多点对多点等通信方式。

（3）可应用于抗险救灾、应急通信等特殊场景。在发生自然灾害或战争情况下，地面通信设施或者电力物联网设备一旦被损坏，地面网络将陷入瘫痪。卫星网络对地面基础设施依赖程度较低，不受自然灾害和战争等情况的影响，可以提供持续有效的通信服务。

### 6.1.2　天空地电力物联网——空基段网络

空基段网络中的高空通信平台将无线基站安放在长时间停留在高空的飞行器上来提供电信业务，它使用已有的通信技术，可以与地面电力物联终端直接通信。空基通信高空通信平台具有服务覆盖范围广、受地面因素影响小、布设机动灵活等优势，可有效弥补地面网络的不足。一般来说，空基段设备有飞艇、气球、固定翼无人机等形式，可以根据目标区域特点、部署成本和网络需求选择合适的平台形式。由于高空平台部署于平流层，同时具有水平和竖直方向两个自由度，因此，可以根据地形特点、用户分布、业务类型和通信需求等条件设计高空平台组网构架，通过优化高空平台部署位置和运行路径提升高空平台网络性能。如图6-3所示。

图6-3　天空地电力物联网——空基网络结构示意

高空平台可作为空中基站、中继站或交换中心，与地面控制设备、网关以及不同类型电力物联终端构成移动电力通信系统。根据为高空平台提供升力的物理原理，可以将高空平台分为空气静力学平台和空气动力学平台。空气静力学平台主要包括气球和飞艇，它们都是由太阳能为其提供能源动力，并带有推进系统，具有携带数吨质量的有效载荷并实现定点、主动控制和机动的能力。最早的空中平台（Aerial Platform，AP）是气球，主要用于军事侦察和天气监测。由于气球制作工艺、囊体材料和球体载荷的不同，可将气球分为零压气球、超压气球和系留气球。零压气球是一种无动力，主要靠浮力和风力飞行，气囊内外压差基本为零的自由气球。超压气球是一种内部气压高于外部气压的气球，在飞行过程中一般不排出气囊内部的氢气，能够实现长时间的飞行，像谷歌使用的超压气球，其最长驻空时间达到312天。系留气球是一种可以利用地面缆绳控制飞行高度的气球，能够实现较长的驻空时间。和气球类似，飞艇也是利用浮力飘浮在空中，国外已经完成了多次平流层飞艇飞行试验，并在囊体材料的选取、能源和动力方面取得了很大进展。另一方面，空气动力学平台主要包括固定翼高空无人机，机翼表面通常装备大面积太阳能电池板，白天依靠太阳能转化电能提供能源，夜间靠白天存储的电能维持高空飞行。驻空时间根据部署需要从几天到几周不等。

　　空基通信高空通信平台升空高度为 20km 时，覆盖范围半径可达约 50km，采用 4 面台或 5 面台天线，将其覆盖范围划分为 4～5 个小区，小区边缘传播空口延时约为 180μs，覆盖范围内的延时差为 12.8μs。HAPS/HIBS 的网络容量主要由平台的载荷决定，其中系留式气球和飞艇的载荷比较大，通常为几百千克，预计可以搭载 1 个宏站设备。以 3.5GHz5GNR 宏小区（100MHz 带宽）基站，系留气球或飞艇上的通信平台单小区峰值速率可达 5Gb/s，单基站峰值速率可达 20/25Gb/s。

　　空基通信高空通信平台可以以较低的成本覆盖大面积区域。空基通信高空通信平台传输链路通常存在视距传输信号，信号能量损耗小，传输质量高，可以与普通手机终端直接通信，是地面网络的有效延伸。

　　近年来高空平台通信得到国内外越来越多的关注。空中平台的历史可以追溯到 1783 年法国的蒙戈费埃兄弟发明的载人热气球，而最早的高空平台通信是由美国贝尔实验室（Bell Lab）在 1960 年发射 Echo 号大型气球试验完成的。早在 20 世纪 60 年代，美国、加拿大、日本开展了很多平流层平台的研究，但是受限于平台控制技术和能量供应问题，一直处于停滞阶段。直到 20 世纪 90 年代，政府部门、研究机构以及多个大型企业共同组成的平流层平台开发协会提出了多个大型平流层飞艇计划，可以提供的总功率达到数百千瓦，在空中停留数年，同样由于技术原因这些设想都无法按计划转入工程应用。但是在平台的设计和开发、能源子系统（包括太阳能电池）、天线子系统、无线通信技术和方法、通信有效载荷、应用甚至商业模型方面都取得了显著的成就。

### 6.1.3　天空地电力物联网-地面段网络

　　在天空地一体化电力物联网网络架构中，地面段网络主要包括基站、大量的电力物联网设备组成。电力物联网设备产生的计算密集型和延迟敏感任务可以在本地处理，卸载到空基段，或卸载到天基段。非地面网络与地面移动网络拥有各自的优势和劣势。天空地一体化电力物联网地面移动网络的优势在于强大计算能力、大数据存储能力、高数据传输速率、低延时、城郊低成本覆盖以及支持海量连接，在人口相对聚集的地区可以有效提升社会与经济的数字化程度。但是在偏远地区的地面网络铺设困难，成本高昂，且地面网络会受到地形和地理灾害限制。而非地面网络可以突破地表限制，实现全球全域的无线覆盖和大时空尺度的快速通信服务。卫星网络具有天然的广播特性，覆盖范围内的链路损耗与延时相对一致，避免了地面移动蜂窝网络中的"远近"效应，用户具有相近的体验速率。

　　在偏远地区，天空地电力物联网非地面网络具有比地面网络更低的覆盖成本与容量成本。但其传播延时长，并且无法完成深度覆盖和城区容量承载。

　　天空地电力物联网络有助于电力系统实现低成本的全域泛在覆盖，挖掘全新应用市场；有助于消弭数字鸿沟，促进数字化社会经济的和谐发展。地面移动网络提供基础的大数据存储与处理能力，并利用高数据传输速率提升大部分陆地区域的数据传输的效率；非地面网络提供偏远地区、海洋、空域等立体覆盖能力，协助地面网络实现全域泛在覆盖。深度融合的空天地一体化网络可以充分利用卫星、高空平台和地面 5G/6G 网络各自的特点与优势，实现电力物联终端的极简极智泛在接入和全域时敏服务。

　　天空地一体化电力物联网络是未来 6G 网络的重要发展趋势，目前正处于发展初期，3GPP 与 ITU 等均已开展了相关的研究。

## 6.2 新型电力物联网演进路线

天空地网络架构演进、天空地关键技术演进、天空地终端侧演进以及天空地电力物联网演进是本节介绍的主要内容。

### 6.2.1 天空地电力物联网网络架构演进方向

在过往的数十年中，由于技术和市场等因素，总体，地面电力物联通信系统和卫星通信系统独立发展。未来，面向电力物联网泛在通信和万物智联的迫切需求，电力物联通信系统和卫星通信系统优势互补，融合发展，资源共享，将会迎来新的机遇。虚拟化、大数据、AI等技术的成熟，也为空天地一体化发展提供了良好的技术基础。

在现阶段的卫星通信网络中，星侧的通信功能相对比较简单，比如缺乏基带信号处理能力或不具备星间链路。因此，在未来的网络建设中，如果卫星仍然只采用透明转发模式，将导致系统严重依赖地面信关站的建设，无法有效构成支撑广域高效通信的多层网络。

未来天空地电力物联网络架构演进的前提是卫星平台能力的增强。例如，当卫星具有基带信号处理能力和星间链路时，数据可以在卫星间传递转发，网络架构也将由单层次网络向多层次网络演进，如图 6-4 所示。随着各类平台的发展，网络的系统侧节点可能会包括不同轨道高度的卫星、位于平流层的高空平台以及地面上的基站。其中，位于不同层次的网络节点可以通过标准化的无线空口技术进行互联互通，以承担不同的网络功能。例如，低轨道的卫星和地面基站分别作为天基和地基的接入网，高轨道的卫星作为天基骨干网，两者共同构建一个多层次的融合网络。根据网络中各系统节点能力及网络功能的不同，可以构成多种不同的接入网络架构，如图 6-5 所示。

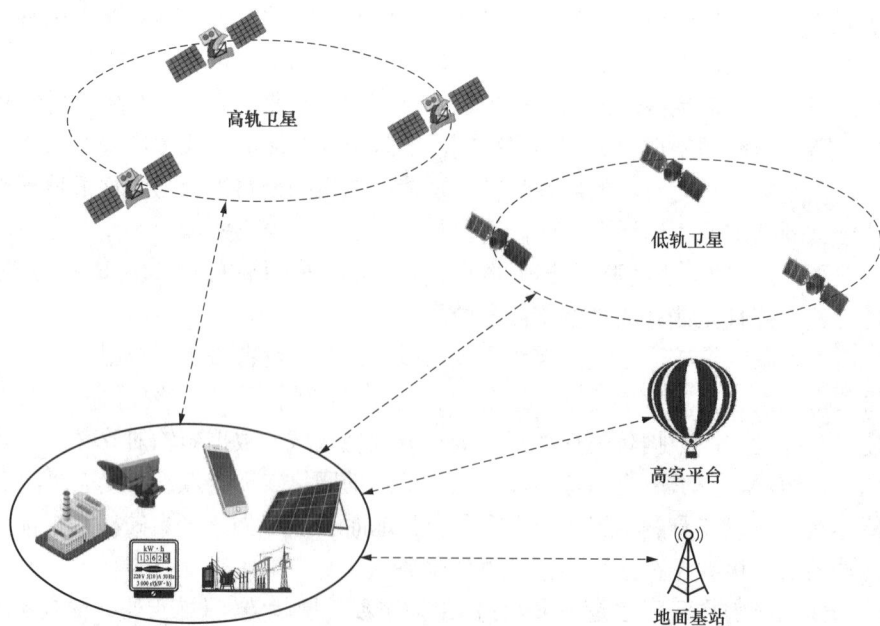

图 6-4 多层次网络架构

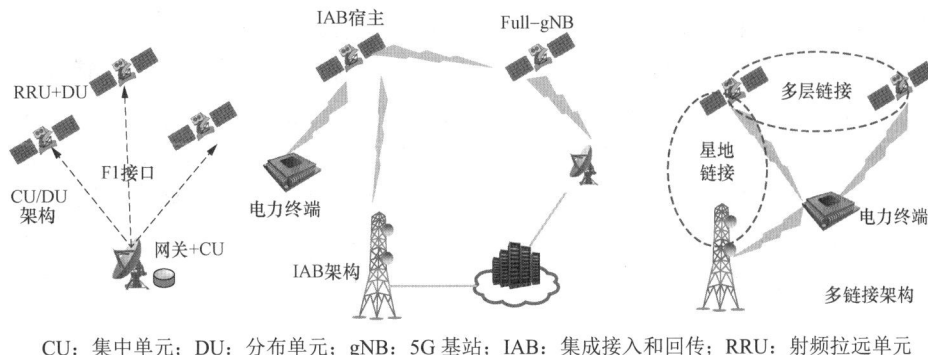

CU：集中单元；DU：分布单元；gNB：5G 基站；IAB：集成接入和回传；RRU：射频拉远单元

图 6-5 灵活的接入网网络架构

未来电力物联网络核心网的结构和部署也是灵活多样的，如图 6-6 所示。其中，非地面网络（Non-Terrestrial Network，NTN）回传结构是指，NTN 网络作为地面无线接入网到地面核心网的无线回传网络；核心网共享结构是指，地面网络（Terrestrial Network，TN）和 NTN 各自拥有独立的接入网，但共享同一个核心网；NTN 接入共享结构是指，拥有不同核心网的运营商可以共享 NTN 无线接入网；漫游与服务连续性部署结构是指，同一多模终端从 TN 网络漫游到 NTN 网络或从 NTN 网络漫游到 TN 网络，可以通过各自核心网之间的 N26 接口，支持漫游终端的服务连续性。

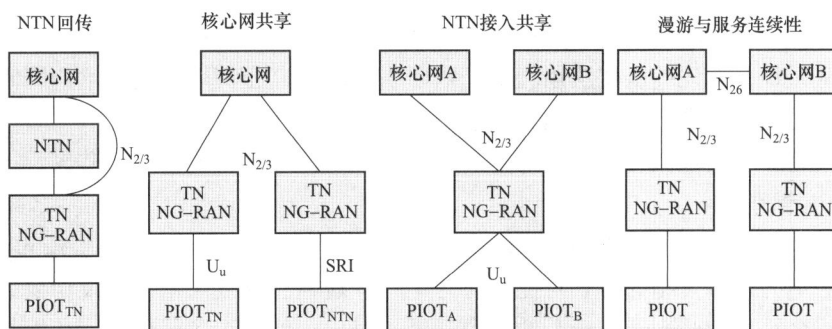

NG-RAN：下一代无线接入网；NTN：非地面网络；SRI：卫星天线接口；TN：地面网络；PIOT：电力终端

图 6-6 灵活的核心网网络架构

### 6.2.2 天空地电力物联网关键技术演进方向

天空地电力物联网络系统发展了数十年，其应用环境和技术体制各不相同。为了实现统一的技术体制下的融合系统，需要在一些关键技术方面做深入研究。

1. 感知数据接入技术

接入网络是电力物联终端享受网络服务的第一步。电力行业的特殊性注定了物联专网的研究是电力物联网网络层建设的重点，物联专网内感知数据的接入方式主要分为有线与无线方式，结合输变电网的实际环境，常用的有线接入方式以光纤通信为主，在部分变电站和开关站，以及被保护输电线路两端间保护信息的传送还会采用高压电力线载波通信方式。无线方式包括电力无线专网、移动运营商公网、物联网公网等。

电力物联网通信技术作为专门服务于无线传感器的接入手段，根据输变电环节中不同应用场景的需求，相应配套且成熟的通信技术被广泛应用。ZigBee 因其功耗低、成本低的优点，在近场传输领域内逐渐成为一种主流的通信技术，但其传输距离相对较短、传输速率也较低，适用于变电站等环境中无线传感终端与数据集中器之间的局域网通信。LoRa 作为一种新兴的无线通信技术，与 NB-IoT 同属于低功耗广域网技术，这类技术运营成本低、输出功耗低，相应的接口标准规范化程度高，适用于终端分布较广泛的户外长距离的底层无线通信，如架空线路的传感数据接入等。同时，因 LoRa 本身具有很高的抗噪能级，即使噪声强度高于正常信号强度时，数据接收过程依然可以正常运行，但在变电站内特定的脉冲噪声下，其通信性能会下降。

**2. 高效联合传输机制**

在未来天地一体化电力物联网络中，卫星可能是数千颗甚至数万颗，这将会在地面形成多重覆盖的场景，不同卫星之间会相互干扰对方的数据传输，进而影响系统的能量效率和频谱效率。这就需要多星协作或星地协作下的高效联合传输机制，以减少多重覆盖下的干扰问题，提升系统的资源效率。此外，未来的卫星将承载地面基站的部分或全部功能，数据的处理都在卫星侧。这样可以减少对地面的依赖，缩短调度的延时，为联合传输的实现提供了更加有利的条件。

**3. 新波形与多址接入**

针对未来星地融合更广泛的部署场景需求及更高的频谱效率需求，人们需要研究抗大延时与频偏的高鲁棒性波形设计，并根据目标场景和业务的不同，灵活选择子带带宽、子载波间隔、滤波器长度和循环前缀等系统参数，实现统一兼容的波形框架设计。此外，卫星物联网也是未来空天地一体化的重要应用场景。需要引入基于非正交的传输技术，同时实现免调度技术。也就是说，终端一旦有数据传输需求，就可以直接将数据发给卫星，不需要卫星的授权或调度，免去了交互流程所致的开销，从而可以取得非常高的时效和谱效。

**4. 移动性管理**

低轨道卫星是天地一体化电力物联网络的重要节点。卫星移动速度高达 7km/s 以上，每个星波束服务电力终端设备的时长可能只有几十秒，这将会导致频繁的波束切换。整网用户的频繁切换将会给系统带来无法承受的信令开销，对电力终端设备服务的连续性带来极大影响。因此电力行业需要研究星地融合统一的移动性管理方案及切换策略，简化切换流程，降低信令开销，提高切换可靠性。切换的场景可能包括相同卫星的星内波束切换、不同卫星的星间波束切换或多连接情况下不同星地通信系统之间的切换等。

**5. 频谱管理**

频谱资源是天空地新型电力物联网络的命脉，而新一代电力物联网技术的产生必然带来新的频谱需求。在天空地新型电力物联网络的演进的过程中，为了维护网络服务的连续性和经济性，新旧系统网络会长期并存，且旧系统的频谱短时间内不会释放，这就增加了新一代通信网络频谱选择的困难性。为了满足未来 6G 通信传输速率需求，除了增加新的频谱（如太赫兹和可见光），还需要在频谱管理方面进行研究，具体包括：频谱重耕，为新一代的通信系统提供更多的低频段可用频谱资源；动态频谱共享技术，以感知无线电技术为基础，使异系统间或同系统异设备间可以共享同一段授权或非授权频谱，以解决固定频谱分配策略带来的频谱闲置和利用率不高的问题；提升频谱效率的物理层技术，如能够减少带外泄露的新波形调制技术、非正交多址技术、超大规模智能天线技术等。

6. 人工智能

天空地新型电力物联网络是一个多层次的异构网络，网络节点多，网络结构复杂。引入 AI 可以灵活地规划和改变网络的拓扑结构，实现网络拓扑结构的按需部署和优化，从而使网络能够自我管理、自我演进；更加合理地调度网络的软硬件资源，实现网络算力高效的利用；提升接入网侧的性能，能够自主感知学习传输环境的特性和变化，智能地决策不同终端的接入方式；在底层，还可以应用于联合参数优化、信道质量的预测、智能编解码方案的选择、波束间的干扰管理以及波束间的切换策略等。

### 6.2.3　天空地电力物联网终端侧演进方向

随着天空地电力物联网技术的不断发展，终端设备也在不断演进和更新，为实现更高效、更智能的能源管理和服务提供了更多可能性。本小节将从终端设备的发展趋势、新技术应用和未来可能的创新方向等方面，对天空地电力物联网终端侧的未来发展进行探讨。

1. 天空地电力物联终端设备的发展趋势

（1）多功能化和智能化。未来的电力物联网终端设备将实现多功能化和智能化，即不仅仅是简单的数据传输和监测，还能够自动化调控、实时分析和预测。这一趋势可以从当前市场上的智能电表、智能家居设备等产品中看到，未来的终端设备将更加高效、智能、人性化。

（2）模块化设计。未来的终端设备将更加注重模块化设计，可以根据用户需求进行不同功能模块的组合，实现个性化需求的满足。同时，模块化设计还能够方便设备的维护和更新，提高设备的可靠性和使用寿命。

（3）低功耗和长寿命。未来的电力物联网终端设备将更加注重低功耗和长寿命的设计，在满足能源管理需求的同时，降低使用成本和环境影响。

（4）高精度和高可靠性。未来的终端设备将更加注重数据的精度和可靠性，能够在复杂环境下进行准确的数据采集和传输，同时保障数据的安全性和完整性。

2. 天空地电力物联终端技术的发展方向

（1）6G 技术。6G 技术作为一种新兴的无线通信技术，将为电力物联网终端设备的发展提供更加广阔的空间。其高速、低延迟、大带宽的特点，将为终端设备提供更加快速、准确的数据传输和处理能力，支持更加智能化的应用场景。

（2）人工智能和大数据技术。未来电力物联网终端技术还将发展向大数据和人工智能方向。通过采集和分析大量的数据，终端设备将能够更好地理解用户的需求和行为，实现更加精准的控制和管理。人工智能技术在未来的电力物联网终端设备中将扮演重要角色，通过分析和预测数据，实现自动化控制和优化能源管理。例如，智能电表可以通过 AI 技术对能源消耗进行预测和优化，从而实现能源的高效利用。

（3）边缘计算技术。边缘计算是一种将计算资源放置在网络边缘的技术，它可以将数据处理和分析转移到靠近设备的位置，从而降低延迟并提高网络效率。未来电力物联网终端将更多地采用边缘计算技术，从而更好地实现对数据的快速响应。

（4）集成技术。未来的电力终端设备将会更加注重集成化设计。各种传感器和芯片将会被集成在一个设备中，从而减少设备数量和占用空间，同时也可以更好地保障设备的可靠性和稳定性。

### 6.2.4　天空地电力物联网演进路线

天空地新型电力物联网是智能电力系统的重要组成部分，它采用了无线传感器网络、云计算、大数据分析、人工智能等技术，实现了对电网各环节的监测、调控、优化和智能化管理。未来，天空地电力物联网将在电力行业发挥越来越重要的作用，为电网的高效、可靠、安全运行提供支持。

预计到 2025 年，天空地电力物联网将实现技术突破和典型示范。首先，在技术突破方面，空天地一体化监测技术将实现更高效、更准确地监测，并提高预测精度，实现对电力系统各环节的动态监测，及时预警和快速响应，提高电力系统的稳定性和可靠性。其次，在典型示范方面，将实现智能电网的建设和示范，建设全球领先的电力物联网示范工程，推动电力行业的转型升级，为建设智慧城市提供有力支撑。

预计到 2030 年，天空地电力物联网将进入重点建设和有效应用阶段。在天空段方面，卫星技术将进一步完善，通信带宽将更大，卫星数量将增加。在空中通信方面，将实现无缝覆盖、高速传输和低延迟的目标，确保空中数据的高效传输。在地面段方面，将建设更加完善的物联网基础设施，建设更加智能化、高效化的电网，实现电力的智能感知、智能调度、智能运维。在重点建设方面，首先要加强对电力设备的智能化改造，实现电力设备的远程监控、状态评估和预警。同时，需要建设更加完善的电力信息采集和传输系统，实现对电力系统各个环节的数据采集和传输。此外，需要建设更加智能化的电力调度和运营系统，提高电力系统的安全性、可靠性和效率性。在应用方面，天空地电力物联网将逐步应用到电力系统的各个领域。其中，智能化配电将成为一个重点领域。通过建设智能化的配电网，实现对配电环节的智能感知、智能调度和智能控制。

预计到 2035 年，天空地电力物联网将进入扩展应用和全面提高阶段。在应用方面，将逐步实现对电力系统的全面智能化改造。通过建设智能化电网和智能化配电网，实现对电力系统的全面感知、调度和控制，提高电力系统的效率和安全性。同时，还将应用更加先进的电力大数据技术，实现对电力系统的全面数据采集和分析。通过分析电力系统的大数据，实现对电力系统的精细化运营和管理，提高电力系统的效率和安全性。在技术方面，将进一步突破电力物联网技术的瓶颈，实现天空地电力物联网的全面智能化和高效化。通过不断突破技术瓶颈，实现电力系统的全面数字化和智能化，为电力系统的可持续发展奠定坚实的基础。在全面提高方面，将进一步提高电力系统的智能化水平和服务质量，优化用户体验，推动电力行业的可持续发展，实现电力系统的高效、可靠、安全运行。

## 6.3　新型电力物联网典型应用与工程实例

新型电力物联网是一种将物联网技术应用于电力系统中的技术，旨在提高电力系统的智能化程度、能源利用效率和环境保护能力。在碳达峰碳中和的背景下，新型电力物联网具有非常重要的意义，可以帮助电力系统实现绿色低碳发展，下面将介绍几个典型的应用和工程实例。

### 6.3.1　基于区块链的电力物联网接入认证安全应用

随着信息通信技术的发展和"大云物移智链"战略的实施，电力联网为发输配用电等环节的发送提供了重要支持，然而，当前的集中接入认证方式造成了巨大的计算与通信压力，尤其是大型并发接入与移动接入对系统的认证效率造成了严重的影响。利用区块链技术的去中心化、不可否定的特征，结合电力系统的特点，提出了适用于电力物联网的分布式认证方案，对已合法接入终端构成认证组，发起分布式的新终端认证，并通过分布式的区块链账本进行记录，可有效提高物联网的电力终端的并发接入率。

电力物联网中存在海量的设备，可采用去中心化的安全体系，构建轻量级的密钥管理系统。区块链是一种在对等网络环境下，通过透明和可信规则，构建可追溯的块链式数据结构，实现和管理事务处理的模式，具有分布式对等、防伪造和防篡改、透明可信和高可靠性等方面的特征，可以有效解决物联网发展中面临的大数据管理、信任、安全和隐私等问题，从而推进物电力联网发展到分布式、智能化的高级形态。

1. 整体介绍

目前电力物联网接入认证主要是基于公钥证书的中心化认证方式。公钥基础设施（Public Key Infrastructure，PKI）技术采用证书管理公钥，通过第三方的可信任机构认证中心，把用户的公钥和用户的其他标识信息（如名称、E-mail、身份证号等）进行绑定，用于验证用户的身份。此类认证方式需要可信的第三方认证服务器来对用户进行身份管理，通过用户的数字证书或身份令牌来确认用户身份。电力物联网具有覆盖范围广、传输地区多、信息量庞大的特点，采用集中认证的方式会降低认证效率和安全性，分布式的、点对点的认证方式更适合于电力大型电力物联网。

2. 核心技术

认证模型。身份认证技术是通过密码学手段在计算机系统中确认实体对某种资源或服务是否有访问权限的方法和机制。电力物联网中终端节点数量多、单点计算存储能力弱，其身份认证需要采用效率高的方案。物联网终端通过接入网关接入电力通信网，访问相关业务。其中所有合法接入的物联网终端共同维护一个区块链分布式账本，用于记录合法的接入事件。

认证过程。具体认证过程分为请求和确认两个阶段。

（1）请求阶段。电力物联网终端向主节点发起认证申请，该申请信息包括终端标识的注册信息。其中 ID 为包含终端类型字段的唯一标识字符串，表示终端对 ID 的签名；Pub 为终端公钥；R 为授权机构颁发的数字证书。主节点使用终端公钥对终端签名进行确认，提取请求信息形成分布式认证协议请求报文。

（2）确认阶段。确认阶段是基于区块链的分布式认证过程。主节点响应认证申请，从终端 ID 中截取节点类型字段作为关键词检索认证区块链，从区块链节点中的节点类型、接入时间、运行状态和业务类型进行综合匹配，择优选取满足阈值设定数量的节点，组成认证组 $G=\{P1, P2, …, Pt\}$，并在 G 中广播发送认证协议请求报文。G 中节点运行 PBFT 共识算法完成分布式认证，并生成新的区块，主节点返回确认信息给终端。在共识算法执行过程中，采用（t，t）门限秘密共享算法实现接入认证秘密信息的分发与合成。在（t，t）门限秘密共享体制中，秘密 K 被分成 t 个部分（称作子秘密或影子密钥），分别给 t 个参与者持有，使得：①同时获得 t 个参与者所持有的部分信息可重构 K；②少于 t 个参与者所持有的部分信息则无法重构 K。G 节点数量为 t，共享的秘密信息 K=R。

基于云区块链技术中的一种去中心化分布式数据账目管理技术，全网远程验证建立共识管理机制，适用于安全、高效的中国电力行业物联网网络接入安全认证解决方案。与其他传统的解决方案方式相比，本解决方案以使用区块链一个可验证的层为基础，避免了系统运行不可解密密码算法时系统成本开支的巨大问题，同时也大大提高了安全层的性能。

### 6.3.2　基于大数据技术的电力物联网平台

电力大数据技术的核心就是分布式数据库的融合连接，目的是实现可视场景、信息共享、目标一致，降低投入和提升运维效率。大数据与电工装备智慧物联深度融合，有助于泛在电力物联网开发跨边界的数据共享协作新模式，加速推动大数据与实体经济的互惠互利，助力实体经济快速向数字化和智能化转型。

1. 源—网—储—荷融入 UPIOT 暴露的问题

泛在电力物联网将传统能源煤电水电、新能源风电光伏、储能电站、电动汽车、民用和工业负荷等海量智能终端通过电网物理融合在一起，如图 6-7 所示，终端对终端，终端对服务器之间都有大量的信息交互。当亿兆字节计的数据通过各自的通信节点在网络内运算和传输时，会遇到如下问题。

（1）智能电力物联网设备的爆发式增长，超出现有数据库存储以及服务器算力范围。

（2）新能源设备的引入对数据的响应时间要求越来越短，如储能电站接收指令进行调频，充电桩接收命令对电动汽车进行快充。

（3）风光储如何从海量的数据中提取最有价值信息，及时对大电网做出力补偿以及负荷消纳。

（4）数据在网络中进行有线或者无线传输时如何做到绝对的安全，保证客户的个人隐私不被黑客所盗取。

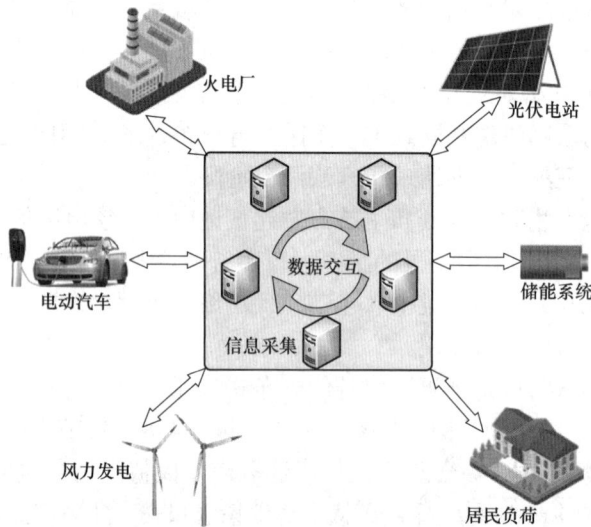

图 6-7　电力大数据技术与泛在电力物联网融合架构

2. 电力大数据技术与电力物联网的无缝结合

电力物联网中的各种智能电力终端设备既是数据的"生产者"，又是数据的"消费者"。凭借大数据技术与云计算、人工智能深度学习的交叉融合，可以使上述提到的问题得到妥善解决。一方面，设备终端传感器产生的数据区块除了和大数据库直接相连，数据区块之间同样有信息交互，实现了数据的备份，规避了中心数据库出现故障时对整个网络造成重大影响。另一方面，每个数据区块具有自主性，并且这些终端节点中存储有完整的数据链，再结合其底层计算能力，可分担原来发送给大数据存储中心节点的某些服务请求任务，如模糊处理和云计算，在很大程度上缓解了中心数据库的算力与存储负荷。最后，电力物联网数据库对每个数据区块的数据存储进行加密处理，每个数据区块都具有唯一的身份地址，这样使数据共享时的安全性得到了很大提升。并且大数据中心还建立了数据生产者到消费者之间的映射关系，可以实现智能设备端与消费者之间的实时双向追溯验证，有助于打破数据壁垒，使政务服务平台与企业应用信息横向联通、数据共享，提升多方协同合作的能力。

3. 基于电力大数据技术的电力物联网数据架构

基于上述论述，提出了一种基于电力大数据的智能电力设备终端泛在物联网系统架构，如图 6-8 所示。

（1）处于智能电力设备泛在物联网底层的模数传感器负责数据的生产。该功能包含数字信号采集、数据校验与零误差率快速上传，属于该架构的硬件底层。

（2）数据采集完成后经过防火墙进入中心数据库。中心数据库是智能电力设备泛在物联网数据处理的汇聚链点和上传中转站。中心数据库除了负责终端接入管理外，还需具备批处理和数据加密功能，负责对终端设备发起的服务请求在整个网络内进行处理和转发，如线上办电、电子合同、作业终端等。

（3）数据备份，数据存储最终都在云平台上完成。其中数据挖掘、数据压缩及数据跨区域通信等关键算法是云平台的技术支撑。该大数据创新平台架构集数据汇集、存储、服务、运营于一体，可以整合全产业链资源，提供全流程一站式服务，并且搭建"平台型"产业链条，打造"共享型"能源生态圈。

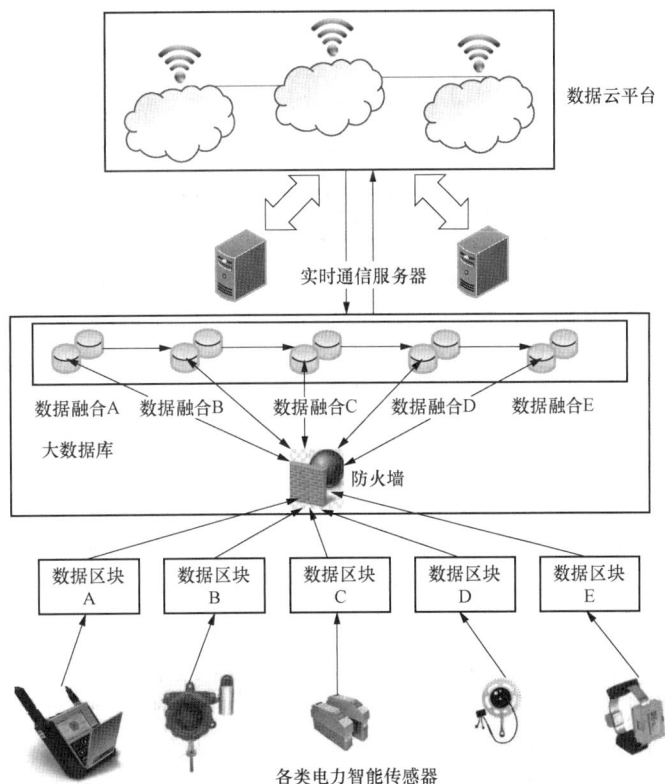

图 6-8　电力大数据处理架构

4. 电力大数据技术开发平台设计应用场景

开发电力大数据与泛在电力物联网融合技术平台涉及电力电子、高电压、信息技术、电力系统和信号处理等学科交叉结合，根据不同的控制对象设定不同的期望值。例如电动汽车与充电桩，电池融合平台解决客户里程焦虑问题；风光发电与储能电站解决电力消纳与电网调频问题；电力设备安装与线上申办增加用户的获得感。电力大数据应用平台设计如图 6-9 所示。根据应用场景的不同划分为智慧能源平台、资源增值平台、生态圈平台、可视化平台与基层减负平台。

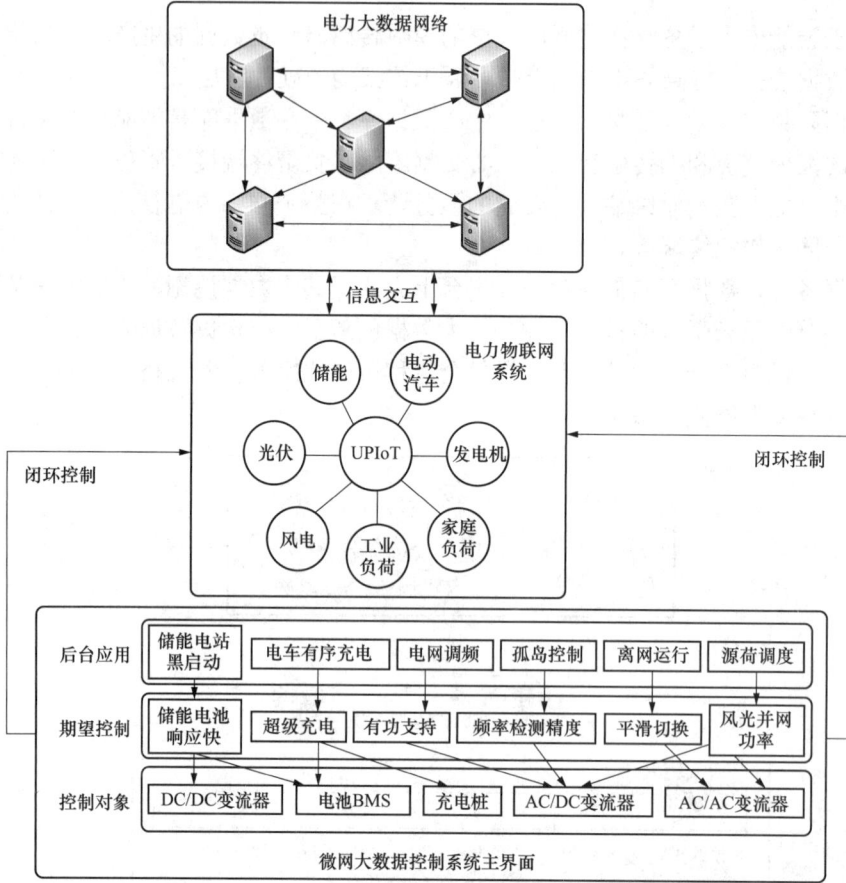

图 6-9　电力大数据应用平台设计

（1）智慧能源平台建设。根据大数据技术平台提供的能源生产端与负荷消费端的精准数据，构建"源随荷动、荷随网动"的源—网—荷—储智能互动新模式。电动汽车用户依靠车网智能互动云平台，可双向调控车辆到电网（Vehicle Grid，V2G）、车到车（Vehicle to Vehicle，V2V）充放电目标，实时掌握车辆运行状态并获取收益。

（2）现有资源增值平台建设。依靠现有的硬件场地资源，深挖数据财富附加值，提高资产利用效率和业务营收能力。电力企业利用富余场地，建设数据中心站、储能电站和 5G 基站等，提供基于多站融合的边缘计算服务，还可以将电力塔杆、沟道及通信光纤进行数据共享；商业银行依靠"智能电力大数据＋金融"线上产业链金融渠道，推动金融机构对中小微企业的精准支持；保险公司挖掘保险大数据打造"互联网＋再电气化"产业平台，推出家用电器保险产品。

（3）开放生态圈平台建设。地方政府、电网公司、汽车与充电桩企业多方共建电力大数据共享中心，建设车辆分时租赁平台、网约车智慧出行平台和政府车桩监测平台等。为政府、车桩厂家、车辆用户打造集出行服务、车辆管理于一体的智慧出行平台，建立电动汽车资源管理、监控管理、充电管理、调度管理、车务管理等企业自有体系，构建电动汽车生态圈。

（4）可视化平台建设。依靠电力大数据实时采集和反馈信息，全面感知电力智能终端设备双位置遥信、视频、防误解闭锁等操作信息；建设现场作业安全管控平台，过程管控设备、营销、建设等各专业作业计划和风险，全方位实时监控作业现场。还可与基建工程安全、质量、进度等管理相结合，为工程施工全过程打造协调、规范、安全、智慧的作业管控方式。

（5）基层减负平台建设。基于多源数据融合应用建设透视窗，实现关键指标与异动的自动输出；通过移动作业终端及应用整合、数据重复录入治理、报表自动生成、业务流程优化等措施，实现共性报表自动生成、常用功能和常用查询按需定制等功能，报表填报时间大幅压减，切实减轻电力基层员工负担。

结合上述 5 种应用场景，提取了电力大数据与 UPIOT 融合平台的共性特征。

1）身份认同。大数据平台内部的各个智能电力终端都能读取云端的共享数据，平台对设备的身份互信认同。

2）线上金融。各个应用场景都实现了线上交易，极大提高了利用效率，数据中心对金融交易都有实时备份，可以给客户提供电子发票和办公线上预约。

3）统一分配。云端根据上传需求对大数据平台的接入智能终端进行统一调配，提升了响应速度并减少误差率。

4）冗余保障。平台数据冗余设计使部分数据区块破坏或者丢失不影响全局的数据应用。

### 6.3.3　天空地海电力物联网智慧型监控管理系统

随着我国海上风电的快速发展，加强对风电设备的监控能力，提升风电设备智能监控和智慧运维技术显得尤为重要。本节介绍了一种天空地海电力物联网智慧型监控管理系统。该系统将海上风电场各子系统融合为一个监控整体，将传统风电场各监控子系统纳入统一的天空地一体化信息平台下，以风电设备为中心，融合风电设备时空耦合多维异构数据信息，构建立体的风电设备数字孪生模型，实现风电设备全景监控、信息共享和多维时空信息物理融合，通过风电监控数字线程技术，屏蔽风电设备不同类型感知层数据和模型格式的差异，实时动态连接风电物理设备及其数字孪生，并涵盖风电设备的整个生命周期动态变化过程，支撑风电设备监控智能应用和全生命周期智慧运维的实现，有效提升风力发电"设备主人"的状态感知能力、缺陷发现能力、设备管控能力、主动预警能力、应急处置能力。

**1. 天空地海电力物联网智慧型监控管理系统设计**

传统的陆上风电场具有风电机组监控、升压站监控、辅助设备监控、各类在线监测等多个监控子系统。海上风电场由于其自身的特点，所需配置的子系统和智能电子设备多。由于各子系统相互独立、数据无法共享，风电综合监控以完成风电运行监控为主，设备监控整体水平不高。结合现状分析，天空地海电力物联网智慧型监控管理系统以风电场设备为中心，围绕风电场设备建立天空地一体化信息物理融合的风电设备数字孪生模型，并将风电设备的监控、电气监控、辅助监控、在线监测等多源信息全部纳入设备监控的范围，实现海上风电设备智能一体化全面监视，基于统一基础平台人机界面，将风电设备应用展示功能组件化，按风电设备监控业务流程进行场景化集成，实现风设备跨区、跨应用的一体化综合联动和全景全息展示。同时，通过陆上集中监控和海上升压站平台两级模式，构建海上风电设备智能一体化监控模式。

风电场海上升压站平台建设有风力发电机组监控系统、升压站综合自动化系统、机组配套升压设备监控系统、通风空调监控系统、海上升压站视频监控系统、海上升压站火灾自动报警及消防控制系统、风机在线监测、风机基础防腐保护系统、风机基础沉降监测系统等。陆上计量站建设有风功率预测系统、有功功率/无功电压控制系统、海底光电复合缆在线综合监测系统、视频监控系统、火灾自动报警及消防控制系统等，各类系统各自为政，独立运行。

通过建设海上风电设备智能一体化全景监控平台，将海上升压站平台各类系统和陆上集控站各类系统纳入统一的信息平台下，并通过实现对风力发电设备的数字孪生，构建设备全生命周期信息物理融合模型，支撑风电设备智能监控和智慧运维应用。系统平台总体结构示意图如图6-10所示。

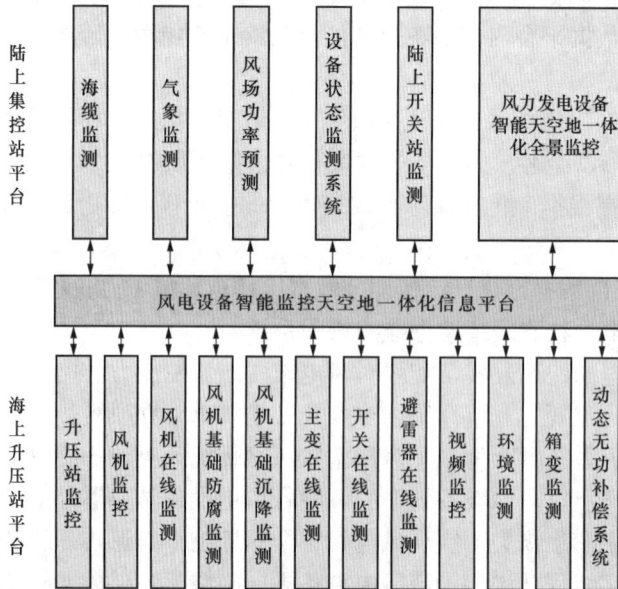

图6-10 天空地海电力物联网智慧型监控管理系统模型

2. 天空地一体化信息平台设计

海上风电设备智能监控天空地一体化信息平台，以设备为中心，实现风电发电电气监控、机组监控、在线监测、辅助监控、视频监控、气象环境监测等多源数据统一感知、统一建模、通道统一管理、数据统一处理、异构信息融合、数据综合分析，通过基础平台的总线服务、消息总线、数据存储等服务实现信息平台微服务化设计和微应用化部署，支撑风电设备智能监控应用和设备全景一体化展示。

考虑风电设备监控和在线监测信息量巨大，为避免海量信息上送对云信息平台和运维人员造成信息干扰，利用云边协同平台设计思路，充分发挥两级平台资源和协同优势，采用关键信息主动上送、详细信息按需召唤查询方式。在传统监测数据基础上，构建知识化信息，描述风电设备行为和故障特性，支持风电设备智能化监控应用和全生命周期智慧运维。天空地一体化信息平台结构示意如图 6-11 所示

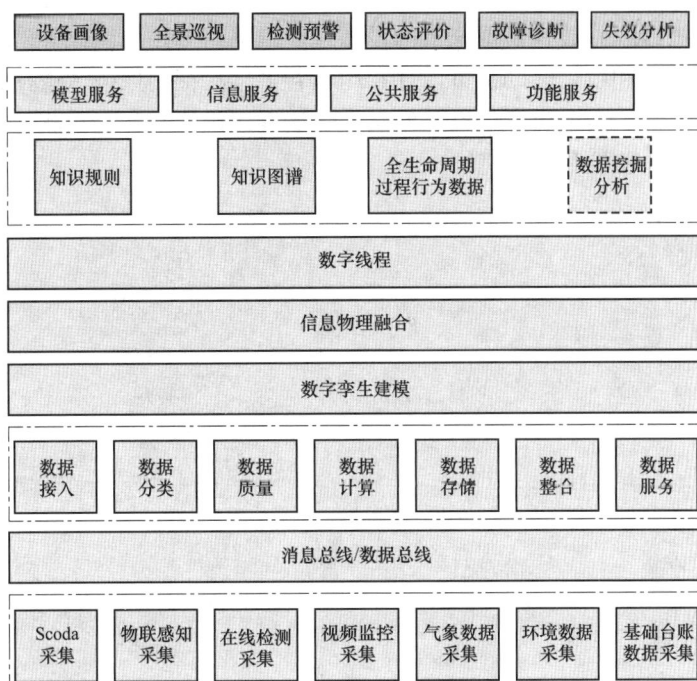

图 6-11　一体化信息平台结构示意

### 3．风电设备数字孪生建模

数字孪生以数字化方式拷贝一个物理对象，模拟对象在现实环境中的行为，对设备生命周期过程进行虚拟仿真，了解设备资产的状态、响应变化，改善业务运营和增加价值。构建物理实体在数字世界中对应的实体模型，需要利用知识机理、数字化等技术构建一个数字模型，基于模型，利用物联网技术，将真实世界中的物理实体元信息采集、传输、同步、增强之后得到业务中可以使用的通用模型，并在数字世界完整复现出来。在这个基础上，可以结合人工智能、大数据、云计算等技术进行数字孪生体的描述、诊断、预警、预测及智能决策等共性应用，让数字赋能领域应用。建立物理实体的数字化模型或信息建模技术是创建数字孪生、实现数字孪生的源头和核心技术，也是"数字化"阶段的核心。

风电设备数字孪生实现对风电设备不同种类、不同时间尺度、不同部位的监测量的采集，并以时空主线进行信息合成，不仅可以支撑风电设备的全景可视化展示与分析，还能集合巡视数据和巡视策略，监测重要参量，风电设备异常状态自动报警，精准排断设备故障位置、故障类型及严重程度，对风电设备的运维管控由结果型转变为结果与全生命周期过程并行，推动风电设备运维模式的变革。通过对风电设备物理结构，如机舱方向、发电机、风轮转速、机舱振动、变桨信息、电机电流、发电机、齿轮箱、主轴承、机舱等风机设备结构信息、全景状态信息，行为特征信息和全生命周期统计规则信息等多维信息进行抽取和特征建模，构建立体的风电设备多维时空信息融合的数字孪生模型。

4. 天空地海电力物联网智慧型监控管理系统应用

　　基于一体化信息平台提供的数据和功能服务，结合风电设备的数字孪生模型和数字线程技术，可以实现对风电设备的全景状态监视，基于时空数据和多维层次分析的风电设备状态评估，以及基于数据线程和数据挖掘分析的设备性能缺陷监测预警。此外，还能够基于知识图谱进行设备故障分析和检修辅助决策，并利用设备多维特征画像技术进行设备状态综合研判。通过这些技术手段，实现对风电设备的全生命周期运维管理和可预测维护，从而实现对风电设备的智能一体化监控和智慧运维。

# 第 7 章　电力物联网新兴技术与未来展望

　　数字化转型是我国推动网络强国建设、促进社会经济发展的必由之路。当前，数字经济逐渐成为世界各国争相竞争的热点。未来电网将不仅承担电力输送的重要使命，还应作为支撑多种能源互联、多源信息互通的综合服务平台。各类新兴的通信技术与电网融合不断深化，有力推动着电网向数字化、网络化、智能化发展进程。本章简要介绍了数字孪生、万物智联、算网一体和内生安全等新兴的通信技术概念，并分析了这些技术的体系架构，最后对该技术在电网的应用和发展进行了展望。

## 7.1　数　字　孪　生

　　在新兴的工业信息系统和工业智能的推动下，数字孪生技术成为智能制造领域和复杂系统智能运行和维护领域的新兴研究热点。电力系统作为一种极为复杂工业系统，拥有地域辽阔、层级众多、技术广泛等多种的特点。一方面，电力物联网所承载的数据流是构建电力数字孪生系统（Digital Twin of Power Systems，PSDT）的基础。另一方面，态势感知用来使孪生系统认知物理的电力系统，进而虚拟推演技术可用于制定电力系统的运行优化决策。

### 7.1.1　数字孪生概述

　　"孪生"的概念最早出自美国国家航空航天局的"阿波罗计划"。该计划提出建造两个同样的飞行器，其中一个用于发射入太空，另一个则留在陆地。留在陆地的飞行器能够反映真实进入太空的飞行器的实时的工作状态，从而指导其应对太空中潜在的极端事件。

　　2003 年前后，在格里夫斯教授在美国密歇根大学的产品全生命周期管理课程上首次出现关于数字孪生（Digital Twin，DT）的设想。格里夫斯将这一设想称为 Conceptual Ideal for PLM（Product Lifecycle Management，PLM），虽然"Digital Twin"一词还未得以明确，但在该设想已经蕴含了数字孪生的核心思想，即在数字空间中构建一套数字模型，用于对物理实体进行映射和表征，从而精确获知该物理实体的全生命周期的态势。

　　直到 2010 年，NASA 的技术报告给出了"Digital Twin"的明确定义，即"集成了多物理量、多尺度、多概率的系统或飞行器仿真过程"。近年来，数字孪生的应用范围越发普及。此外，得益于 AI、大数据、云计算等新兴信息技术，数字孪生与这些技术的协作联动有望推动其进一步高速发展和互惠增强。

　　数字孪生旨在虚拟化的信息平台中构建一个物理实体、流程或者系统。该信息平台提供了实时感知物理实体状态的能力，还能对物理实体的可操作部分进行控制。在此基础上，数字孪生还能与 AI、机器学习和软件分析等技术进行结合，在信息平台构建一个物理实体的数字化模拟，并用来接收反映物理实体实时变化的反馈。此外，数字孪生还可从物理实体的反馈数据中进行自学习，近似实时地向使用者呈现物理实体的运行状态。具体而言，数字孪生的反馈主要源于传感终端，例如压力、速度传感器等。除了传感终端采集的实时信息以外，数字孪生的自学习过程也可以通过历史数据，或者是集成网络的数据学习。

当前，数字孪生的应用领域已超出航天制造，被应用于能源电力、航海、城市管理、农业、医疗等多个行业。智能制造领域是数字孪生最为常见的应用场景，用来实现制造实体与数据信息的高效互动。许多著名企业（如空客、洛克希德马丁、西门子等）与组织（如高德纳、德勤、中国科协智能制造协会）高度重视数字孪生技术，并且着力探索数字孪生赋能的新型智能制造模式。

数字孪生的几个典型特征描述如下。

（1）互操作性。数字孪生中的物理对象和数字空间可以双向映射、动态交互和实时连接。因此，数字孪生有能力用不同的数字模型映射物理实体，并有能力转换、合并和建立不同数字模型之间的等价关系。

（2）可扩展性。数字孪生技术拥有集成、增加和替换数字模型的能力，可以扩展到多尺度、多物理和多层次的模型内容。

（3）实时性。数字孪生技术需要数字化，这意味着以计算机可以识别和处理的方式管理数据，以表征随时间变化的物理实体。所表示的对象包括外观、状态、属性和内部机制，形成物理实体实时状态的数字虚拟映射。

（4）保真性。数字孪生的保真度是指数字虚拟模型的描述与物理实体之间的紧密程度。要求虚拟体和实体不仅要保持高度的几何模拟，还要模拟它们的状态、阶段和时态。值得一提的是，在不同的数字孪生场景中，同一个数字虚拟体的模拟水平可能会有所不同。例如，在工作条件下，可能只需要描述虚拟体的物理特性，而不关注化学结构的细节。

（5）闭环性。数字孪生中的数字虚拟体用于描述物理实体的视觉模型和内部机制，以监测、分析和推断物理实体的状态数据，优化过程和操作参数，实现决策功能，即赋予数字虚拟体和物理实体一个大脑。因此，数字孪生具有闭环特性。

### 7.1.2　数字孪生电网

数字孪生电网是物理维度上的实体电网和信息维度上的虚拟电网同生共存、虚实交融的电网未来发展形态。数字孪生电网是在数字空间创造一个与物理实体电网匹配对应的数字电网，通过全息模拟、动态监控、实时诊断、精准预测反映物理实体电网在现实环境中的状态，进而推动电网全要素数字化和虚拟化、全状态实时化和可视化、电网运行管理协同化和智能化，实现物理电网与数字电网协同交互、平行运转。

工业4.0（第四次工业革命）研究院的分析显示，电网行业具有价值较高、技术要求不复杂等特点，非常适合作为数字孪生体应用的先导性场景。部分电力企业虽然引入了数字孪生体技术，但主要应用在发电厂和配电厂的数字孪生化，简单讲即为可视化，其他场景的应用存在各种各样的问题，并未形成全局和全生命周期的应用。

1. 数字孪生电网定义

数字孪生电网是基于数字孪生基础设施的电网数字化转型方法，通过在数字空间建设电网、环境、人员和业务四要素，实现数据驱动的全局、全生命周期的数字孪生体，从而达到不断改善的应用目的。

2. 电力数字孪生系统（Digital Twin of Power Systems，PSDT）的框架设计

DT作用于电力系统时如图7-1所示，它是数据驱动的，结合了经典的模型框架和专家系统。PSDT的建立较少地依赖于物理系统，并且在结构上更灵活。PSDT主要依靠历史/实时

数据和匹配的高维统计分析、机器/深度学习工具/算法。在 PSDT 的运行过程中，可以通过校准和与真实值的比较来实现主动行为，以确保虚拟系统和真实系统之间的一致性。

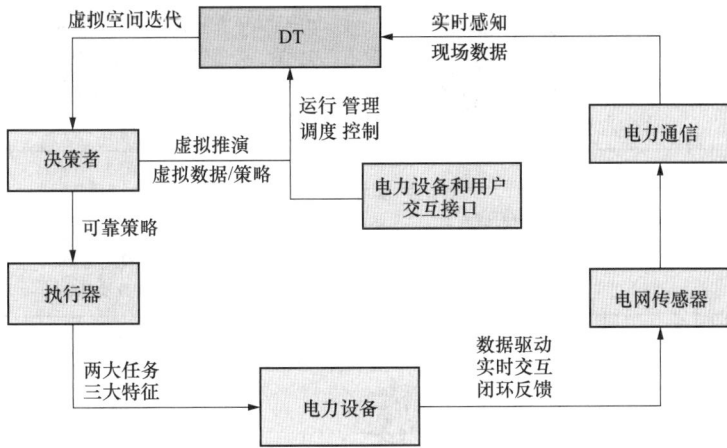

图 7-1　数字孪生电力系统

为达到以上要求，数据驱动、闭环反馈和实时交互是 PSDT 需满足的三大特征。其中，数据驱动使 PSDT 更适用于当今复杂电力系统，如掌握电网的拓扑结构及雅可比矩阵方能进行潮流计算，且可以有效地解决传统的模型驱动方案不可避免的一系列问题，例如假设简化、固有误差、不确定性、误差传递等。数据驱动模式可以有效地避免上述困难，并在一定程度上实现模型的解耦和问题的交织。此外，闭环反馈使 PSDT 数据模型能够在运行后主动学习大量数据，实现自适应更新和优化，并随着数据量的增加有效提高学习效率。

3. 电力物联网数字孪生发展架构

作为参考架构，电力物联网的主要目标是促进不同层次的电力系统管理中电力物联网应用的可互操作设计。为此，电力物联网以三维架构构建，电力物联网数字孪生发展架构模型如图 7-2 所示。电力物联网将物理能源供应过程分为发电，输电，配电，分布式能源和消费者场所领域。随后，根据电力系统管理的空间和数据聚合，将这些域细分为分层区域，从而创建二维模型。电力物联网中的区域按层次结构级别的递增顺序依次为：过程，现场，工作站，操作，企业和市场。

在电力物联网中设计新的电力物联网应用时，互操作性问题尤为重要。在这里，互操作性涉及传输、交换和利用信息的方式，以便为实现多种功能做出贡献，以实现一组业务目标。这些方面反映在五个互操作性层中，每个互操作层都根据不同的域和区域进行细分。这些层提供了电力物联网的三维视角。

（1）业务层：反映电力物联网环境中涉及的市场各方的监管和经济结构、政策、商业模式、业务目标和业务组合。此层在定义新的业务功能、用例和业务流程时为决策者提供支持。

（2）功能层：从架构角度描述电力物联网应用程序提供的用例和服务。函数独立于其实现和所涉及的参与者。

（3）信息层：标识参与者之间交换的信息，由规范数据模型组成。该层解决了全面且可互操作的通信的通用信息语义。

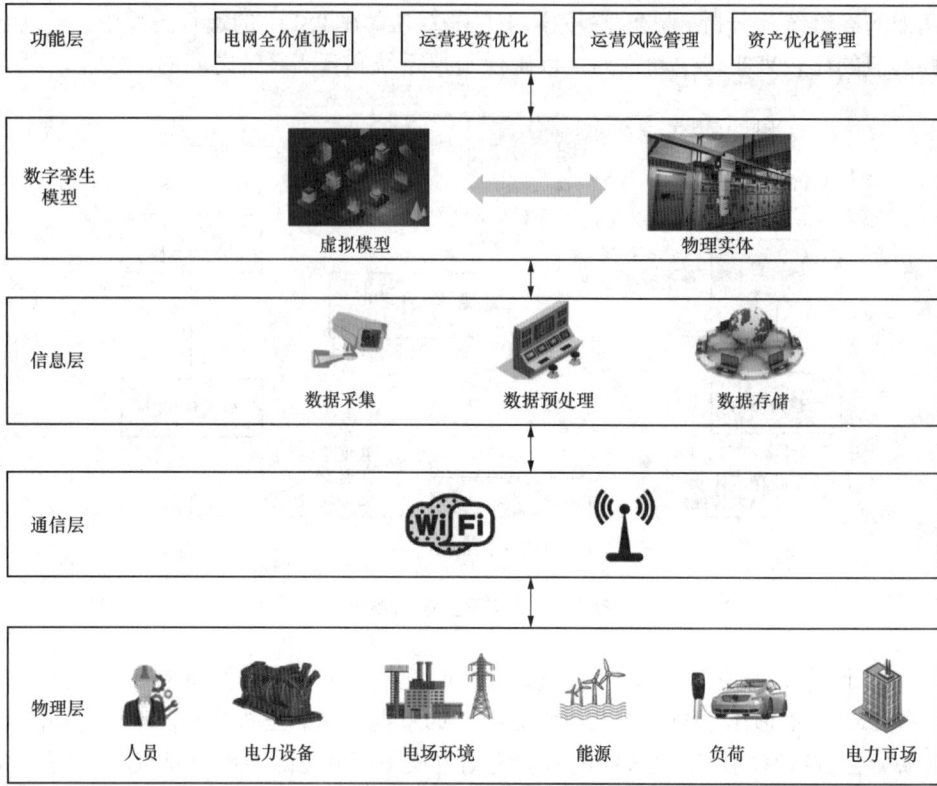

图 7-2　电力物联网数字孪生发展架构模型

（4）通信层：表示参与者之间信息交换的协议，解决数据结构的语法理解。

（5）物理层：描述参与电力物联网上下文的组件的物理实现。该层收集了在电力物联网的某个域和区域中标识的系统，设备，电力系统设备和基础设施等参与者。

### 7.1.3　未来挑战和发展方向

1. 未来挑战

（1）孪生电网数据的管理。数据是数字孪生电网的核心要素，从数据的角度提升孪生电网质量及水平主要分三个方面：数据感知、数据通信和数据分析。数据感知方面，孪生模型的构建需要精确、全面地感知获取物理电网的数据。但在物理电网实际运行过程中，其传感设备仍不能满足孪生电网对数据的要求，如存在无法感知的盲区或感知数据不准确的情况。需要优化更新电网中传感器，提高对物理电网的数据感知能力，提升传感设备感知数据的精度，提高传感设备感知数据的覆盖维度，全面提升驱动数字孪生电网建模的数据质量。数据通信方面，也存在着延时过大、数据噪声等问题。如何加强数据在孪生电网内部、孪生电网和物理电网间的传输能力，使海量数据在极低延时、极小异常率条件下传输。数据分析方面，需要综合利用大数据技术以及各种新兴人工智能技术，并不断优化算法，提升数据分析的能力。

（2）孪生电网模型的构建。在孪生电网的构建中，模型构建是较为重要也较为困难的部分。物理电网中包含海量的电力设备、人员、资产，其中巨大的数据量和复杂的数据维度会给孪生建模带来极大的挑战，比如对电网中电力装备进行建模时就需要解决全尺度多物理场耦合模型的建立这一难点，又比如在对输变电设备进行孪生建模时存在的数据量大、结构复杂、特殊运行工况等问题。在数字孪生电网模型构建过程中，如何更好地应用已有的电网领域的专家经验知识去结合数据驱动技术建模，从而使得模型更加精准，如何保证数字孪生电网的虚实相融共生，使得模型和物理电网在复杂多变不稳定的运行环境中时刻保持同步，即物理电网支持孪生模型实时更新优化，孪生模型实时对物理电网进行应用上的拓展。

（3）孪生电网的信息物理安全。数字孪生电网是未来电网数字化的核心，甚至是演进后的数字孪生能源系统的核心，所以数字孪生电网的信息物理安全问题就成了未来的一大挑战性问题。针对数字孪生电网的网络攻击会导致数字孪生电网出现数据泄密、系统失灵、决策失效等问题，进一步导致更严重的社会问题。针对数字孪生电网的信息物理安全问题可能来自内外部两方面如外部的恶意网络攻击和内部的系统运行故障。如何建立一个覆盖数字孪生电网的及时准确的安全监测机制，如何针对外部恶意攻击建立健壮的保护机制，如何在发生信息物理安全问题后建立有效的容错机制以保证数字孪生电网正常运行。

2. 发展方向

（1）能源资产建模。能源资产建模对于智能电网运营商来说具有重要作用，因为它允许评估和评估电网生态系统的性能，并为更好地管理能源需求、发电和分配提供了新的方法。霍尼韦尔等主要行业参与者已经成功地使用 DT 管理电网资产。

数字孪生允许实施复杂的性能评估模型，并虚拟可视化电网资源能源行为。在制造业等其他领域，DT 可以帮助虚拟化资源，以实现细粒度的能源消耗管理，并通过进行模拟来评估特定设备的能源性能。数字孪生是建立物理电网精确模型并进行仿真以确定潜在能源服务中断的关键技术推动因素。通过这种方式，避免了直接在网格上运行测试，并且可以开发连续评估平台。

数字孪生的发展对可再生能源带来了挑战，例如对其运行进行独立监控以反映其实时功能，不同的时间和规模粒度或发电的间歇性。数学模型被定义为表示光伏系统的可测量参数，并进一步运行模拟以评估其发电性能。同样，风电场和风力涡轮机管理可以通过将这些资产表示为 DT，实时估计其性能并管理其健康状况来优化。此类资产的特征和操作参数在虚拟空间中表示，然后进一步处理。DT 用于虚拟表示储能系统并评估其性能，以在正常运行之前定义操作调度计划。

电动汽车（Electric Vehicles，EV）的数量正在增长，这给智能电网运营商带来了巨大的隐患。研究强调了电动汽车资产 DT 的附加值，特别是在提供智能充电管理方面。使用复杂的模拟，电网可以理解不同类型的负面场景，例如拥堵管理，并可以通过更好地管理充电站来避免它们。在其他方法中，DT 用于对电动汽车车队进行建模并模拟其行为，以更好地管理其能耗、充电容量、充电频率等参数用于创建虚拟模型。时间序列仿真用于评估电动汽车充电站网络的性能，并根据密度和位置做出设计和架构优化决策。

最后，在现有技术中发现的一种相当常见的数字孪生建模方法是使用语义网和本体。它们允许为智能电网的特定配置和各种能源资产构建多层架构。消费者的负载曲线、发电基础设施、供电系统都可以使用本体提供的分层结构进行建模，并作为推理过程的输入来评估其性能。此外，使用语义网技术对能源资产进行建模，使建模和仿真解决方案能够轻松适应不同的能源资产或智能电网架构类型。

（2）电力设备健康状态评估。由于电力设备数量多、分布分散，以及各种运行特性，难以通过传统的运维方法准确评估设备状态。目前，评估和维护设备健康状况的主要方法仍然是计划维护和后期维护，无法满足日益增长的设备精细化管理需求。实现状态检修是电网长期以来的需求。不必要检修的发生既浪费人力物力资源，更可能降低设备的寿命甚至危害整个电网的运行。因此，为助力状态检修目标的实现，探明设备健康度的评估指标至关重要。

（3）故障诊断。在小电流接地系统中，单相接地故障的特征并不显著，难以设计出准确诊断的有效指标。配电网故障智能诊断方案旨在实现故障检测、识别和定位功能。基于随机矩阵理论（Random Matrix Theory，RMT）可以掌握配电网故障的高维统计指标，分析和分类配电网典型故障的原因，实现故障检测功能；此外，真实数据集、常规电气特征、高维统计指标等被用作网络输入，并且被分析对象的属性被用作网络输出，通过端到端学习，建立了一个深度神经网络模型；所构建的网络模型可以从实时数据集中提取故障的深层特征，然后形成故障诊断准则，实现智能故障诊断。

（4）微网系统优化运行。微电网是一种可控的能源供应系统，由分布式电源、储能器、相关保护设备和负载组成。它可以与外部电网并联运行，也可以独立运行。微电网是电网的有力补充，是分布式能源与电网之间的桥梁。微电网能够顺利接入电网，独立自主运行，是实现分布式电源效率最大化的有效途径。安徽广德·固德威智慧园区微电网系统，包含光电建材、储能与充电桩、智慧能源管理平台，依托固德威成熟的电力电子技术，实现厂区整体用能控制、能耗管理。微电网内包含多种光储应用，如光储充一体化车棚、星宇零碳阳光房、光储集装箱、光伏连廊等多种场景。实现了"供—需—储"的一体化自平衡，既可以实现自主产能+微电网内部的源网荷储平衡管理，又可以实现响应大电网的需求，满足调度。

在微电网中，由于负荷和电力供应的大幅波动，以及各种不确定和复杂的因素，通常需要增加储能系统，以确保实时供需平衡，提高可再生能源的利用率。在发电和负荷等各种因素发生变化的情况下，复合能源协调控制是一个复杂的优化决策问题，不同的方案可能会影响系统电力供应的稳定性、利用效率和经济效益。

（5）电力系统分析。传统电网通常依靠电力系统分析来掌握系统的运行状态。电力系统静态/暂态分析是基于物理模型，该模型使用严格的数学公式来关联维度之间的数据。这种模式不能充分利用海量的电网运行数据，充分利用大数据带来的数据效益。随着高级量测技术特别是电网广域测量系统（Wide-Area Management System，WAMS），同步向量测量装置（Phasor Measurement Unit，PMU）和配网同步向量测量装置的发展，能够形成跨越时空的高维数据集，从而反映电网的细致化运行状况。因此，基于电网运行数据，建立电力系统数据模型，利用 RMT 对数据模型进行分析和挖掘，进一步结合时间序列分析建立定量评价指标，实现对扰动影响程度和范围的分析，进一步分析电力系统的稳定性和运行裕度。

（6）负荷预测和用户行为分析。智能电网时代的发展导致电力用户端的数据量显著增加，传统的负荷预测方法无法应对更大的数据量和更强的随机性。为了解决这个问题，国内外学者提出了一种基于长短期记忆（Long Short-Term Menory，LSTM）网络的模型，该模型利用 LSTM 网络在处理序列数据时的特性，基于对历史时间点信息的整合，预测未来负荷。

　　LSTM 网络的核心在于其层次化结构，它形成了一个强大的网络，可以通过连接多个 LSTM 单元来捕获和利用时间序列中的长期依赖关系。每个 LSTM 单元包含遗忘门、输入门和输出门，它们控制单元之间的信息流和存储。在实际的结构表达式中，这些单元被组织成一个或多个层，其中每一层的输出不仅用作下一层的输入，而且还保留了时间序列数据的历史信息。这种分层结构允许 LSTM 网络在每个时间步长有效地更新其状态，同时保留先前时间数据的内存。

　　在 LSTM 网络中，每个单元的状态更新反映了时间序列数据的动态特性。通过持续的状态更新，网络能够在每个时间步长适应新的输入，同时保持对过去信息的有效记忆。这一过程是通过迭代更新小区状态和传输隐藏状态来实现的，确保了网络在整个数据序列中的一致性和一致性。具体而言，LSTM 网络通过综合考虑过去的信息（通过隐藏和细胞状态）和当前输入来动态调整其内部状态，从而实现对电力负荷数据的准确预测。

　　（7）基于图像数据的智能巡检。该部分应用主要基于计算机视觉技术（Computer Version，CV）的最新突破，将 CNN、faster RCNN 等一系列深度神经网络应用于计算机领域解决物体感知、识别等问题。随着我国电网的高速发展，目前输电线路总长度超过了 118 万 km，规模已跃居世界首位。由于输电线路相对分散、面积广、地形复杂、自然环境恶劣等特点，其成本高、耗时长、难度大、风险高，难以满足人工检测的需求。使用无人机可以更高效地完成电力检查任务，并能及时发现电力线上的绝缘体、引脚、异物悬挂、凹陷、识别缺失、鸟巢、树线冲突等问题。

　　（8）源网荷储自主智能调控。地区电网源网荷储面临利益主体多样、源荷双侧不确定性突出的难点，可通过强化学习、模型/数据交互驱动、群体智能等方法，采用源网荷储广泛感知与预测、多元协同调度、分布式自主控制，提高分布式可再生能源利用率，实现源网荷储泛在资源的自主智能调控。

　　面向多利益主体、海量异构群体、灵活广泛接入，应对可调资源的自主智能调控架构进行分析，基于模型/数据交互驱动理论，研究面向海量异构调控数据的分层分布式深度学习方法，并且根据多主体多目标调控需求，利用面向电网分布式自主控制的群体智能理论，研究分布式控制智能体的自趋优和群智进化策略。

　　优化前的准备方面，需要掌握源网荷储运行状态的智能感知方法，包含量测设备的优化配置方法、高冗余量测数据的降维方法。针对分布式电源和负荷的出力不确定性与波动性，可通过考虑网络和储能动态特性的源网荷储概率预测方法和源网荷储运行场景集智能生成与约减方法，为调控策略研究提供基础数据。

　　多元协同调度方面，可基于可行域降维投影的泛在异构资源自主聚合的统一模型和数据模型驱动的电网调度方法，通过海量数据的输入和深度学习形成隐性知识，在大数据基础上通过训练和拟合形成自动化的电网调度决策模型，研究仿真模型、数据驱动模型间的虚实交互方法，使仿真模型中的参数在与实际系统的互动中不断进化，形成了面向源网荷储调控的数字孪生体系，在物理实体提供的全面感知数据基础上，在虚拟世界对抗博弈式生成系统运行状态与调控决策，并通过与仿真环境甚至物理环境的不断交互，自主学习获取最优的策略，与传统基于简化、假设方式所构建的电网仿真决策模型相比，可增强能源互联网的适应性，可更好地提升源荷双侧的匹配度，促进可再生能源消纳。

　　此外，针对分布式广泛资源节点数量多、信息交互复杂等问题，可根据可控资源合理配置原则，结合自治区域动态划分方法，考虑广泛资源的耦合特性和群体协同特性，研究面向多利益主体区域内的泛在资源超前控制策略：针对多主体多目标控制需求，制定多区域间合作—博弈策略与群体进化机制，基于强化学习的泛在资源群智进化模型与算法，通过控制目标的闭环修正方法，实现多元资源的分布式自主控制。

2020 年，三峡能源在内蒙古乌兰察布获取全球最大"源网荷储"一体化综合应用示范基地项目并开工建设。该项目是全国首个"源网荷储"一体化项目，项目总装机容量 300 万千瓦，包括新一代电网友好绿色电站、源网荷储一体化绿色供电示范两个子项目。项目采用新能源、电网、储能、负荷相互协同优化的供电技术，可精确控制用电负荷和储能资源，解决清洁能源消纳及其产生的电网波动性等问题，缓解当地快速增长的电力缺口问题。

# 7.2　万　物　智　联

## 7.2.1　万物智联概述

传统物联网被定义为"物物相连的互联网"，它是在互联网基础上的延伸和扩展的网络，同时通过各种信息传感设备与互联网的结合而形成一个巨大的网络，实现任何时间、任何地点下的人、机、物的互联互通。要区别于曾经以智能硬件为主要热点的物联网概念，当前的物联网已经进入到了一个新的阶段。以"无线联网，App 控制"为特征的智能硬件，已经被认为是伪智能。一方面由 App 控制所带的来的便利性非常有限；另一方面，设备间缺乏通用的通信标准，难以实现联动。而现在，IoT 边缘计算（Edge Computing，EC）、流式计算（Stream Computing，SC）、数字孪生、LPWA（NB-IoT、LoRa），这些物联网的新概念与技术，让物联网的应用范围大大超出了智能硬件单品的范围。

随着 5G 应用的不断拓展，各种各样不同的物品都将逐渐连接上网，万物互联的规模将会越来越大、范围将会越来越广。在人工智能技术的推动下，物联网快速发展，从"万物互联"迈入"万物智联"。万物智联是以物物相联的互联网为基础并注入人工智能、大数据分析等基因后而形成的新的物联网发展形态。它具备一定智能的广泛物联网，主要技术概念包括：联网的智能硬件、智能边缘、数字孪生、大数据分析、流式计算（链式计算）、物可视化等内容。

## 7.2.2　电力物联网万物智联

据预测，到 2050 年，全球用电量将增加约 70%，从 2.5 万太瓦时增加到 4.2 万太瓦时。在这一总数中，预计约 56% 来自可再生能源。传统的电力系统（Traditional Power System，TPS）制造系统非常重视煤炭、天然气和石油等不可再生资源，由于 TPS 中通信的单向性，能源消耗率和公用事业成本的增加主要归因于客户缺乏参与。

电力万物智联范式采用多种信息通信技术来解决这些问题，最近已成为一种可行的选择。标准电网只允许从服务提供商到消费者的单向通信，而电力万物智联允许双向通信。智能电表、容错、未经授权的使用识别和负载平衡是电力万物智联提供的服务之一。提供电力万物智联服务涉及广泛采用分布式可再生能源，在用户和服务提供商之间发展关于定价细节和能源使用的不断双向数据联系，提供基础设施以收集和传输电网参数的统计数据进行分析，以及提供根据分析采取必要行动的机制。智能能源电网生成的数据和信息必须被传输、处理和存储，以便做出明智的决策。鉴于万物智联的许多应用和预期的未来，它似乎是智能能源电网系统的可行选择。除了通过其智能和主动功能提高系统的准确性和能力外，万物智联还可以从低效的传统电网平稳过渡到更有效的智能能源系统。基于万物智联的电力万物智联有六个共同的基本特征：智能传感器、使用边缘、雾和云计算技术的数据分析、SDN功能的对象、数据安全、合埋的价格和通信协议。电力使用计划、实时计费、自找恢复、自动化、双向通信的利用以及设备的快速监控都是如何在保持或提高能源效率的同时做到这一点的例子。图 7-3 描述了从各种终端到云的数据流，用于在决策之前进行处理、分析和聚合的过程。

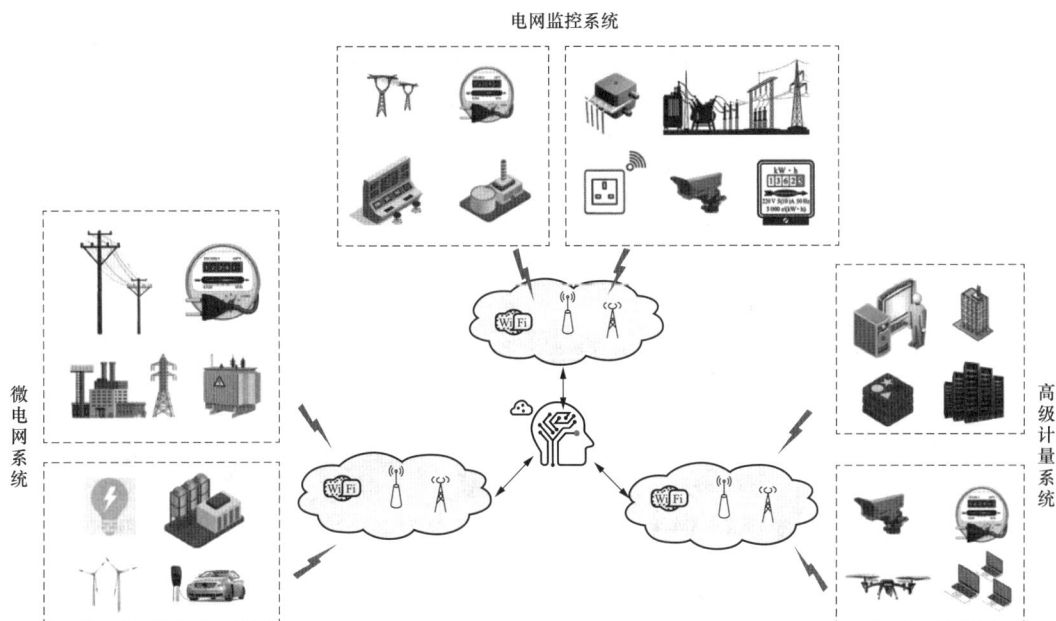

图 7-3　电力万物智联示意

万物智联技术在信息检索、传输和处理方面具有广泛的实现，并具有网络功能。万物智联技术通过各种通信技术和万物智联智能设备提供用户和设备之间的实时网络连接，实现双向数据共享，实时和高速，以提高电力万物智联的效率。与万物智联集成的电力万物智联系统已经得到监管和实施，但即时知识和可持续的大规模数据处理的全部功能尚未得到最佳利用。万物智联的实施涵盖多个领域，例如通过动态调度调整家庭消费、电力监控、系统监控和维护、需求和管理、电动汽车充电和停车。电力物联网万物智联架构如图 7-4 所示。

万物智联技术可用于输电行业，如输电线路和变电站的监控、输电线路的保护等。通过万物智联，可以改善用电/生产预测、能源存储、电力互联等。万物智联技术可用于管理配电操作和设备，以及用于分布式自动化。智能建筑、自动抄表、电动汽车充放电、家用电器能源利用率数据采集、电力负荷控制，节能跟踪和控制，电力需求管理和多网络消费只是万物智联可能有用的许多领域中的一部分。

### 7.2.3　未来挑战和发展方向

随着 5G 的商用与人工智能的发展，天空地电力物联网从传统意义上的万物互联向着注入了 5G、人工智能、大数据基因之后的万物智联方向发展，万物智联将从横向扩展和纵向升级两个方面对整个电力物联网行业产生重大影响。

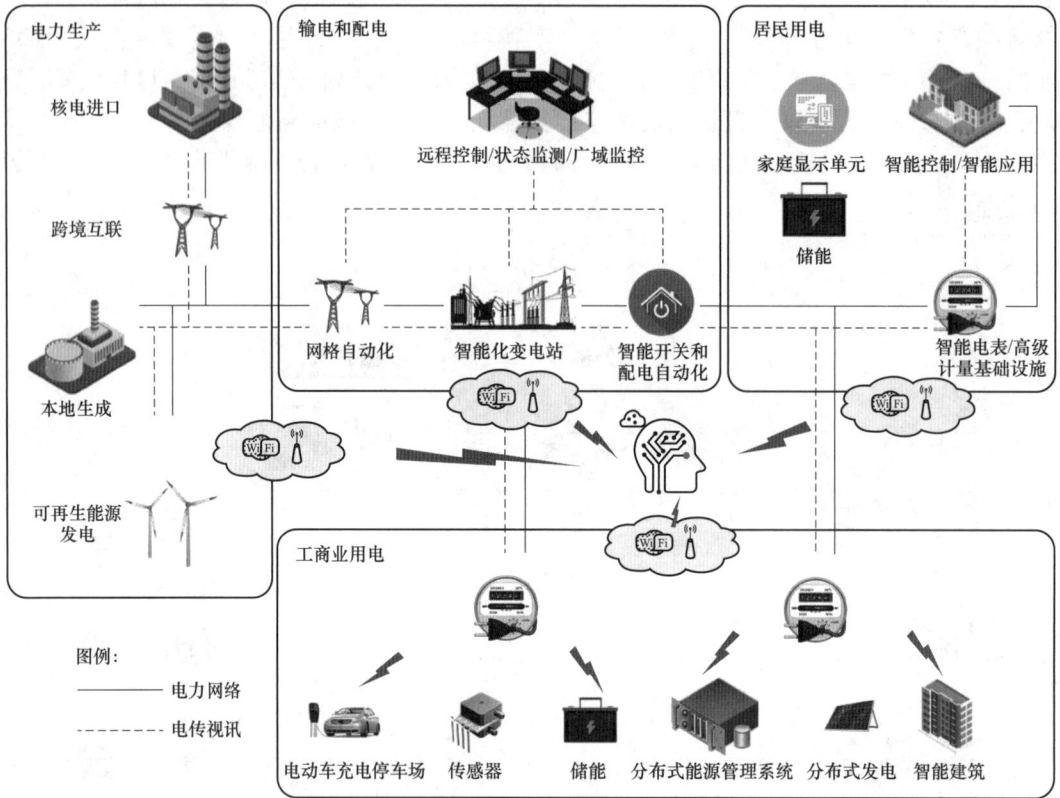

图 7-4　电力物联网万物智联架构

1. 未来挑战

（1）横向扩展。在万物智联的大背景下，天空地电力物联网产业将通过通信网络接入横向扩展至更多的电力终端，同时驱动各电力终端研发及应用场景落地。这将为众多传统领域借助新一轮物联网技术革命提升自身能力及在产业链中的地位，甚至可能颠覆其传统方式的业务发展模式。

（2）纵向升级。当一切电力设备和终端都加入通信网络连接后，人工智能将无处不在。在 AI+IOT 万物智联的驱动下，电力物联网产业将从简单的电力设备之间的连接升级到垂直细分领域与应用场景的云平台连接、大数据计算、人工智能分析与决策的电力智能化时代。电力产业在垂直领域的纵深发展、专注发展也势必将为企业的发展升级、产业布局提供有力支撑和新的业务、收入增长点。

2. 发展方向

随着 5G 的商用，全球开启了下一代移动通信（6G）的探索研究。面向 2030 年及未来，人类社会将进入智能化时代，社会服务均衡化、高端化，社会治理科学化、精准化，社会发展绿色化、节能化将成为未来社会的发展趋势。6G 在 5G 基础上，将从服务于人、人与物，进一步拓展到支撑智能体的高效互联，将实现由万物互联到万物智联的跃迁，成为连接真实物理世界与虚拟数字世界的纽带，将促进社会生产方式的转型升级，最终将助力人类社会实现"万物智联、数字孪生"的美好愿景。在该背景下,新一代物联网焕发了全新的生命力和前景。目前看来,"万物智联"这场科技革命要实现最终胜利,需要把握以下几个层面。

(1)连接层。当前的电力物联网接入对象传感器、电力仪器仪表、摄像头、各种智能卡、无人机等,但主要还是人工操作,所接入的电力设备信息也较为有限。随着大数据时代到来,电力物联网接入对象应包含更多的电力终端信息,不仅包括现在的普及应用,以前被忽略的微型感知电力设备也需要被纳入接入终端中,所获取的不仅包括人类社会的信息,也包括更为丰富的物理世界信息,比如压力、温度、湿度、体积、质量、密度等。

(2)网络传输层。虽然电力网络基础设施已日益完善,但离"任何人、任何时候、任何地点"都能接入网络的目标还有一定差距,即使是已接入网络的信息系统很多也并未达到互通,"信息孤岛"现象较为严重。另外,网络传输速度也非常有限,未来电力物联网的发展应结合新一代移动通信技术,在完善基础设施的基础上,增强网络的随时、随地可获得性,使用户与电力终端、电力终端之间的信息系统达到广泛的互联互通。

(3)信息处理层。当前由于数据、计算能力、存储、模型等限制,大部分信息处理工具和系统还停留在提高效率的数字化阶段,一部分能起到改善电力生产与用户生活流程的作用,但能够为用户决策提供有效支持的系统还很少。随着人工智能的发展,这一系统应朝着制定计划与策略、评估选择、计算概率,最后根据分析结果自动化决策的方向发展,不仅能提高用户用电决策合理性,降低电力终端能耗,还能通过机器学习、大量算法来深入分析海量数据,从而为电力系统中的棘手问题提供新颖且更加系统性的解决方案。

(4)用户体验层。电力物联网正在深刻地改变用户与现有电力技术的互动方式。现在大部分的用户与设备交互仍要借助传统交互方式,智能化仍显不足,普及率也不够高。但未来应该寻找或培养优秀的用户体验设计师,帮助智能电力终端用户获得更方便、更迅速、更准确的服务。

因此,我国要实现"人工智能+电力物联网"构成的万物智联电力物联网,需要明确电力用户的需求,以需求侧的特征决定供给侧的发展方向,并从以上四个层面来进行电力供给侧的创新改革。

杭州市钱江世纪城小区是浙江省试点开展配电物联网示范区重点建设区域,当用户发生停电故障时,智能配电变压器终端通过边缘计算技术,对故障数据进行分析后,送往云端主站综合研判。在用户拨打报修电话之前,可实现精准定位故障并安排人员开展抢修工作,比以往缩短了60%的抢修时间,大幅提升了运维抢修效率和供电可靠性。同时,向用户主动发送停电信息,告知停电原因和预计恢复时间,提升客户用电体验,有效提升供电服务水平。可见,泛在电力物联网将可视化的能源流、信息流与光伏发电、储能、地源热泵、各种家电连接在一起,通过智慧能源控制系统,实现多种能源状态的感知和优化,实现电力公司全业务数据统一管理,助推我国一流配电网的数字化、信息化和智能化发展。

## 7.3　算　网　一　体

算网一体是算力网络发展的目标阶段,是计算和网络两大学科深度融合形成的新型技术簇,是融会贯通多要素的一体化服务,是实现算力网络即取即用社会级服务愿景的重要途径。

由于新型应用对网络和计算提出了更高品质要求，网络和计算单方面性能优化已无法满足应用需求，且网、算资源隔离的形态不利于资源利用率的提升。业务需求驱动网、算不断融合，打破算网界限，通过算网一体提升整体性能。此外，传统网络面临单一学科理论难以突破的挑战，与之相较，多学科交叉融合是创新的重要途径。并且，由于跨领域融合经常呈现出"1+1＞2"的效果，因而它已成为领域创新发展的新动力和源泉。随着技术的发展，数据、运营、互联网和通信技术（Data，Operation，information and Communication Technologies，DOICT）融合趋势逐渐清晰，网络和计算一体化将助力突破单领域发展瓶颈，实现算网跨越式发展。

### 7.3.1　发展路径概述

1. 算网一体的特征

（1）设备一体化：支持网络和计算相互感知、协同调度功能的新设备。通过外挂或者内嵌/内生的方式，形成支持"算力感知""网络感知"或"转发即计算"等的多种形态的设备硬件。

（2）协议一体化：支持算力、网络、服务等多维资源信息感知和调度的新协议，包括算力感知协议、算力路由协议、算力配置协议和算力 OAM 协议等，可通过网络协议扩展并携带计算信息，或者定义新型协议实现。

（3）调度一体化：网络和计算在管理调度层面打通，提供统筹考虑的序列调度能力，或"转发即计算"的原子化功能细粒度并行调度能力。网络支持考虑计算维度的全局调度，或者保障局部最优的信息调度。

（4）服务一体化：网络和计算服务统一入口，通过能力的相互补充和调用，面向用户提供一体的网络和计算服务。

2. 发展路径

算网一体的发展路径由计算和网络两大元素共同决定，如图 7-5 所示。从宏观上讲，能够提供算力的组成单元包括计算单元、计算芯片、计算设备、计算系统；能够提供连接能力的组成单元可以细分为片上总线、板级总线、网络设备、网络系统。从能力维度看，计算指算力，网络指连接；从实体维度看，计算和网络都有各自的组成部分，分别提供不同的算力和连接能力。

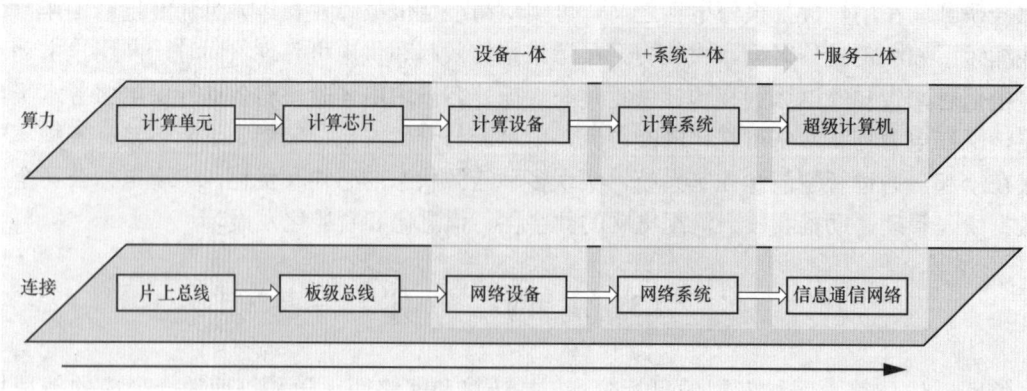

图 7-5　算网一体发展路径

我们通常理解的"网"是指由多种网络设备组成，具有连接能力的基础设施。一般来讲，片上总线、板级总线都属于设备内部互联方式，不在"网"的范畴之内。因此，算网一体最基本的组成单元是计算设备和网络设备，最初开始从设备层面呈现技术要素的融合，并且随着技术要素、能力要素、资源要素的不断驱动，由设备一体向系统一体发展，最终实现服务一体。

从系统层次看，计算系统的主要代表为云数据中心，超算中心等，而网络系统的代表为互联网（Internet）以及 5G 移动通信网络。算网一体系统包含了设备级算网一体，除融合计算、网络、存储等技术要素外，还充分融合了数、智、安、链等能力要素，在表现形式方面更为丰富。目前看来，6G 网络预计将成为算网一体系统，移动通信网络系统将和分布式云系统充分融合，云、边、端算力将借助网络实现高速泛在，一体融合。

从设备层次看，算网一体主要表现在设备既具备一定信息处理功能，同时具备信息转发能力。技术要素融合在设备级算网一体中发挥着主要作用。比如算力路由、在网计算就是典型的设备级算网一体关键技术。算力路由技术，基于网络、计算、存储、服务的状态感知，将算力信息注入路由表，生成"网络+计算"的新型路由表。算力路由技术基于用户的业务请求，通过网络、计算联合路径计算，按需、动态生成业务调度策略，并实现基于 IPv6、SRv6 等协议的可编程算力路由转发路径。在网计算技术将计算设备处理的任务卸载至网络设备，利用网络设备的闲散算力，边走边算，实现数据随转随算，开创应用、网络联合处理模式，实现应用服务加速。

从服务层次看，算网一体服务也将逐步呈现一体化，可以实现算力如水、电一般即取即用的社会级服务。算网一体服务演进过程中，需要综合技术要素、能力要素以及能源、土地等资源要素。

从整体来看，算网一体以多要素融合、多层次服务形式从设备一体化到服务一体化演进；分开来看，呈现出以计算为主和以网络为主的两种发展路径和目标。前者演进目标是一体化超级计算机，提供强大的算力；后者演进目标是信息处理网络，通过网络实现算力原生和算力泛在。

3. 体系架构

基于算网一体的定义和特征，本节进一步提出了算网一体的参考体系架构，如图 7-6 所示，其中，形态体系、技术体系、设备体系、协议体系共同打造算网一体基础设施，支撑新能力、新服务和新生态。算网一体的发展顺应产业、政策以及技术的多方面驱动，

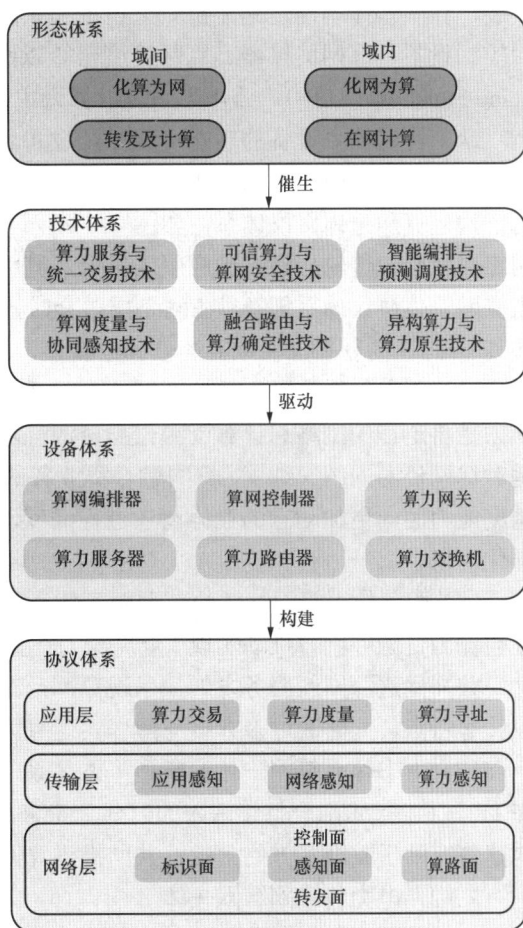

图 7-6　算网一体网络架构

网络域和计算域将在广域网和局域网呈现不同的演进形态，从而催生出一系列技术体系，驱动新型算网一体设备体系的发展，新型设备之间的通信也将会构建出新的协议体系。

（1）形态体系根据算网一体的演进路线研判，算网一体包括以网为主和以算为主两种路线。当前的网络主要包括域间的广域网连接和域内的局域网连接，广域网由于其连接范围广，计算要素相对稀疏，仍然主要保持"网"的特性；局域网由于其连接范围有限，计算要素相对密集，将更多呈现"算"的特性。所以，算网一体在面向域间和域内的演进中，将呈现"域内化网为算"和"域间化算为网"两种形态。域内化网为算：域内因为归属同一运营主体，有望丢掉分层解耦的"包袱"，通过软硬深度融合，率先实现基础设施充分池化，变成一台超级计算机。域间化算为网：域间网络承担着高效连通多运营主体算力和服务的任务，兼容互通是首要任务，分层模型的思想仍将沿用。

（2）技术体系基于形态体系的发展，算网一体将产生多个层面的基础性、前瞻性、挑战性技术，通过融合计算技术和网络技术构建核心的算网一体技术。算网一体核心技术以网络和计算的一体化服务为目标，研究算力度量、算力感知、算力路由、在网计算、算力交易、确定性服务、算网一体编排、通感算一体等技术。

（3）设备体系设备是技术的载体、是能力的底座、是服务的支撑。算网一体技术体系的发展，算网一体基础设施需要新型设备和系统承载，包括算力路由设备、算力网关设备、算网控制设备、算网编排器、算网调度器等以网为主的设备，以及包括云化用户面功能（User Plane Function，UPF）、云化小站等以算为主的设备，共同构建算网一体的设备体系。

（4）协议体系设备的功能实现以及设备之间的通信需要新的算网一体协议。算网一体协议主要作用在域间的算网一体演进，从OSI七层协议模型演进而来，分层引入新信息、新能力，构建算网一体协议体系，如图7-7所示。算力和网络的融合可以发生在不同的层次，从网络层融合、传输层融合到应用层融合，其将引入不同的信息，增加不同的能力，最终体现为算网一体协议体系创新。在网络层融合时，考虑到IP细腰模型的兼容性和可扩展性，可开展基于L3.5的创新，兼顾兼容性和创新性，构建新的overlay层。

（5）能力体系算网一体的新型能力体系，包括资源布局、编排、调度等能力。资源布局能力是将泛在的网络和计算资源根据资源环境、用户需求的规模和特性进行部署；编排能力是对算网资源的统一纳管，算网融合类业务的一体化编排，以及算网业务的全生命周期管理；调度能力面向更加动态的业务请求进行调度，在提高资源利用率的同时，满足各类业务的差异化需求。

（6）服务体系算网一体的新型服务体系，包括交易、激励等服务，将催生新的商业模式。社会算力资源并网将推动实现"全局算力一盘棋"，结合新型激励机制可以提升各方参与积极性，共同促进算网新服务发展，呈现算网泛在分布、一体供给、协同编排、灵活取用、绿色设计等特点，同时通过多方参与博弈实现算力和网络的均衡优化。

（7）生态体系算网一体的新型生态体系，包括产业链、价值链、供应链等。当前社会处在IT与CT技术融合持续深入的时代，未来还将与OT等技术进一步融合。新型生态体系的构建将有助于整合多方的力量，共同推进算网一体走向成熟。

### 7.3.2　电力物联网算网一体

1. 算网一体供给体系

如同传统基建"西电东送""西气东输"等国家级重大工程作为骨干通道支撑电力、天然气等资源跨域流通与统筹调配一样,"东数西算"工程是在国内数字经济快速发展时期,有效统筹、规范数字基础设施建设的主干工程,是承载算力资源跨域配置、优化算力供给结构、构建全国算力网络体系的重要支撑。

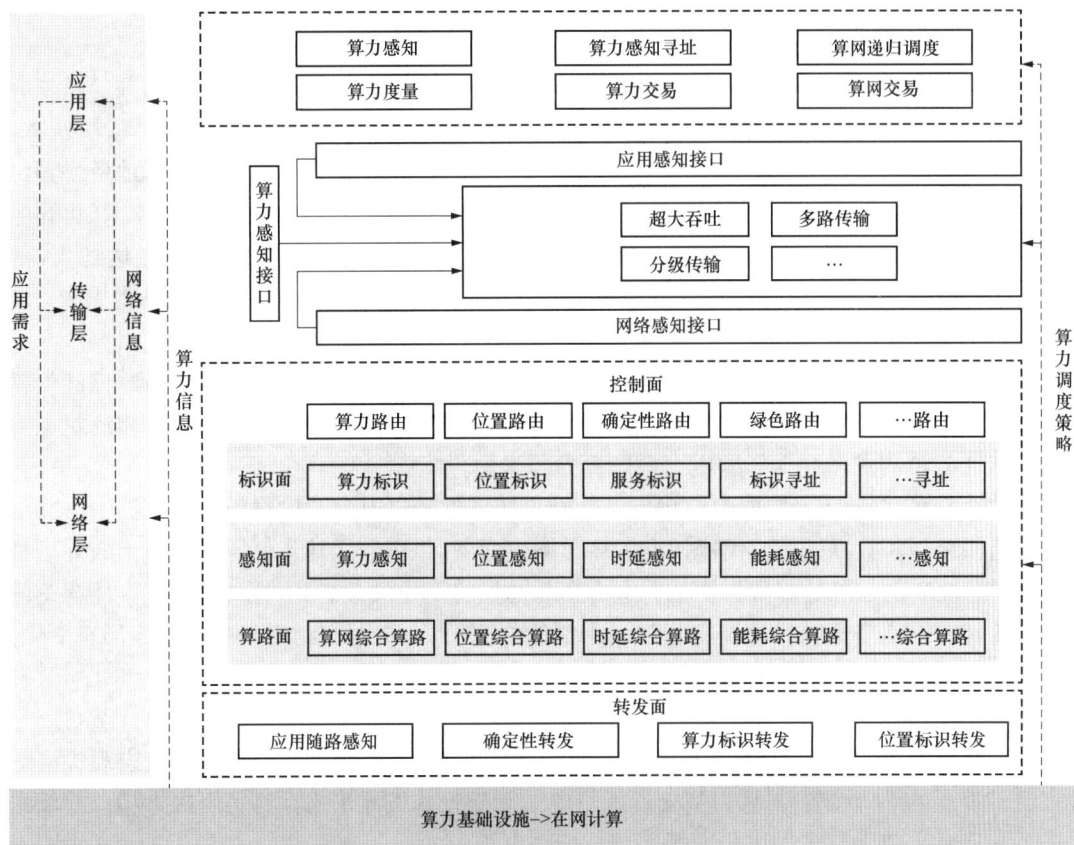

图 7-7　算网一体协议体系

作为全国一体化大数据中心协同创新体系的重要组成,"东数西算"工程推动东部算力需求西迁,实际源自电源基地与算力需求空间分布不均衡所带来的东西部算力资源供需失衡问题,通过将算力资源配置空间从局部推向全局,引导算力供给与能源供给格局相衔接,重构算力供给体系,从而化解算力资源供需矛盾。

其中包含两方面内涵:一方面,基于东西部不同地区能源资源禀赋特点,推动算力基础设施分级分类、梯度布局,引导非实时性温冷数据西移,而实时性算力需求热数据在东部地区实现绿色集约化布局,城区内部则作为算力"边缘"端支撑金融、智慧电力等实时性要求极高的业务需求。另一方面,推动算力枢纽间直联互联、构建算力网络,为未来算力资源跨区域灵活调配提供通道基础。

在此基础上,逐步推进多云间、云与数据中心、云与网络的资源统筹编排,以及跨行业、跨区域、跨层次连接算力资源。最终形成算力服务资源库,为电力服务提供充足的公共资源。

"东数西算"综合考虑能源电力资源分布、网络、气候等条件对算力资源进行再配置,将对算、电协同带来深远影响。

2. 推动"算电一体"新型供能体系建设

"东数西算"推动数据中心集群向清洁能源基地迁移，实际上是引导"算随电走"，将有效推动绿色低碳电源中心与算力资源供给中心协同建设，形成"算电一体"的新型供能体系。

截至目前，"东数西算"工程规划的 10 个数据中心集群中，包括张家口、韶关、贵安、中卫等在内，均为可再生能源基地。

数据中心集群是电力工业大用户、新型负荷主体，将有效提升可再生能源基地资源消纳水平。"双碳"目标下，数据中心电能使用效率（Power Usage Effectiveness，PUE）、可再生能源利用率指标要求更为严格（国家枢纽节点 PUE 降到 1.25 以下，绿色低碳等级达到 4A 级以上）。新型电力系统建设面对的数据采集、处理量呈指数级增长，将显著增加算力需求，这使得数据中心与电力系统的耦合性更强。

数据中心企业进军新能源已成趋势，与电力企业共同开发"数据中心+新能源+储能"模式，将有效降低数据中心用电成本，数据中心也正在成为负荷可变、可调的复合体满足电力系统灵活性调节需求，并为新型电力系统算力需求提供支撑。

"东数西算"框架下，数据中心将更具基础设施属性。电力企业投建的大型数据中心将逐步开展资源租赁、数据托管、代建代维等算力增值服务。"东数西算"引导东部城市布局规模适中、实时性高的边缘计算数据中心，电力企业通过将变电站改造为"多站融合"，能在空间上为边缘计算站点布局提供站址、电力、网络等共享资源，进而推动电力基础设施形态变化，成为"电力+算力"资源服务商。

3. 算力一张网

电力基础设施与算力基础设施作为"一行带百业"的经济底座，分别是衡量宏观经济、数字经济发展的"晴雨表"。算力基础设施与电力基础设施发展形态，将呈现极为相似的演进路径。长远看，算力将如同电力即插即用、便捷获取。

数据中心作为算力资源生产的"发电单元"，正在历经从单体数据中心到大型数据中心、数据中心集群，以及更进一步与网络基础设施融合的趋势发展。这与国内电力系统从早期孤立电厂到集中式电厂，从未联网到局部联网，再到大范围区域联网、全国联网的演进过程相似。

传统单体数据中心以企业自建自用为主，规模、服务对象有限，早期布局缺乏规划与建设标准，可类比电力工业早期的"自备电厂"。数据中心集群集中性、公用性更强算力服务供给对象范围更广，能更有效发挥集约型设施的公共服务作用，满足大量难以自建算力设施的需求主体，相当于"集中式电厂"或"电源基地"。算力网络则是云网融合算网融合趋势下的新型网络形态，通过建设数据中心集群间网络直联、成为算力资源统筹调配的管道，可类比"电网"。

目前多省政府提出推动构建"算力一张网""新型算力网络"。算力基础设施的网络化属性也对电网推出体系性专项提出要求。

### 7.3.3　未来挑战和发展方向

1. 算网一体发展挑战

面向国家政策、产业发展以及技术创新趋势，计算和网络的融合已经成为业界热点，并且呈现出一体化发展的趋势，在学术界、产业界等已经开展了相关的研究和试验工作，但仍然面临一些问题和挑战：

（1）算网一体的创新很大程度是 IP 技术的创新，难度大，周期长，是创新金字塔的塔尖，需要理论和方法论的突破。

（2）算网一体的发展需要同时考虑兼容性和变革性，自顶向下，以架构为牵引进行系统创新。

（3）多要素多学科融合驱动算网一体化发展，需进一步探索设备、协议、调度、服务一体的实现程度和难度。

（4）实现一体供给、协同编排、灵活取用的算网一体服务，需考虑算力和网络的均衡优化，建立完善的激励机制。

2. 算网一体展望

（1）电力数字转型。电力即算力，通过运用大数据、云计算、5G 等现代信息技术，加强数据中心与电力网一体化设计，一方面实现三维数字电厂、数字孪生、流程仿真、智能检测、智能预警，打造智慧电厂、智慧矿山、智慧工地、智能巡检；另一方面，通过利用电力系统各方面的互联互通和人机交互，可以创建一个状态感知全面、信息处理高效、应用方便灵活的智能、鲁棒和灵活的电网，使电网像互联网一样"即插即用"，从而为电力数字化转型打开新的通道、拓展新的空间。

以鲁能海西州多能互补 50MW 塔式光热电站为例，该项目的定日镜数量为 4400 台，每套定日镜采光面积为 $138m^2$，而如何实现精准反射太阳光到吸热塔内，再转化成电力，成为急需解决的问题。作为全球率先提出碳中和承诺的大型科技企业之一，西门子提供了 S7-1200 可编程控制器+X204 和 RX1500 交换机，其具有精准追日控制功能的解决方案，改善了光伏不稳定、不可调的缺陷，提高了电能稳定性及电网对新能源的接纳能力。值得一提的是，S7-1200 系列拥有紧凑的设计、灵活的配置和强大的指令集，提供了控制各种设备的灵活性和强大的功能，以满足自动化需求。鲁能海西州多能互补 50MW 塔式光热电站建成后，年发电量约 12.625 亿 kWh，能够有效减少煤炭消耗，降低大气污染，每年可节约标准煤约 40.15 万 t，减少烟尘排放量约 5431.96t。

（2）构建新型电力物联网系统。电力物联网算网一体的核心问题是构建以新能源为主体的新型电力系统。与传统电力系统相比，构建新型电力系统无疑是一场深刻的电力系统变革，且涉及源网荷储等各个领域，也意味着新能源发电将逐渐成为电力电量供应主体，它要求电网更弹性、更灵活、更智能，从单向化向双向互动系统方向转变，能把波动性、间歇性的新能源通过系统的灵活调节变成友好的、稳定的电源，更好地适应新能源大规模发展需要，从而最大限度提高清洁能源消纳利用水平。

（3）实现综合电力管理。据统计，电费支出约占数据中心整体运维总成本的 70%。为了降低运营成本，数据中心对节能降耗提出了更高的要求，这给综合能源管理提出了新思路。利用大数据、云计算等现代信息技术，对数据中心的电力等各类能耗数据进行充分采集、处理并分析耗能状态。提供包括用能咨询服务、用电行为数据服务、能效分析预测、节能服务以及故障排查、定向或随机回访等综合能效服务，通过 AI 替代上述服务并提供远程诊断和咨询，可以极大提高用能效率和效益。

未来电力物联网算网一体架构图 7-8 所示。

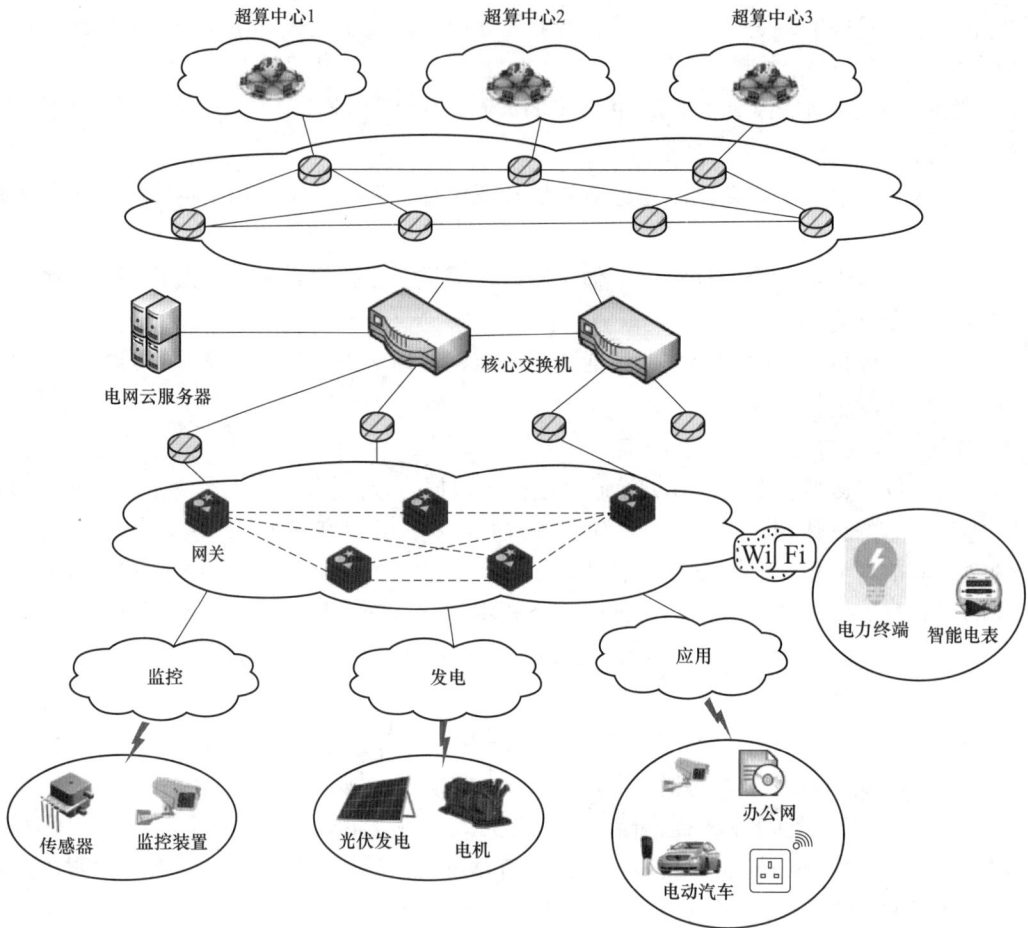

图 7-8　电力物联网算网一体架构

# 7.4　内　生　安　全

网络的演进是一个开放性和动态性不断增加的过程。5G/5G-A 面向医疗、交通、工业等领域，促进通信技术（Communication Technology，CT）与信息技术（Information Technology，IT）运营技术（Operational Technology，OT）的融合：6G 网络与算力融合尝试对网络服务进行感知，实现泛在的接入和服务访问。未来的网络除了要提供更快的传输速率、更精准的服务质量保障、更智能的连接服务外，还需要提供更安全可信的传输能力。这就不仅需要安全适应网络，解决由开放性和灵活性所造成的安全问题，还要为网络赋予内生的安全能力，基于网络的新特性，更好地发挥网络的安全潜能。

### 7.4.1　内生安全概述

1. 定义及特征

内生安全最早于 2013 年由邬江兴院士提出。经过学术界、产业界的持续关注，内生安全概念与愿景逐步清晰——内生安全是以网络中各类网元设备自身的安全能力为基础，利用系统架构、算法、机制或场景等内部因素获得安全功能或安全属性，协同配合构建的综合安全体系。

内生安全系统至少具有以下基本特征。

（1）先天构建。安全能力需要与网络系统的设计与建设同步进行、同步建成，同时安全能力应与网络业务功能全面、紧密耦合。

（2）后天成长。系统能够通过与运行环境的交互作用，使自己能够适应环境，应对安全事件，随网络环境变化动态提升安全能力。

2. 未来网络的安全需求

随着网络的演进和发展，融合体系、通信模式和防护主体都发生了变化，这也促进了网络安全架构设计的发展。

首先，新的网络融合体系对传统网际互联协议，（Internet Protocol，IP）安全体系提出了挑战。数字经济发展需要云边端协同的强大算力和广泛覆盖的网络连接做支撑，算网融合已成为重要趋势。算网融合衍生出新的网络结构，但角色多样泛在化、连接多变动态化、信任关系多元复杂化等特点为攻击提供了更多的条件，这会严重加剧攻击程度，因此需要人们重新审视算力网络的安全防护框架与能力。由于传统 IP 缺乏安全设计，未来网络需要从架构上解决 IP 安全问题。

其次，新的网络通信模式对以网络服务为主体的传统防护模型提出了挑战。由于传统的 OT 网络通信协议缺乏严格的权限管理和验证机制，IP 化改造后基于静态配置的网络访问控制策略难以奏效，攻击者可能会假冒合法用户身份进行越权访问间，并利用系统漏洞发起网络攻击。而现有的 IT 安全以保护客户端—服务端通信模式为主，难以解决 OT 局域网 IP 化后访问不受控的问题。

最后，防护主体的变化对传统孤立的防护模式提出了挑战。协同制造将移动通信网络与先进制造技术深度融合。局域应用向广域化转变网络风险由消费领域向产业领域持续渗透，这需要进行多信任主体间的协同防护。行业终端和边缘节点的安全能力不足，也需要端到端地设计安全方案，提供多点多域的协同防护机制。由于网络广域互联、攻击各个层面容易扩散，海量异构节点存在安全能力差异，针对行业应用的恶意攻击也将不断增加。

在网络架构融合开放的发展趋势下，传统外挂式、补丁式的被动安全防御机制已无法有效支撑未来网络安全性需求，需要基于网络"内生安全"的理念去解决网络安全问题。目前业界对网络内生安全研究主要包括网络通信的可信和网络基础设施的可信两方面。本文中的研究主要聚焦于前者，简称为可信通信，即将安全功能作为基本要素耦合到体系结构，在不借助外力（安全软件、防火墙等）情况下，实现对网络通信的攻击防范和内生安全保障。

当前业界非常重视发展网络内生安全技术，科技部专项研究任务《1.3 内生安全支撑的新型网络体系结构与关键技术》涵盖了网络体系结构内生安全机理、未知网络攻击免疫方法等研究内容。产业界也在近年来开展了 IP 网络内生安全的研究，网络 5.0 产业联盟在《网络 5.0 技术白皮书》提出了要求网络具备可信管理、可信接入以及可信路由能力等可信通信能力，并强调了抗网络攻击的网络内生安全能力需求。全球标准组织积极研究和制定攻击防御技术相关安全标准。营商一致认为网络安全可信的重要性，并针对攻击问题提出内生安全能力。

3. 可信通信设计原则与技术体系

可信通信（Network with Intrinsic Security Communication，NISC）体系是专门针对未来网络的关键安全需求及现有技术的缺陷而构建的。基于可信的网络架构和 IP 协议，NISC 应具备近源协同防护、无状态随路验证等特征，无须依赖于攻击先验知识，能及时、主动识别控制异常通信数据流，减轻攻击造成的系统危害。在设计可信通信机制时，应该考虑以下方面的安全防御机制，以提供全面性、体系化的可信通信能力。

（1）实时性：借助网络层为业务提供接入域、传输域、目的域等多点防范，尽可能达成自动化接入和靠近攻击源的防护。

（2）高效性：打造高效防御阻断系统，减少业务冲击，为未来网络赋予高性价比、精准化攻击检测能力。

（3）系统性：整体上面向全系统构建攻击防护方案，设计系统性的信任链传递机制，多维度、多层次、多位置提供服务节点可信可控防护机制。

基于上述设计原则，NISC 技术具体应满足下列要求。

（1）源地址真实性要求。针对 IP 地址假冒所引发的攻击问题，需要对通信发起端的身份或标识，通过轻量化访问控制技术、密码算法技术进行真实性校验。这样能够增强网络业务通信的可信度，弥补了端到端安全访问能力方面存在的不足。

（2）服务授权访问要求。在地址真实性得以保障的基础上，端到端通信业务应根据业务认证与访问授权情况，借助密码学机制识别合法报文并实施服务可访问控制，确保业务获取目的端认证和授权，从而阻止网络攻击行为发生。

（3）协同防护要求。对于通信业务经过不同信任主体的情况，可以基于密钥派生、认证信息共享等机制来实现安全域间的互信传输，并尽量在靠近报文发起源、目标域检测数据报文的合法性，保障多信任主体场景的高效攻击阻断、端到端系统性防御。

（4）报文抗重放要求。系统应基于时间校验子、序列号等动态因子对重放报文进行轻量化主动识别和检查，有效避免因非法截获报文引起的重放攻击。

（5）兼容性要求。可信通信技术应对传统终端、网络以及传输设备提供兼容性支持。

4. 内生安全关键技术

当前网络内生安全仍处于技术孕育阶段，因此梳理各发展路线上的关键技术，开展未来网络内生安全的关键技术识别，将有利于技术的融合与统一架构的形成。本节将从技术层面对拟态防御、可信计算、零信任等路线的关键技术及其在内生安全领域的作用加以介绍。

（1）拟态防御关键技术。邬江兴院士等将移动目标防御（Moving Target Defense，MTD）技术的动态性与 N-变体系统的异构冗余特性相结合，提出了基于动态异构冗余的拟态防御模型。系统具有动态切换机制，可根据运行过程中产生的告警/报错信息，将旧的异构执行体替换为可信的新重构的异构执行体，从而实现更高的动态性。将动态异构冗余架构应用于网络内生安全的构件后，邬江兴院士等提出全维可定义多模态智慧网络。该网络系统的异构资源池由平台、系统、部件、模块多层面上的网络功能组成，包括异构的网络拓扑、寻址路由、交换模式、网元形态、传输协议等。网络通过人工智能技术、智慧化网络管理机制，从异构资源池中选取不同层面上的网络技术，组成不同模态的网络执行体系，实现网络层面上的拟态防御。

（2）可信网络关键技术。在可信计算与可信网络架构（Trusted Network Connect，TNC）基础上，中国提出了具备主动免疫机制的可信连接架构（Trusted Connect Architecture，TCA）。TCA 三元三层网络架构由实体、层、组件和组件间接口组成。通过多步骤的鉴别、认证，可以实现身份鉴别、平台鉴别、完整性度量、策略管理、保密通信等功能。在鉴别身份、判断被授权允许访问网络的基础上，TCA 还要检查终端当前的完整性及其他安全属性是否与网络要求的安全策略一致，从而为网络环境提供稳定可靠的保证。

（3）零信任关键技术。美国国家标准与技术研究院将零信任的核心技术归纳为软件定义边界（Software Defined Perimeter，SDP）、身份和访问管理、微隔离。

SDP 基于安全策略可灵活创建边界，用于将服务与不安全的网络隔离开，提供按需、动态的网络安全。区别于传统传输控制协议 TCP/IP 网络的默认允许连接，在没有经过身份验证和授权之前，受保护的资源对于终端用户是完全不可见。SDP 主要由 SDP 控制器、SDP 安全网关、SDP 客户端三大组件构成。其中，SDP 控制器用于认证和授权 SDP 客户端，并配置 SDP 网关的连接；SDP 网关与控制器通信并强制执行策略，控制客户端的访问流量。

身份和访问管理可确认访问者身份的合法性，并为合法用户在规定时间内按照访问权限来要求受保护资源提供一种安全的方法。身份和访问管理技术的发展经历了从粗粒度到细粒度的转变，实现了设备内部不同端口之间的流量控制。此外，基于角色的访问控制、基于属性的访问控制、基于任务的访问控制等均各有侧重。对于零信任网络的身份与访问控制，目前人们正在提升策略的动态性，并尝试将已有技术的优势加以融合。

微隔离是一种细粒度的边界安全管理策略，是边界隔离不断向受保护资源靠近的结果，主要以软硬件结合的方式，通过虚拟化环境中划分逻辑域来形成逻辑上的安全边界实现细粒度的流量监测访问控制和安全审计功能。目前微隔离的实现方法主要分为物理安全设备、主机代理、软交换和虚拟机监视器等方式。

（4）DevSecOps 关键技术。DevOps 是一套将开发、运维、质量保障相结合，通过实施自动化流程与高效沟通合作，使软件开发整体过程更加快捷可靠的理念。DevSecOps 将多项安全技术集成于软件开发的整体流程中。其中，云原生应用程序保护平台是一个整合了安全和合规方法的功能集，作为云原生应用安全开发的基础设施保障与框架。应用运行自我保护内置于应用内部，通过钩子关键函数，实时监测应用在运行时与其他系统的交互过程，可根据上下文环境识别并阻断攻击。交互式应用安全测试技术通过在软件代码运行的中间件上插入探针，自动识别和判断应用中的安全漏洞。软件成分分析通过对二进制软件的组成部分进行分析，清点开源软件的组件及其构成和依赖关系，识别已知的安全漏洞或者潜在的许可证授权问题，并把这些风险排查在应用系统投产之前，也适用于应用系统运行中的诊断分析。入侵与攻击模拟通过持续模拟针对企业资产进行攻击的剧本及负荷，验证企业安全防御的有效性。

### 7.4.2　电网内生安全

1. 在电力物联网下电力企业网络安全管理现状

电力物联网存在于电力系统各环节，通过广泛应用大数据、云计算、物联网、移动互联、人工智能、区块链、边缘计算等信息技术和智能技术，汇集各方面资源，实现电力系统各环节万物互联、人机交互，具有状态全面感知、信息高效处理、应用便捷灵活特征的智慧服务系统，可为包括综合能源服务在内的新业务新模式发展提供充足有效的信息和数据支撑。电力物联网在给电力企业带来便利的同时，也逐渐凸显各种网络安全问题。电力信息数据在通过电子媒介传递时会在网络上留下痕迹，若这些数据一旦泄露或被不法分子篡改，将会给企业的发展和国家的电力系统安全带来严重损失。电网系统是关系国民经济命脉和国家能源安全的国有基础设施，其安全运行影响着交通能源、医疗、通信等其他各类重要基础设施的稳定运转。现阶段由于我国互联网管理制度和电力企业内生安全管理体系的滞后，电力企业时常面临被不法分子入侵的严峻挑战，阻碍我国电力企业的可持续发展。

2. 内生安全对于建设电力物联网的重要性

2019 年 1 月 17 日，国家电网有限公司两会做出全面推进"三型两网"建设，加快打造具有全球竞争力的世界一流能源互联网企业的战略部署。建设电力物联网为电网运行更安全、管理更精益、投资更精准、服务更优质开辟了一条新路，同时也可充分发挥电网独特优势，开拓数字经济这一巨大蓝海市场，建设电力物联网也是落实"三型两网、世界一流"战略目标的核心任务。

电力物联网蓬勃发展的同时也对网络安全生态提出了新的要求。根据国家互联网应急中心发布的《2018 年我国互联网网络安全态势报告》指出，2018 年全年未发生大规模病毒暴发、大规模网络瘫痪的重大事件，但关键信息基础设施、云平台等面临的安全风险仍较为突出，APT 攻击、数据泄露、分布式拒绝服务攻击等问题也较为严重。中国工程院院士倪光南认为，网络安全除了要满足传统安全所有要求外，还应将主动权掌握在自己手中。数字化转型、人工智能和物联网、大数据驱动变革等新的事物、新的技术层出不穷。同样，在"新"的时代，网络安全也会呈现出"新"的特点。其中一个重要变化在于安全不再只是合规的要求，而正在转化为产业发展的"内生需求"。

在 2019 年 4 月 20 日的西湖论剑·网络安全大会上中国工程院倪光南、邬江兴、方滨兴和杨小牛院士表达了他们对内生安全在数字经济领域潜在风险的思考和隐忧。邬江兴院士表示，随着全球化、"互联网+"时代到来信息孤岛的状况已无法适应生产和管理模式的转变，"连接互联网成为刚需"的同时，泛在化的安全威胁随之而来，突出问题就是"攻击可达性"使得企业网和工业控制网内原生的漏洞后门问题凸显。"科技界和产业界应该合力攻克'网络安全自主可控'这门新课题。"邬江兴坦言，同步安全和发展对于全人类而言都是挑战。由此可见，打造电力物联网下的电力内生安全管理体系是新时代、新背景下的电力企业网络安全管理的重中之重。

3. 基于可信计算和区块链的配电物联网内生安全防护模型

可信计算技术为分布式物联网实现了一个安全可信的操作环境，包括节点可信、网络连接可信和应用可信，即自身安全和可信维度控制。区块链实现了分布式物联网中分布式决策和协同自治管理机制的管理和可信，即安全可信的运营管理机制的维度控制。因此，在构建分布式物联网主端和边缘端的分层可信免疫控制策略的基础上，本节实现了三个级别的可信计算功能：节点可信、网络连接可信和应用程序可信。此外，将分布式网络和分布式物联网中每个节点的计算能力、安全防护能力和数据重要性分别映射到全节点或主节点、轻节点或从节点，以满足分布式业务感知设备和网络安全管理的需要。由此，搭建基于区块链的配电物联网分布决策和协同自治模型并建立配电物联网的"可管可控、精准防护、可视可信、智能防御"安全防护模型，如图 7-9 所示。

在配电物联网运行之前，各级节点之间进行可信认证和连接，双方使用公钥和私钥通过不对称加密和身份验证建立临时通信渠道。通过传输可信报告并将其与白名单进行比较，确定其是否处于安全和可信状态。可信认证是逐步进行的，信任链是从主站点逐渐传递到边缘的；同时，主站、副站和智能终端之间构建的联盟链，进一步保证了链上数据的不变性和可追溯性。

4. 未来电力物联网内生安全架构

为实现电力物联网安全可信的信息交互，未来电力物联网内生安全架构如图 7-10 所示。

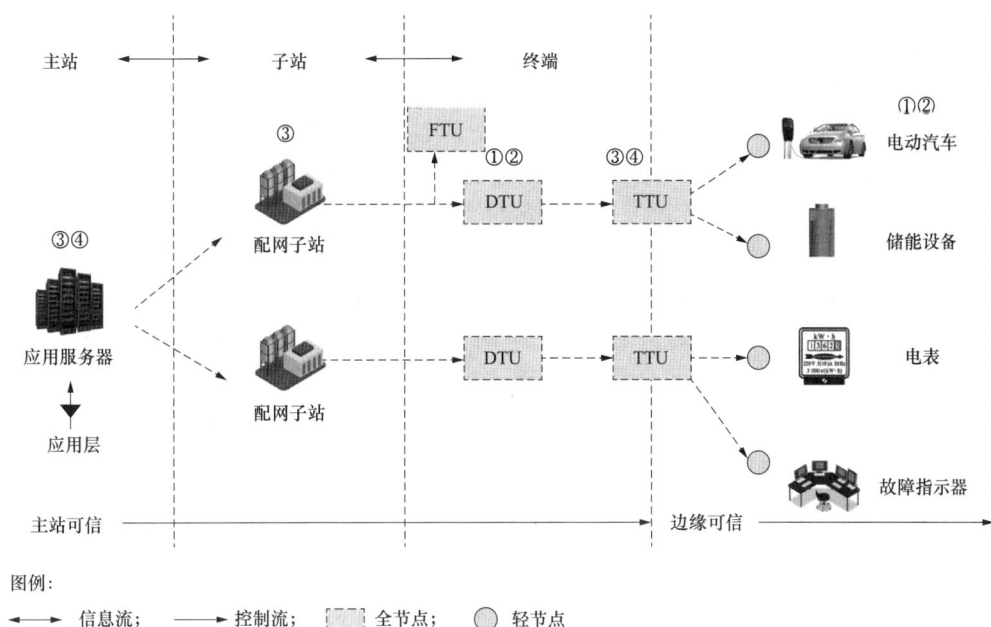

图 7-9　基于可信计算和区块链的能源互联网内生安全防护模型

①—终端可信收集证据；②—完整性度量收集者；③—终端可信证据统计检查；④—完整性度量验证着

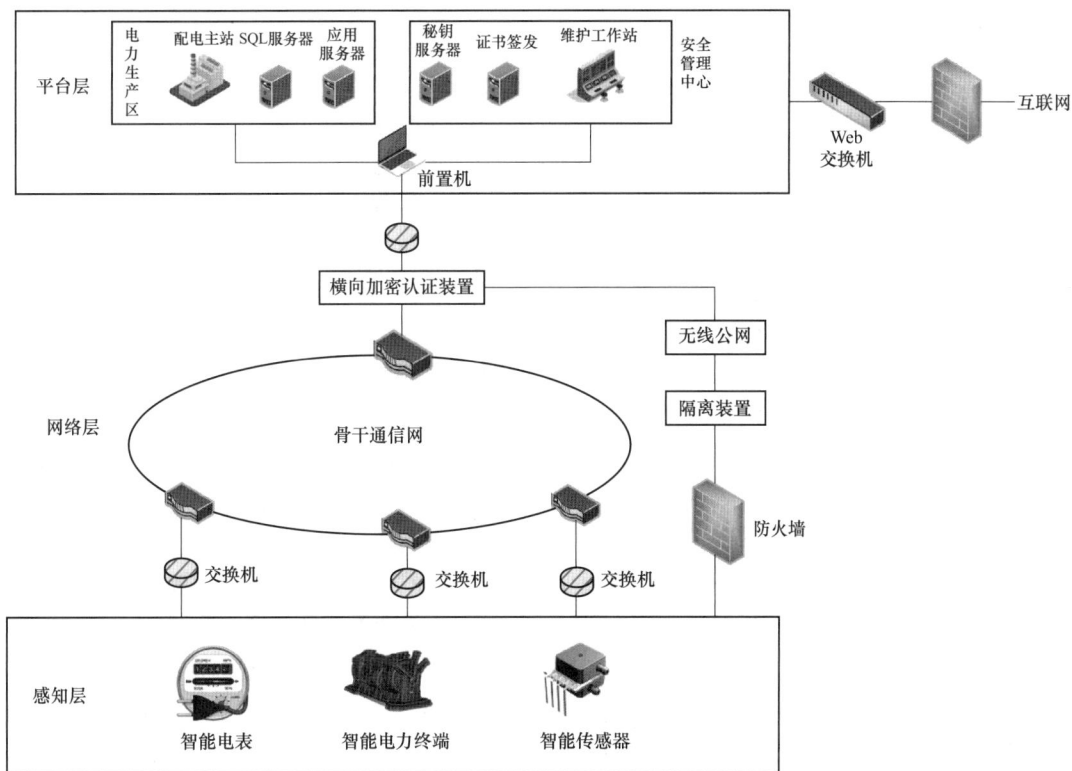

图 7-10　未来电力物联网内生安全架构

### 7.4.3　未来挑战和发展方向

1. 未来挑战

新型电力系统的构建深刻改变了传统电力系统的电源结构、电网形态、业务模式和技术基础，以风光为代表的新能源发电占比逐步提升，海量风光、储等小型分布式设备接入电网，微电网、虚拟电厂等新业务场景蓬勃发展，这些变化都给电力系统带来新的网络安全风险。

（1）在电源结构方面，新能源发电新增装机容量的占比持续提升。根据国家能源局发布的 2022 年全国电力工业统计数据，截至 2022 年 12 月底，全国累计发电装机容量约 2560GW，同比增长 7.8%。其中，风电装机容量和太阳能发电约 370GW 和 390GW，同比增长 11.2% 和 28.1%。随着电源结构的变化，能源聚合商、电网企业、发电企业、节能服务商、电力用户等参与主体数量剧增，网络暴露面日益扩大，网络攻击跳板增多，基于物理隔离的网络边界安全防护措施难以深入末梢，安全责任边界超越网络大区边界，以边界防护为主的安全防护策略实施难度陡然提升。例如，网络攻击者可以利用分布式光伏终端设备的安全漏洞，破坏设备正常运行，影响光伏出力和供电可靠性。

（2）在电网形态方面，由单向逐级输配电为主的传统电网向包括直流电网、交直流混联大电网、微电网和可调负荷的能源互联网转变，电网将拥有更加复杂的结构和更加频繁的交互。同时，随着家庭光伏、小风电等终端接入电网，以及大量存量工控终端设备，新型电力系统的终端设备呈现出型号多样、数量巨大、结构复杂、空间分布分散等特点。联网接入方式多样，导致数据通信方式多样性增大，终端身份识别认证困难，安全接入难度加大。此外，新型电力系统将与热气管网、天然气管网、交通网络等能源链进行复杂互联互通，形成多领域综合能源网络，用电负荷、负荷集成商及其他能源链主体的网络安全防护措施参差不齐，网络攻击者可能利用其集中管控平台漏洞窃取用户信息，篡改运营数据，甚至批量启停设备。

（3）在业务模式方面，分布式新能源大规模并网精准负荷控制、新型配电网保护等新业务的应用需求，对电力通信的带宽延时、可靠性、安全性、经济性提出了更高的要求，需要引入安全可靠的无线通信方式解决业务接入问题。同时，各类用户、运营商服务商等参与电力市场交易的主体越来越多。众多电力市场交易数据、用户隐私数据等敏感数据将存在多链路传递、存储、使用，多方位的数据聚合导致的数据泄露、篡改风险加剧。这对新型电力系统下数据资产的完整性、保密性、可用性提出更高的要求。此外，需求侧将涌现越来越多的虚拟电厂或负荷集成商等第三方新主体，各种"光伏云""空调云""充电云"等新型电力市场主体涌现，通信网络由封闭、可信转向开放、不可信，部分系统和设备未纳入现有监测体系，部分计算、存储资源受限的终端无法被有效监视，现存网络安全监测范围尚未全面覆盖新型电力系统各类资源，安全监测能力亟须由核心网络向边端和各领域业务延伸。

2. 电力物联网内生安全展望

"云、大、物、移、智"等新技术的快速发展应用为电力系统的网络安全同时带来了挑战和契机，电力系统网络安全发生了重大变化。5G 通信技术提升了无线远程控制安全可靠性；嵌入式技术实现了安全组件终端部署；态势感知技术使得安全信息采集覆盖外围网络；人工智能、大数据技术提升了海量安全数据处理效率；隐私保护技术保障了电力市场交易数据全生命周期安全；资产数字化技术改进了安全检测评估模式。基于虚拟化网络的数字化仿真技术可模拟攻防实验验证安全策略有效性，电力系统网络安全正逐步形成体系化、数字化、智能化的发展趋势。新型电力系统网络安全在广度和深度快速发展的同时。安全防护关键技术的研究仍有很多空白之处。基于前文对新型电力系统网络安全需求的分析，以下有价值或亟须研究、应用的安全防护技术方向值得关注。

与传统的安全防护相比，新型业务应用系统的网络安全是新型电力系统的安全底座，更加注重面向差异化场景的针对性防护。因此，从防护手段角度而言内生免疫安全更加适用。通过强化内生免疫安全技术应用，例如，利用目标系统的自身架构等内源性效应而获得可量化设计、可验证度量等安全功能，重点研究适用于电力关键信息基础设施的安全操作系统、基于分布式终端的嵌入式可信计算、适用于调度控制的量子通信密码、内生安全光通信等技术，保障新型电力系统业务应用安全可靠运行。从可靠性理论出发，以现有的认知水平、产品设计缺陷导致的漏洞等内生安全问题无可避免。因此，新形态的业务系统内生安全有必要尝试结合新型电力系统的特点研究拟态防御技术，基于分布式虚拟化的云计算技术设计构造适用于电力系统的低成本动态异构冗余（Dynamic Heterogeneous Redundancy，DHR）架构，研制电力网络边界专用的拟态防御安防产品，开发适用于新业务应用系统的拟态防御组件，发展构建电力系统网络空间拟态防御机制。

电力物联网全场景态势感知解决方案面向电力物联网业务安全防护新需求，构建主动防御、动态防御的网络安全分析能力、未知威胁的检测能力、安全工作的执行能力，使电力物联网具备监测、分析、预警和应急处置能力，有效保障电力物联网安全稳定运行。某市电力企业依托电力物联网安全态势感知解决方案，在 30 多家单位部署建设了全场景态势感知平台及配套各层安全措施，依托平台建立了上下级联防联动的安全运营机制，及时感知态势并预警安全风险，共享信息安全情报，提升了企业整体的安全风险应对能力。平台在 G20 会议保障、国家安全专项演习、"一带一路"峰会保障中，及时发现应对来自互联网的攻击行为，处置了分布式拒绝服务攻击、恶意病毒攻击、电子邮件攻击、网络入侵等黑客攻击，在维护该市电力系统网络安全运行中作用显著。

感知范围方面，2018 年到 2019 年，累计实现 1236 台网络设备、12 个厂商、79 种型号的 634 台安全设备数据接入，覆盖 50000 余台终端，边设备 50 余台，网络安全监测覆盖面达到 80%以上。

感知效果方面，2018 年到 2019 年，共通过电力物联网全场景安全态势感知平台监测到网络攻击尝试累计达到 5115 万次，经平台分析后确认网络攻击告警 431 万次，确认互联网攻击源 14528 个，通过高级分析发现 C&C 恶意 IP 地址 345 个。

处置成效方面，在比特币勒索软件攻击事件中，通过全场景安全态势感知平台发布专项监测第一时间实现了预警通报，并对受控系统和终端进行全面扫描实时监测感染情况，确保零感染。"Bulehero"木马攻击事件中，通过态势感知平台及时锁定远控域名及攻击源 IP 近 30 个，并下发联动策略有效阻断攻击者的后续攻击。

# 参 考 文 献

[1] 杨挺，翟峰，赵英杰，等. 泛在电力物联网释义与研究展望 [J]. 电力系统自动化，2019，43（13）：9-20+53.

[2] 殷树刚，许勇刚，李祉岐，等. 基于泛在电力物联网的全场景网络安全防护体系研究 [J]. 供用电，2019，36（06）：83-89.

[3] 陶志强，王劲，汪梦云. 5G 在智能电网中的应用 [M]. 北京：人民邮电出版社，2019.

[4] 陈皓勇，李志豪，陈锦彬，等. 电力物联网：数据科学视角及商业模式 [J]. 电力系统保护与控制，2020，48（22）：33-40.

[5] 林静，林柏. 电力物联网建设中的关键技术研究 [J]. 通讯世界，2017（24）：185-186.

[6] 孙祥冻，李军，赵小飞. 以泛在感知推动能源互联网高质量发展 [J]. 中国能源报，2019-08-12（026）.

[7] 陈琛，吴晨，牛文娟，等. 在守正创新中推进坚强智能电网与泛在电力物联网融合发展 [J]. 电子世界，2019（14）：88-89.

[8] 刘林，祁兵，李彬，等. 面向电力物联网新业务的电力通信网需求及发展趋势 [J]. 电网技术，2020，44（08）：3114-3130.

[9] Qin P，Fu Y，Feng X，Zhao X，Wang S，Zhou Z. Energy-Efficient Resource Allocation for Parked-Cars-Based Cellular-V2V Heterogeneous Networks [J]. IEEE Internet of Things Journal，2022，9（4）：3046-3061.

[10] 秦鹏，和昊婷，赵雄文，等. 基于停放车辆内容感知的车联网资源高效分配 [J]，通信学报，2022，43（7）：113-125.

[11] 杨东升，王道浩，周博文，等. 建电力物联网的关键技术与应用前景 [J]. 发电技术，2019，40（02）：107-114.

[12] 齐鹏洋，毛春翔. 现代智能电力物联网功能架构体系设计研究 [J]. 现代工业经济和信息化，2022，12（11）：87-88+98.

[13] 刘国玲. 传感器原理应用及发展前景 [J]. 科技风，2019（18）：95.

[14] 王明新. 变电设备在线监测技术应用研究 [J]. 低碳世界，2018（04）：30-31.

[15] 曾鸣，王雨晴，李明珠，等. 电力物联网体系架构及实施方案初探 [J]. 智慧电力，2019，47（04）：1-7，58.

[16] 汪兴. 面向智能电网建设的电力物联网架构研究 [J]. 电力大数据，2018，21（10）：28-31.

[17] 刘喜梅，马俊杰. 泛在电力物联在电力设备状态监测中的应用 [J]. 电力系统保护与控制，2020，48（14）：69-75.

[18] 余葭苇，陈一鸣，杨宇玄，等. 不可信通信环境下的电力物联网用电数据全程安全传输方案 [J]. 电力信息与通信技术，2021，19（03）：60-64.

[19] 黄彦钦，余浩，尹钧毅，等. 电力物联网数据传输方案：现状与基于 5G 技术的展望 [J]. 电工技术学报，2021，36（17）：3581-3593.

[20] 蔡泽祥，孙宇嫣，郭采珊. 面向泛在电力物联网的支撑平台与行业生态构建 [J]. 机电工程技术，2019，48（06）：1-4+17.

[21] 王振乾，朱珠，任江华. 基于泛在电力物联网的电力运维平台设计与实现 [J]. 自动化技术与应用，

2022，41（08）：76-79+139.

［22］李向荣，王继业，陈斐，等. 电力物联网与供应链能源金融在智慧产业园区共建中共生共荣［J］. 电力设备管理，2019（09）：19-21.

［23］张亚健，杨挺，孟广雨. 泛在电力物联网在智能配电系统应用综述及展望［J］. 电力建设，2019，40（06）：1-12.

［24］丁伟强，黄宏波，曹静，等. 面向泛在电力物联网的传输网发展分析［J］. 浙江电力，2019，38（12）：50-56.

［25］周峰，周晖，刁赢龙. 泛在电力物联网智能感知关键技术发展思路［J］. 中国电机工程学报，2020，40（01）：70-82+375.

［26］陈皓勇，李志豪，陈永波，等. 基于 5G 的泛在电力物联网［J］. 电力系统保护与控制，2020，48（03）：1-8.

［27］王毅，陈启鑫，张宁，等. 5G 通信与电力物联网的融合：应用分析与研究展望［J］. 电网技术，201943（05）：1575-1585.

［28］熊轲，张锐晨，王蕊，等. 5G 助力电力物联网：网络架构与关键技术［J］. 中国电力，2021，54（03）：99-108.

［29］Yu X，Xue Y. Smart grids：A cyber–physical systems perspective［J］. Proceedings of the IEEE，2016，104（5）：1058-1070.

［30］Gunes V，Peter S，Givargis T，et al. A survey on concepts，applications，and challenges in cyber-physical systems［J］. KSII Transactions on Internet and Information Systems（TIIS），2014，8（12）：4242-4268.

［31］Cecati C，Citro C，Piccolo A，et al. Smart operation of wind turbines and diesel generators according to economic criteria［J］. IEEE Transactions on Industrial Electronics，2011，58（10）：4514-4525.

［32］Momoh J A. Smart grid design for efficient and flexible power networks operation and control［C］//2009 IEEE/PES Power Systems Conference and Exposition. IEEE，2009：1-8.

［33］Storey J. Sustainable Urban Environments：An Ecosystem Approach［J］. Smart and Sustainable Built Environment，2012，1（3）：316-316.

［34］Liu J，Zhao X，Qin P，et al. Joint dynamic task offloading and resource scheduling for WPT enabled space-air-ground power Internet of Things［J］. IEEE Transactions on Network Science and Engineering，2021，9（2）：660-677.

［35］甄冲. 结合 SDN 与 NFV 的智能配用电技术研究［D］. 北京：华北电力大学，2017.

［36］周鹏，杨爽，桑玮婧，等. 5G 电力网络切片流量预测及主动调整策略［J］. 电力信息与通信技术，2023，21（01）：34-39.

［37］Chen Z. 5G network dresses up industrial intelligence［J］. China equipment engineering，2017，（06）：8-11.

［38］Limeng M，Ningchi Z，Xiangyu K，et al. 5G network slicing technology helps smart grid development//2021 IEEE International Conference on Power，Intelligent Computing and Systems（ICPICS）［J］. IEEE，2021：64-68.

［39］Qin P，Wu X，Cai Z，et al. Joint Trajectory Plan and Resource Allocation for UAV-Enabled C-NOMA in Air-Ground Integrated 6G Heterogeneous Network［J］. IEEE Transactions on Network Science and Engineering，2023.

［40］Ma Z，Ai B，He R，et al. Impact of UAV rotation on MIMO channel characterization for air-to-ground communication systems［J］. IEEE Transactions on Vehicular Technology, 2020, 69（11）: 12418-12431.

［41］Dbouk T, Mourad A, Otrok H, et al. A novel ad-hoc mobile edge cloud offering security services through intelligent resource-aware offloading［J］. IEEE Transactions on Network and Service Management, 2019, 16（4）: 1665-1680.

［42］Wang Z, Zhou Z, Zhang H, et al. AI-based cloud-edge-device collaboration in 6G space-air-ground integrated power IoT［J］. IEEE Wireless Communications, 2022, 29（1）: 16-23.

［43］空天地一体化通信系统白皮书［M］, 2020.

［44］毕奇, 谢伟良, 陈鹏. LTE 多天线技术发展趋势［J］. 电信科学, 2014, 30（10）: 1-7.

［45］Chukwuka V, Nazari M H, Grijalva S. Enhancing communications reliability in prosumer-based smart grid using MIMO techniques［C］//2016 Clemson University Power Systems Conference（PSC）. IEEE, 2016: 1-5.

［46］何春. 电力无线通信网接入控制研究［D］. 北京: 华北电力大学, 2012.

［47］江志斌, 伏跃红, 周利平, 等. 服务 4.0 与智能服务——以能源智能服务为例［J］. 工业工程, 2021, 24（4）: 1-9.

［48］张瑶, 王傲寒, 张宏. 中国智能电网发展综述［J］. 电力系统保护与控制, 2021, 49（5）: 180-187.

［49］陈树勇, 宋书芳, 李兰欣, 等. 智能电网技术综述［J］. 电网技术, 2009, 33（8）: 1-7.

［50］Assessing smart grid benefits and impacts: EU and U.S.initiatives［EB/OL］. https://ec.europa.eu/jrc/sites/ jrcsh/files/ eu-us_smart_grid_assessment-final_report-online_version.pdf. 2019.

［51］Ye F, Qian Y, Hu R Q. Smart grid communication infrastructures: Big data, cloud computing, and security ［J］. New York: IEEE Press, 2017: 171-185.

［52］王德文. 基于云计算的电力数据中心基础架构及其关键技术［J］. 电力系统自动化, 2012, 36（11）: 67-71+107.

［53］彭小圣, 邓迪元, 程时杰, 等. 面向智能电网应用的电力大数据关键技术［J］. 中国电机工程学报, 2015, 35（3）: 503-511.

［54］Bera S, Misra S, Rodrigues J J P C. Cloud Computing Applications for Smart Grid: A Survey［J］. IEEE Transactions on Parallel and Distributed Systems, 2017, 26（5）: 1477-1494.

［55］Baek J, Vu Q H, Liu J K, Huang X, Xiang Y. A Secure Cloud Computing Based Framework for Big Data Information Management of Smart Grid［J］. IEEE Transactions on Cloud Computing, 2015, 3（2）: 233-244.

［56］Cao Z, Lin J, Wan C, Song Y, Zhang Y, Wang X. Optimal Cloud Computing Resource Allocation for Demand Side Management in Smart Grid［J］. IEEE Transactions on Smart Grid, 2017, 8（4）: 1943-1955.

［57］Mohammed A, Syed D. Smart grid and enabling technologies［J］. New York: IEEE Press, 2021: 333-357, 359-420.

［58］张连勇. 基于云计算的智能电网调度平台研究［J］. 电力大数据, 2021, 24（2）: 34-40.

［59］江秀臣, 盛戈皞. 电力设备状态大数据分析的研究和应用［J］. 高电压技术, 2018, 44（4）: 1041-1050.

［60］Li J, Gu C, Xiang Y, Li F. Edge-cloud computing systems for smart grid: State-of-the-art, architecture, and applications［J］. Journal of Modern Power Systems and Clean Energy, 2022, 10（4）: 805-817.

［61］孙浩洋, 张冀川, 王鹏, 等. 面向配电物联网的边缘计算技术［J］. 电网技术, 2019, 43（12）: 4314-4321.

［62］李鹏, 习伟, 蔡田田, 等. 数字电网的理念、架构与关键技术［J］. 中国电机工程学报, 2022, 42（14）: 5002-5017.

［63］Liu J N，Weng J，Yang A，Chen Y，Lin X. Enabling Efficient and Privacy-Preserving Aggregation Communication and Function Query for Fog Computing-Based Smart Grid［J］. IEEE Transactions on Smart Grid，2020，11（1）：247-257.

［64］Lv L，Wu Z，Zhang L，Gupta B B，Tian Z. An Edge-AI Based Forecasting Approach for Improving Smart Microgrid Efficiency［J］. IEEE Transactions on Industrial Informatics，2022，18（11）：7946-7954.

［65］Song Y，Kong P，Kim Y，Baek S，Choi Y. Cellular-Assisted D2D Communications for Advanced Metering Infrastructure in Smart Gird［J］. IEEE Systems Journal，2019，13（2）：1347-1358.

［66］招景明，张捷，宋鹏，等. 一种高效的基于云边端协同的电力数据采集系统［J］. 电网与清洁能源，2022，38（5）：49-55.

［67］原吕泽芮，顾洁，金之俭. 基于云-边-端协同的电力物联网用户侧数据应用框架［J］. 电力建设，2020，41（7）：1-8.

［68］Qin P，Fu Y，Zhao X，Wu K，Liu J，Wang M. Optimal Task Offloading and Resource Allocation for C-NOMA Heterogeneous Air-Ground Integrated Power Internet of Things Networks［J］. IEEE Transactions on Wireless Communication，2022，21（11）：9276–9292.

［69］Bose B K. Power Electronics In Renewable Energy Systems And Smart Grid：Technology And Applications［J］. New York：IEEE Press，2019：625-675.

［70］Vinuesa R，Azizpour H，Leite I，et al. The role of artificial intelligence in achieving the sustainable development goals［J］. Nature Communications，2020，11（1）：1–10.

［71］周念成，廖建权，王强钢，等. 深度学习在智能电网中的应用现状分析与展望［J］. 电力系统自动化，2019，43（4）：180-191.

［72］杨挺，赵黎媛，王成山. 人工智能在电力系统及综合能源系统中的应用综述［J］. 电力系统自动化，2019，43（1）：2-14.

［73］蒲天骄，乔骥，韩笑，等. 人工智能技术在电力设备运维检修中的研究及应用［J］. 高电压技术，2020，46（2）：369-383.

［74］范士雄，李立新，王松岩，等. 人工智能技术在电网调控中的应用研究［J］. 电网技术，2020，44（2）：401-411.

［75］Karumba S，Dedeoglu V，Dorri A，Jurdak R，Kanhere S S. Wireless Blockchain：Principles，Technologies and Applications［J］. New York：IEEE Press，2022：201-224.

［76］Andoni M，Robu V，Flynn D，Abram S，Geach D，Jenkins D，McCallum P，Peacock A. Blockchain Technology In The Energy Sector：A Systematic Review of Challenges And Opportunities［J］. Renewable and Sustainable Energy Reviews，2019，100：143–174.

［77］Karumba S，Kanhere S S，Jurdak R，Sethuvenkatraman S. HARB：A Hypergraph-Based Adaptive Consortium Blockchain for Decentralised Energy Trading［J］. IEEE Internet of Things Journal，2022，9（16）：14216-14227.

［78］Mengelkamp E，Gärttner J，Rock K，Kessler S，Orsini L，Weinhardt C. Designing Microgrid Energy Markets：A Case Study：The Brooklyn Microgrid［J］. Applied Energy，2018，210：870-880.

［79］Wang Y，Su Z，Zhang N. BSIS：Blockchain-Based Secure Incentive Scheme for Energy Delivery in Vehicular Energy Network［J］. IEEE Transactions on Industrial Informatics，2019，15（6）：3620-3631.

［80］王嘉唯. 电力物联网下的区块链激励机制研究［D］. 成都：电子科技大学，2022.

[81] 逯遥，毛知新，邱志斌．区块链技术在能源物联网领域的发展与应用综述 [J]．广东电力，2021，34（7）：1-12．

[82] 黄韬，汪硕，黄玉栋，等．确定性网络研究综述 [J]．通信学报，2019，40（6）：160-176．

[83] 赵福川，刘爱华，周华东．5G 确定性网络的应用和传送技术 [J]．中兴通讯技术，2019，25（5）：62-67．

[84] 未来网络白皮书：确定性网络技术体系 [M]．https://www-file.huawei.com/-/media/corporate/pdf/news/future- network-whitepaper.pdf?la=zh．

[85] Nasrallah A，Thyagaturu A S，Alharbi Z，et al. Ultra-Low Latency（ULL）Networks：The IEEE TSN and IETF Detnet Standards and Related 5G ULL Research[J]. IEEE Communications Surveys & Tutorials，2019，21（1）：88-145．

[86] Bertin E，Crespi N，Magedanz T. Shaping Future 6G Networks：Needs，Impacts，and Technologies[J]. New York：IEEE Press，2022．

[87] 刘海鹏，杨丽．基于电力通信网可靠性的业务路由优化分配方法 [J]．集成电路应用，2019，36（03）：78-79．

[88] 蒋阿芳．物联网安全关键技术与挑战．数字通信世界 [J]，2021，No.200（08）：138-139．

[89] 邢宁哲．智能电网中通信网络可靠性保障技术的研究 [D]．北京：北京交通大学，2017．

[90] 伏志红．基于电力通信网可靠性的业务路由优化分配方法 [J]．电子技术与软件工程，2019，No.153（07）：29．

[91] 余云昊．关于电力信息系统信息安全技术的应用 [J]．数字技术与应用，2022，40（02）：206-208．

[92] 陈学军，林振衡，庄建煌，等．电力设备状态监测技术研究进展 [J]．莆田学院学报，2022，29（05）：1-10+29．

[93] 陈佟，黄文雯，夏小萌，等．基于 RSA 算法的电力通信工程环境安全监测方法 [J]．微电子学与计算机，2023（04）：63-71．

[94] 刘扬，李钊，丛海洋，等．RFID 在电力物联网应用中的信息安全风险及防护策略分析 [J]．东北电力技术，2013，34（12）：40-43．

[95] 魏祺．泛在电力物联网安全访问控制策略研究 [D]．北京：华北电力大学，2020．

[96] 黄杰，余若晨，毛冬．电力物联网场景下基于零信任的分布式数据库细粒度访问控制 [J]．信息安全研究，2021，7（06）：535-542．

[97] 卢帆．无线传感器网络路由协议与入侵检测系统的设计与研究 [D]．乌鲁木齐：新疆大学，2015．

[98] 陈孝莲，虎啸，沈超，等．基于区块链的电力物联网接入认证技术研究 [J]．电子技术应用，2019，45（11）：77-81．

[99] 石绍松．面向智能变电站的设备故障监测系统设计与实现 [D]．济南：山东大学，2022．

[100] 李社．面向电力信息物理系统的风险评估策略研究 [D]．北京：华北电力大学，2022．

[101] 叶夏明．电力信息物理系统通信网络性能分析及网络安全评估 [D]．杭州：浙江大学，2015．

[102] 赵俊华，文福拴，薛禹胜，等．电力 CPS 的架构及其实现技术与挑战 [J]．电力系统自动化，2010，34（16）：1-7．

[103] 张宁，杨经纬，王毅，等．面向泛在电力物联网的 5G 通信：技术原理与典型应用 [J]．中国电机工程学报，2019，39（14）：4015-4025．

[104] 张晓华，刘道伟，李柏青，等．智能电力物联网功能架构体系设计及创新模式探讨 [J]．电网技术，2022，46（05）：1633-1640．

[105] 孙恒东. 电力物联背景下多维电力数据通信网络架构及评估技术研究 [D]. 南京：东南大学，2021.

[106] Qin P，Wang M，Zhao X，Geng S. Content Service Oriented Resource Allocation for Space-Air-Ground Integrated 6G Networks：A Three-Sided Cyclic Matching Approach [J]. IEEE Internet of Things Journal，vol. 10，no. 1，pp. 828-839，Jan. 2023.

[107] Qin P，Zhu Y，Zhao X，Feng X，Liu J，Zhou Z. Joint 3D-Location and Resource Allocation for XAPS-Enabled C-NOMA in 6G Heterogeneous Internet of Things [J]. IEEE Transactions on Vehicular Technology，70（10）：10594-10609.

[108] Qin P，Fu Y，Tang G，Zhao X，Geng S. Learning Based Energy Efficient Task Offloading for Vehicular Collaborative Edge Computing[J]. IEEE Transactions on Vehicular Technology，2022，71（8）：8398-8413.

[109] 司羽飞，谭阳红，汪渢，等. 面向电力物联网的云边协同结构模型 [J]. 中国电机工程学报，2020，40（24）：7973-7979+8234.

[110] 谢可，王剑锋，金尧，等. 电力物联网关键技术研究综述 [J]. 电力信息与通信技术，2022，20（01）：1-12.

[111] 江秀臣，罗林根，余钟民，等. 区块链在电力设备泛在物联网应用的关键技术及方案 [J]. 高电压技术，2019，45（11）：3393-3400

[112] 朱辉，张玉朋，崔克刚. 基于电力大数据技术的泛在电力物联网应用研究 [J]. 电工技术，2021（08）：55-58.

[113] 刘大同，郭凯，王本宽，等. 数字孪生技术综述与展望 [J]. 仪器仪表学报，2018，39（11）：1-10.

[114] Cioara T，Anghel I，Antal M，et al. An Overview of Digital Twins Application in Smart Energy Grids [C] //2022 IEEE 18th International Conference on Intelligent Computer Communication and Processing（ICCP）. IEEE，2022：25-30.

[115] 贺兴，艾芊，朱天怡，等. 数字孪生在电力系统应用中的机遇和挑战 [J]. 电网技术，2020，44（06）：2009-2019.

[116] 助力零碳生产|广德智慧园区微电网案例分析 [EB/OL] - 知乎（zhihu.com）https：//zhuanlan.zhihu.com/p/593600023.

[117] 赵鹏，蒲天骄，王新迎，等. 面向能源互联网数字孪生的电力物联网关键技术及展望 [J]. 中国电机工程学报，2022，42（02）：447-458.

[118] 王志勤，杜滢. 从万物互联到万物智联. 信息通信技术 [J]，2021，15（05）：4-7.

[119] Minh Q N，Nguyen V H，Quy V K，et al. Edge Computing for IoT-Enabled Smart Grid: The Future of Energy. Energies [J]，2022，15（17）：6140.

[120] Wang X，Liu Y，Choo K K R. Fault-Tolerant Multisubset Aggregation Scheme for Smart Grid [J]. IEEE Transactions on Industrial Informatics，2020，17（6）：4065-4072.

[121] Meydani，A. Meidani and S. Shahablavasani，Implementation of the Internet of Things Technology in the Smart Power Grid [C] //2023 10th Iranian Conference on Renewable Energy & Distributed Generation （ICREDG）. IEEE 2023：1-8.

[122] Vilaplana J A L，Sundsgaard K，Guerreiro G M G，et al. Challenges in The Representation Of Digital Applications in SGAM: Overview and Solutions [C] //2022 IEEE PES Innovative Smart Grid Technologies Conference Europe（ISGT-Europe）. IEEE，2022：1-5.

[123] 陈亮. 面向万物智联的 5G 网络演进综述 [J]. 电脑与电信，2022，No.301（Z1）：53-57.

［124］物联网和配电网完美融合人工智能让电网变"聪明"了［EB/OL］http：//energy.people. com.cn/n1/2019/0726/ c71661-31257626.html.

［125］精编案例｜"双碳"目标下，电力行业如何走上数字化转型之路［EB/OL］（baidu.com）https：//baijiahao. baidu. com/s?id=1732333777556032867&wfr=spider&for=pc.

［126］曹畅，张帅，刘莹，等．云网向算网演进中的若干关键技术问题［J］．电信科学，2021，37（10）：93-101.

［127］王瀚洲，刘建伟．网络内生安全研究现状与关键技术［J］．中兴通讯技术，2022，28（06）：2-11.

［128］叶卫，许敏．泛在电力物联网下电力企业内生安全管理体系研究［J］．企业管理，2019（S2）：390-391.

［129］孙跃，杨晟，龚钢军，等．基于可信计算和区块链的配电物联网内生安全研究［J］．华电技术，2020，42（08）：61-67.

［130］罗论涵，李翔，余新胜．数字化时代网络空间内生安全技术发展与应用［J］．电子技术与软件工程，2021，No.213（19）：255-257.

［131］闫新成，周娜，蒋志红．未来网络内生安全通信技术［J］．中兴通讯技术．

［132］电力物联网全场景安全态势感知解决方案案例分析-涂鸦智能［EB/OL］（tuya.com）https：//www.tuya.com/cn/ industry-details/Kazp4tuli7602.